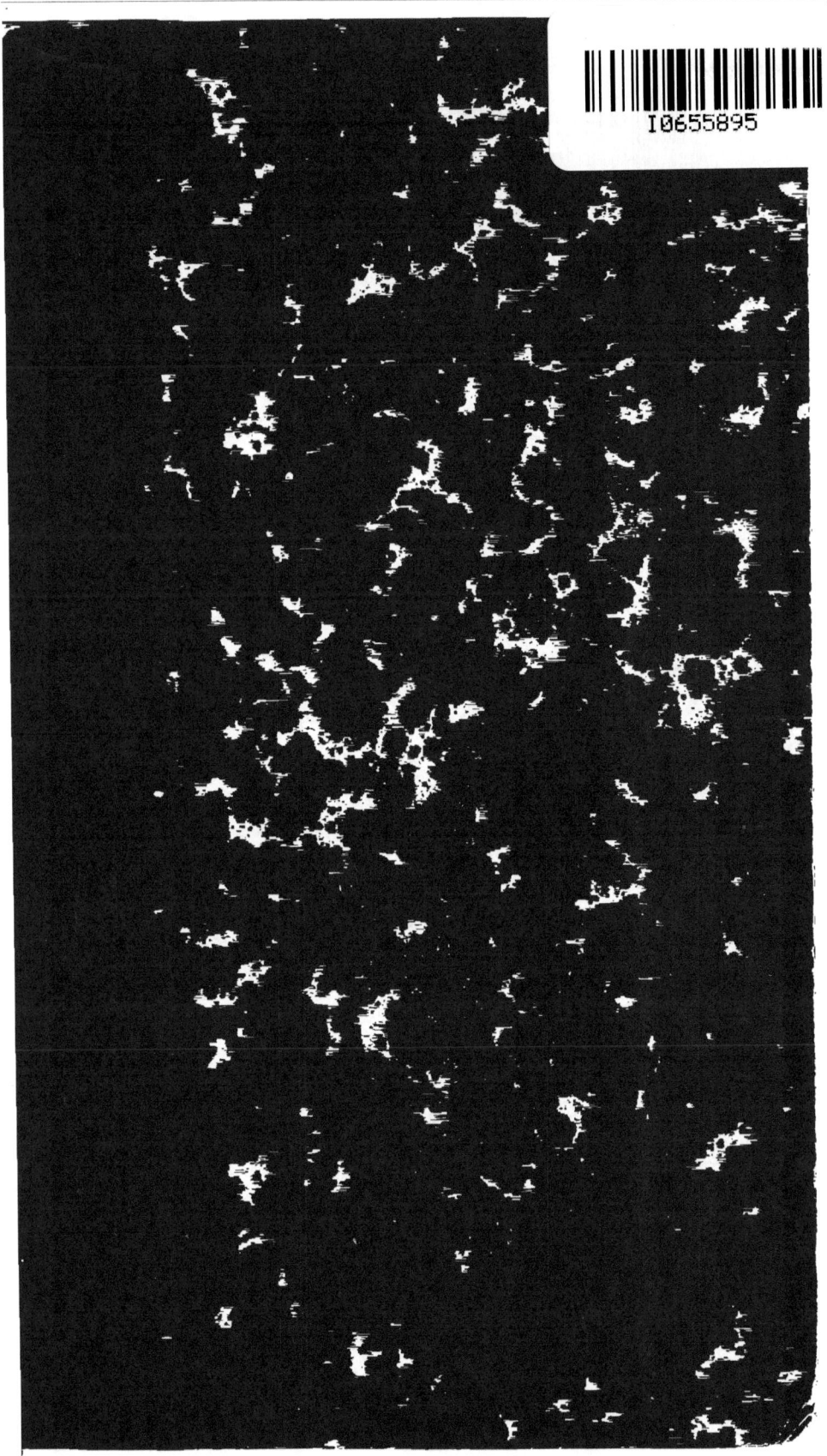

MÉMOIRES CONTEMPORAINS.

MÉMOIRES

DE MADAME LA DUCHESSE

D'ABRANTÈS.

TOME ONZIÈME.

PARIS. — IMPRIMERIE DE LACHEVARDIERE,
RUE DU COLOMBIER, N° 30.

MÉMOIRES

DE MADAME LA DUCHESSE

D'ABRANTÈS,

OU

SOUVENIRS HISTORIQUES

SUR

NAPOLEON,

LA RÉVOLUTION,

LE DIRECTOIRE, LE CONSULAT, L'EMPIRE ET LA RESTAURATION.

TOME ONZIÈME.

A PARIS,

CHEZ MAME-DELAUNAY, LIBRAIRE,

RUE GUÉNÉGAUD, N° 25.

MDCCCXXXIII.

MÉMOIRES

DE MADAME LA DUCHESSE

D'ABRANTÈS.

CHAPITRE PREMIER.

Premiers malheurs de Napoléon. — Sa rancune envers le Portugal. — Trompé déjà à cette époque par la Russie. — Le pavillon tricolore insulté. — Mort du comte Villaverde. — On le croit empoisonné. — Mort de *Lobato*, premier valet de chambre *et puis premier ministre.* — Empoisonné à Mafra. — Il a vendu son âme au diable. — Le marquis de Bellas. — Don Pedro. — Lord Strankford. — Don Fernand de Portugal. — Don Rodrigue de Souza. — Le marquis de Valence. — Son beau caractère. — *La maison de Bragance a cessé de régner.* — Conduite ridicule du prince-régent. — Junot, *ambassadeur et général combattant et conquérant.* — Départ du prince — M. Baretto. — Sa perruque blanche. — Son petit esprit et ses grosses filles. — Le comte de Novion. — Conseils au prince. — Les planches sur la cale. — Les *sergens.* — *Chambellans du roi fugitif.*

Me voici arrivée à une époque fameuse entre tout ce que l'histoire offre de plus étonnant en

XI.   I

merveilles. La gloire de la France paraissait elle-
même excitée à se montrer de plus en plus belle
et croissante; elle montait à l'horizon toujours
grande, lumineuse, couvrant tout de ses rayons,
dont pas un n'était pâle ni infécond. Il semblait
qu'au moment de dire adieu à son favori,
la victoire voulût le combler de ces mêmes faveurs dont elle l'avait nourri jusqu'alors; en
femme aimante et dévouée, elle le suivit partout: partout elle lui donna des marques d'amour.
Les Pyrénées furent le lieu où son pied s'arrêta;
de leur cime chenue, elle put contempler encore le héros qu'elle abandonnait.... S'il l'eût
voulu, *là*, au pied de ces montagnes qu'il devait respecter comme frontière, là, il était encore temps pour le repentir.... là il pouvait dire
de nouveau :

— L'univers est à moi !!!...

Et de là, tout au contraire, est sorti ce cri sinistre de tout un monde qui dut se lever entier
pour l'accabler, et qui hurla tout joyeux :

— Enfin il est à nous !!!...

Oui, c'est dans les déserts de la Péninsule,
comme dans ses champs fertiles, que se sont for-
gées les chaînes de Sainte-Hélène, et le premier
anneau se rattache à l'expédition de Portugal. Il
ne suffisait pas d'ordonner à un séide d'aller

prendre un royaume, de l'envahir à tout prix, même à prix d'hommes, et de lui commander sur sa tête ensuite de s'y maintenir. L'être le plus dévoué ne peut donner qu'une volonté; ensuite il peut donner son sang, mais il lui est impossible d'aller au-delà, surtout lorsque des évènemens plus forts que cette volonté viennent la combattre.

Ce fut la situation de Junot. Jamais on n'en vit de plus déplorable. Je dois à sa mémoire de révéler tout ce qui est à ma connaissance relativement à cette affaire, et je le ferai certainement; mais pour être mieux comprise il me faut reprendre les faits à l'époque antérieure à celle où nous nous trouvons. Ces faits sont peu connus et sont pourtant d'un haut intérêt dans la balance politique de l'Europe. Si la Péninsule ne se fût jetée au travers de toutes les affaires du nord comme un monstre colossal et dévorant, Napoléon aurait toujours la puissance, et nous le bonheur et la gloire. La conduite ignorée de la Russie, à cette même époque, conduite dont j'ai les *preuves écrites*, est également d'un immense intérêt.

L'empereur eut long-temps saignante au cœur la mémoire de la conduite du cabinet de Lisbonne à l'époque d'Austerlitz. Moi-même, hélas! je

contribuai pour beaucoup à son ressentiment,
en racontant avec toute l'amertume d'une âme
profondément blessée, l'insulte qu'avait reçu le
pavillon tricolore dans le port de Lisbonne par
l'admission prolongée d'une flotte anglaise et
même d'un convoi, rafraîchissant ses vivres et
nous narguant du haut de ses mats où flottait
le léopard. Napoléon écrivit dans le sens d'un
profond mécontentement. M. d'Araujo, dont
j'ai eu peine à bien comprendre le caractère dans
toute cette dernière affaire du Portugal, ne fut plus
alors le même homme qu'il était lors de mon séjour à Lisbonne. Le comte de Villaverde, dont
j'ai parlé je crois assez pour qu'on puisse le juger, fit à cette époque un mal imminent à sa patrie; du moins tous les Portugais un peu bien
pensans et sachant apprécier la position de leur
pays, l'accusent-ils de leurs malheurs. Il était
vendu à l'Angleterre, ainsi que le marquis
de Bellas. Il est impossible autrement d'expliquer comment M. de Villaverde, avec son
esprit et même son talent, car il en avait, a
pu laisser arriver le Portugal à cet état de dépé-
rissement dans lequel nous le trouvâmes. Les
finances ruinées, l'armée presque nulle, et cela
avec la crainte journalière d'une double invasion de l'Espagne et de la France. La conduite

du comte de Villaverde est impardonnable ; sa mémoire restera éternellement entachée de tous les reproches que peut adresser une nation à l'homme chargé de la diriger. L'établissement d'un papier-monnaie mal calculé, toutes ces charges si onéreuses pour le royaume et accordées à des êtres vils et incapables, et cela pour entourer le prince d'une triple enceinte qui ne permît à aucune plainte de parvenir jusqu'à lui, toute cette insouciance au bord du précipice ne peut être excusée.

Il n'y tomba pas dans ce précipice, lui, il mourut. J'ai des lettres de Lisbonne qui m'annoncent cet évènement et dans lesquelles on me dit qu'il est mort *empoisonné* ; j'ai cherché à approfondir ce fait, et cela ne paraît nullement certain. Au reste il y avait alors à la cour de Lisbonne une lutte de pouvoir dont il est possible que le comte de Villaverde soit tombé victime.

Le prince du Brésil avait toujours été un homme nul ; mais jamais cette entière nullité ne parut autant que lorsqu'il fallut faire preuve de quelque détermination. Alors on vit la plus misérable des créatures humaines, s'agiter comme un pauvre enfant imbécile sur ce trône où l'avait assis *le droit* de ses pères, et ne prendre conseil

que des deux hommes qui le dominaient. L'un
était le comte de Villaverde, premier ministre
et grand seigneur dans toute l'acception du mot,
au moins quant à la corruption; l'autre un
nommé *Lobato*, premier valet de chambre du
prince. Sans doute leurs fonctions ne devaient
pas les mettre en présence; mais quel est l'homme
en ce monde qui se trouve satisfait de son lot?
Lobato s'ennuya de passer un habit quand il
pouvait se le faire passer. Il crut, parce qu'il le
voulait, qu'il pouvait gouverner le pays. Peut-
être avait-il vendu son âme au diable, ainsi que
me le dit sérieusement un jour le marquis d'A-
lorna; en tous cas le diable lui a été mauvais
acheteur, car il n'eut en échange ni capacité ni
longue durée de bonheur.

La faveur de cet homme devint immense après
la mort du comte Villaverde. Le comte ne fut
pas remplacé dans le ministère, quelque envie
qu'eussent le marquis de Bellas et le comte d'A-
raujo de lui succéder. Il fut décidé par le prince
que le comte ne serait pas remplacé et que ses
fonctions seraient réparties entre quatre personnes sous la direction de Lobato. M. d'Araujo
s'éloigna des affaires : il y parut bientôt.

Lobato voulait que son maître quittât l'Europe;

mais, en vrai valet, toutes les dispositions qu'il prit pour arriver à la réalisation de ce projet ressemblent à ce que fait un domestique ayant le dessein de quitter une maison et volant impudemment ses maîtres. Rien ne fut épargné pour former un trésor que devait emporter le prince dans sa fuite et dont Lobato espérait une grande part. Rien ne fut payé; les pensions des veuves, des orphelins, celles des officiers en retraite, les créances les plus légitimes, rien ne parut sacré à son esprit spoliateur. La crainte d'une révolte l'empêcha seule de dépouiller les églises et les couvens; puis mêlant à cette conduite odieuse le mensonge et la ruse, il prit un grand soin de cacher le départ du prince, et, pour mieux le dissimuler, il parla de le faire couronner roi *de Lusitanie*, puisque sa mère était tout-à-fait folle. Les préparatifs de cette cérémonie se firent et des travaux immenses furent commencés à Mafra. Il y avait encore dans la noblesse portugaise des cœurs à la don Juan de Castro, à la d'Albuquerque. Ces mesures furent improuvées hautement On exila ceux qui murmurèrent.

Ce fut alors que *Lobato*, sur lequel pesait le mépris et l'exécration générale, mourut à Mafra. Sa mort, qui fit une profonde impression sur le prince du Brésil, fut entourée de telles

circonstances que cette fois il est impossible de
ne pas croire la version qui courut alors. On parlait de poison. Le fait est que le malheureux eut
des crises de souffrance tellement atroces qu'il
voulut se jeter par une fenêtre pour avancer sa
mort. Il eut des vomissemens répétés et d'une
telle nature que l'opinion générale a long-temps
attribué cette mort tragique à des vengeances
personnelles qu'on n'avait que trop de droit
d'exercer contre lui.

Mais quelle que soit la cause première de sa
mort, toujours est-il qu'il mourut et que le pauvre prince du Brésil demeura avec son bourrelet et
ses lisières ; personne pour le conduire, et cependant le ciel se couvrait de gros nuages et la
tempête s'approchait.

Il y avait alors à Lisbonne deux hommes très
capables de faire des choses remarquables dans
l'intérêt de la nation. L'un était don Fernand de
Portugal, l'autre don Rodrigue de Souza. Ce dernier surtout avait ce qui seul sauve un État au
jour du péril bien plus encore que du talent ; il
était *vraiment patriote*. Il y avait encore un
homme de savoir et d'honneur, que don Pedro
appelle son cousin et qu'il laisse à Paris sans s'occuper de son existence seulement ; cet homme
est le marquis de Valença. Un autre auteur pou-

vait aussi beaucoup dans ce grand drame, au moins pour faire prendre une résolution au prince, c'était milord Strankford. Il avait traduit le Camoëns, non que je pense que cela serve beaucoup en politique, mais je le dis seulement pour prouver que lord Strankford connaissait parfaitement le Portugal où il résidait depuis beaucoup d'années. Il voulait emmener le jeune don Pedro au Brésil; mais des paroles et des promesses, voilà tout ce qui fut échangé. On *mentait* à chaque mot, on trompait à chaque action, cela ne pouvait aller ainsi.

Lorsque le prince apprit qu'une armée se rassemblait à Salamanque, il pâlit; lorsqu'il sut que son chef était celui-là même qui avait près de lui le titre d'ambassadeur, il sauta de joie.... L'insensé ne voyait pas que le choix de ce même homme le condamnait quand bien même Napoléon n'aurait pas dit :

« *La maison de Bragance a cessé de régner.* »

Alors la terreur se mit dans le conseil du pauvre souverain. Il *chassa les Anglais*, comme il l'écrivit à l'empereur son bon frère. Il commanda des confiscations, il fit arrêter les chefs de la factorerie anglaise. Tout Buenos-Ayres¹ fut un lieu

---

¹ Quartier de Lisbonne où habite la factorerie anglaise.

de trouble et d'effroi ; les Anglais fuyaient à tire
d'aile. Lisbonne semblait devoir être bientôt la
proie d'une horrible anarchie. L'ambassadeur
d'Espagne et l'envoyé de France firent ôter, malgré la colère apparente du prince contre l'Angleterre, les armes de leurs portes ; le peuple
murmurait. Le Portugal était dans une de ces
crises qui décident du sort d'un État. Le prince
assembla son conseil, mais c'était la cour du
roi *Pétaut ;* un *seul* homme osa donner l'avis
généreux de se défendre !... ce fut don Rodrigue
de Souza... Pour l'avoir donné, don Rodrigue fut
disgracié.

Lorsque le prince apprit à n'en plus pouvoir
douter que cette armée se dirigeait vers le Portugal, il voulut tenter un dernier effort ; il envoya au devant de Junot un conseiller d'état,
avec des *pouvoirs illimités* pour *tout promettre*
au nom de son maître, tandis que M. de Lima
demeurait paisiblement à l'hôtel de l'ambassade
portugaise à Paris, et que le comte da Ega
restait également à Madrid. Cependant le départ du prince du Brésil fut arrêté et les préparatifs poussés avec une activité inconnue en
Portugal.

C'est une bien singulière étude que celle de la
cour de Lisbonne au moment dont je parle

maintenant: L'Europe avait les yeux attachés sur elle, car on voyait que par ce malheureux prince du Brésil allait commencer cette guerre aux vieux rois, aux arbres pourris, guerre que Napoléon voulait faire à toutes les dynasties de l'Europe, la Russie exceptée.

Pauvre Portugal! Pauvre Lusitanie! De toutes ces puissances qui n'avaient plus qu'une force de tradition, elle était la plus faible, la plus abâtardie. Le malheureux Jean VI était moins qu'un homme incapable, car il était souverain, et sa nullité était un crime; son peuple lui-même le méprisait. Tous les corps de l'État, se voyant abandonnés, se retiraient du faisceau politique que le besoin commun devait former; tout se désorganisait; l'intérêt public, étouffé sous les intérêts privés, ne pouvait plus se faire entendre. On ne comprenait rien à la conduite du prince; il ne chassait plus, lui qui passait sa vie au milieu des bois! J'ai su depuis qu'il avait une telle peur d'être assassiné, que cette peur avait des *suites tragiques* à l'instant même. Pauvre homme! qui songeait à le tuer, mon Dieu?... Il ne sortait donc plus, mais il recevait des *visites* pour se désennuyer; et qui croyez-vous qu'il recevait ainsi comme en bonne fortune? l'ambassadeur d'Angleterre.... oui, l'ambassadeur d'Angleterre, qui avait quitté Lisbonne, mais seulement pour la forme, et avait été à bord d'une flotte anglaise qui était en dehors de la barre au-dessous de Belem. Tous les soirs l'ambassadeur descendait à terre et venait faire sa cour au prince du Brésil. Je ne pense pas qu'il dût y trouver grand plaisir, mais il fallait enlever cette famille de Bragance pour la transporter en un lieu où Napoléon ne la pût frapper *que d'anathème;* l'amour-propre de l'Angleterre devenait intéressé ensuite à ne pas laisser accabler son allié; la conduite de l'ambassadeur britannique était donc conséquente, si celle du prince était absurde.

Il était bien à plaindre!... il ne pouvait quitter cette terre portugaise qu'il aimait... il ne pouvait prendre un parti. Il était digne de pitié, si la lâcheté, surtout dans un roi, pouvait en inspirer. Enfin, un jour, l'ambassadeur d'Angleterre lui apporta *le Moniteur;* le malheureux prince y lut :

« *La maison de Bragance a cessé de régner* EN » EUROPE. »

— Vous le voyez, monseigneur, lui dit l'Anglais en mettant le doigt sur cette dernière phrase, *l'usurpateur*, lui-même, vous indique le seul moyen de salut qui vous reste.... venez en Amérique.

Le prince se mit à pleurer comme un enfant....
Il courait çà et là comme un pauvre fou dans ce
palais qu'on lui disait d'abandonner et qu'il n'a-
vait jamais tant aimé.... Quelquefois il entrait
dans l'appartement de sa mère, s'agenouillait devant elle et lui demandait sa bénédiction.....
Mais la folle le repoussait avec fureur, et criait
d'une voix aigre et sinistre :

« Al fuego ! al fuego d'infierno !... todos à l'in-
» fierno ! [1] »

Et son fils épouvanté fuyait cette mère septua-
génaire, dont la tête couverte de cheveux ar-
gentés avait aussi porté la couronne, et qui
maintenant ne savait plus que maudire et blas-
phêmer.... Il courait chez sa femme. Là il es-
suyait un nouvel orage. C'étaient des reproches
sur sa pusillanimité, des imprécations contre son
père, sa mère.... mais surtout contre l'époux assez lâche pour avoir pu obéir à un *Lobato.*

---

[1] «Au feu, au feu de l'enfer !... tous à l'enfer !...» Ce
fut une trop sévère direction donnée par le grand inquisiteur
qui était son confesseur, que la reine Marie devint folle.
Aussi était-il très fréquent de lui voir mêler des mots d'anathème à ce qu'elle disait dans sa folie : lorsqu'elle voyait ses
petits enfans, elle les prenait dans ses bras, les embrassait
et pleurait sur eux en répétant avec déchirement :

*Al fuego !... al fuego d'infierno !... todos !... todos !...
infeliz !...*

—Arrière de moi, s'écriait-elle en lui arra-chant des mains la robe à laquelle il se crampon-nait !... arrière.... vous n'êtes qu'un misérable lâche!...

Et le malheureux ainsi renvoyé, repoussé , était au moment de devenir insensé comme sa mère.

Enfin il apprit que l'avant-garde de l'armée française avait couché à Abrantès le 22 au soir ; malgré les assurances toutes pacifiques que M. Ba-retto lui rapporta de la part de Junot, il se décida enfin à partir, et le 27 novembre de l'an 1808, toute la famille de Bragance s'embarqua sur différens bâtimens. Quant au régent, son fils, son neveu et lui, montèrent sur le vaisseau de guerre anglais *le Prince royal*. Une remarque assez particulière, c'est que ce fut ce même vaisseau qui, en 1799, servit à transporter de Naples en Sicile le roi de Naples et sa famille sous la conduite de lady Hamilton.

Un fait à remarquer, mais que l'on trouvera moins étonnant lorsque comme moi on a habité le Portugal, c'est que le départ annoncé, arrêté même depuis plus d'un mois, ne trouva rien de prêt lorsqu'il fallut l'effectuer. J'ai sur ce mo-ment des détails fort exacts.

Ce fut le 27 novembre à huit heures et demie

du matin que le prince du Brésil arriva à Belem dans une voiture fermée, n'ayant avec lui que l'infant d'Espagne, don Pedro [1] son neveu; son équipage était des plus simples, il n'avait qu'un seul domestique. Il paraît que les rapports de police étaient alarmans et qu'on craignait que le peuple ne s'opposât au départ. Il avait appris que les vaisseaux contenaient tout l'argent monnoyé du Portugal, la plus grande partie de l'argenterie comme vaisselle, tous les diamans, non seulement de la couronne, mais les diamans que la ferme du commerce avait apportés dans le royaume... On emportait TOUT ; et que laissait-on au peuple ? la guerre s'il la voulait faire.... la misère et la honte !....

Il y avait alors à Lisbonne un homme que j'y avais retrouvé avec bonheur, un ancien ami de ma famille, M. le comte de Novion. Le comte de Novion avait de grandes qualités, des talens remarquables; il les utilisa pour la nouvelle patrie qui l'avait adopté. Il créa un régiment qui, sous le nom de *légion de police*, rendit Lisbonne l'une des plus belles villes de l'Europe, tandis qu'avant elle n'était qu'un cloaque infect qu'on

---

[1] L'infant don Pedro est fils de la princesse de Portugal, sœur de Jean VI, et de l'infant don Gabriel, troisième fils de Charles III et frère de Charles IV.

ne pouvait parcourir, une fois le soleil couché,
qu'au péril de sa vie, car la ville entière n'était
pas éclairée, et, à chaque détour de rue, on était
attaqué par une bande de voleurs qui bien souvent rougissait ses poignards. M. de Novion ayant
pris sur lui une responsabilité toute de peines et
de désagrémens sans cesse renaissans dans un
pays comme le Portugal, parvint à faire de
sa capitale une des belles villes du monde. Il
avait une grande autorité à l'aide de son beau
régiment nommé la *légion de police,* et sa place
était à bien dire un petit ministère. Il eût été à
désirer pour le Portugal que le prince l'eût réellement fait ministre.

Ce fut lui qui avertit le prince du danger
qu'il pouvait courir en se rendant au port avec
une espèce de solennité. Le prince, dans l'illu-
sion jusqu'au dernier moment, voulait, disait-il,
se faire voir à son bon peuple pour lui faire ses
adieux. M. de Novion, dont la rude franchise
avait souvent déplu, notamment à des Français
émigrés qui achetaient l'hospitalité qu'on leur
donnait par de lâches complaisances, M. de Novion dit au prince que non seulement le peuple
de Lisbonne était dans de mauvaises dispositions,
mais qu'il ne répondait nullement des suites, si
Son Altesse Royale voulait faire *une fête* de

son départ. Le pauvre fugitif se détermina alors à se rendre séparément au port , et ce fut donc accompagné seulement de son neveu qu'il arriva près de *la cale* où il devait trouver le canot pour le transporter sur le vaisseau. On sait comment il pleut quant il pleut à Lisbonne. Dans les journées précédentes il était tombé des torrens d'eau, et le rivage était inondé d'une boue vaseuse qui empêchait de poser le pied à terre, surtout pour traverser *la cale* , déjà encombrée de paquets et de ballots. Il n'y avait pas là de Ralph Raleigh, pour étendre son manteau sur le terrain fangeux. Le pauvre souverain fugitif ne put que regarder d'un œil de détresse cette mer boueuse et puis ses souliers bien cirés. Pour une pareille tête il y en avait assez pour le faire remonter à Benpost*. Dans ce moment, deux sous-officiers de la légion de police, dont l'un était un émigré français, aperçurent le régent. Ils avaient des ordres de leur commandant et évitèrent ce qui pouvait faire reconnaître le prince ; mais sa tête en manière de taureau, cette tournure remarquable dans sa dis-

---

› Mauvais palais dans lequel le prince du Brésil venait donner ses audiences quand il était à Quélus ; car il en donnait des audiences, le malheureux !... il n'en donnait que trop !...

grâce avait déjà été signalée par la populace qui
encombrait les quais. Aussitôt que le nom du
prince fut prononcé, il vola de bouche en bouche,
et des malédictions l'accompagnèrent bientôt.
Les sous-officiers de police se mirent aussitôt de
chaque côté de Son Altesse Royale ; puis, ayant
fait jeter quelques planches sur cette boue épouvantable, ils soutinrent le prince, qui *chancelait* et
dont le cœur battait à en faire entendre les
pulsations; un vieux respect empêchait le peuple
de manifester sa volonté, mais il était clair qu'il
ne voulait pas que la famille royale partît. Si
Junot avait fait une proclamation en portugais
pour appeler la population de Lisbonne aux armes, et lui demander d'empêcher le départ du
prince, il ne serait pas parti.

—Et pourquoi n'avoir pas pris ce parti? lui
dis-je à la Rochelle lorsque l'année suivante il me
racontait tous ces détails.

Junot vint à moi, m'embrassa en riant, et après
m'avoir long-temps regardée toujours en riant
il me dit :

—Et qu'en aurais-je fait ?

Et je me mis à rire aussi, car j'étais une lourde
bête. Nous avions déjà bien assez de Ferdinand VII à Valençay, et l'empereur n'avait pas
de logement pour tant de têtes couronnées...

Il fallait donc agir en conséquence des ordres de l'empereur et de sa *volonté intérieure.* Cette volonté était d'être débarrassé de la famille de Bragance, et cependant avoir l'air de la retenir en lui présentant un *ultimatum;* car il ne fallait pas *prendre possession d'avance.* Le mot de Junot me fut donc expliqué plus tard.

La reine et les princesses arrivèrent ensuite avec toute la famille royale. Chacune d'elles était arrivée séparément, et elles s'embarquèrent en silence, à l'exception de la reine, qui, en descendant de voiture, eut une attaque tellement violente qu'elle fut au moment d'expirer. Elle revint à elle, et, poussant des cris aigus, refusa obstinément de s'embarquer; il fallut user de violence, on la mit de force dans le canot qui l'attendait, et le peuple put voir du rivage sa malheureuse souveraine entraînée dans l'exil, se débattant aux mains d'une foule d'hommes qui la contraignaient brutalement, sans égard pour les cheveux blancs couvrant cette tête couronnée, vieille et folle qui allait dans ses jours septuagénaires demander un asile à une contrée si lointaine!..

Le conseil d'état, les ministres, suivirent la famille royale. La politique du gouvernement fit également partir de Lisbonne quelques familles en tête desquelles on voyait marcher la duchesse et le duc de Cadaval avec leurs trois enfans. J'ai déjà dit, je crois, que le prince du Brésil avait une sorte de crainte, relative au duc de Cadaval et à ses deux fils; leur alliance, ou plutôt leur parenté, pouvait en quelque sorte la légitimer. Mais le duc de Cadaval était un second duc de Bragance, dans la plus grande vérité du mot, et son apathie avait avec la sienne une extrême ressemblance. Sa femme est, ainsi que je l'ai dit, une personne d'un rare mérite.

Les nobles les plus remarquables qui s'embarquèrent avec la famille royale furent : les marquis de Pombal, de Bellas, d'Allegreto d'Anjeja; les comtes Redondo, Rodrigo de Souza, Juan d'Almeida et Cavailheros ; venaient ensuite le comte de Caparica, chambellan; Belmonte, Lavradio, de Vayos, et, comme je l'ai déjà dit, tout le conseil d'état et le ministère.

Le désordre, qui est toujours le compagnon fidèle de tout ce qui se fait en Portugal, le désordre était à un tel point, qu'un seul fait en donnera la mesure d'une manière presque burlesque. Le treizième régiment de ligne avait ordre de suivre; lorsque les troupes arrivèrent, il fut de toute impossibilité de les placer, tant l'encombrement était à son comble; elles demeurèrent donc à terre, et le colonel partit tout seul.

Le total du compte fait des Portugais partis avec la famille royale donne un chiffre de treize mille huit cents âmes. — J'ai eu cette note d'une personne bien instruite, et en effet tout porte à croire qu'il a dû partir autant de monde en raison de l'immense quantité de familles attachées à la cour, et que son éloignement allait priver de ressources. La reine, le prince du Brésil, le prince d'Espagne, le jeune prince héréditaire, aujourd'hui connu sous le nom de don Pèdro, s'embarquèrent sur un beau vaisseau de quatre-vingts canons, *le Prince Royal*. Ceux qui aimeront à faire des rapprochemens sauront que ce fut ce même vaisseau qui, en 1799, transporta la famille royale de Naples à Palerme, à l'époque si bien retracée par M. de La Touche. Quant à la princesse du Brésil, et aux princesses ses filles, elles s'embarquèrent avec le plus jeune prince, qui, je crois, doit être don Miguel, sur un autre bâtiment, tant les malheureux préjugés de cour avaient toujours de puissance sur ces esprits étroits et bornés. La consolation la plus positive qui leur fût restée était celle de pleurer ensemble, et ils se l'enlevaient pour obéir à une loi gothique aussi absurde que nuisible d'ailleurs dans un pareil moment. — La princesse veuve et les autres personnes de la famille partirent également sur un autre bâtiment [1].

Lisbonne est une immense ville, non seulement dans tous les lieux de la terre, mais surtout en Portugal, où elle forme le huitième de la population du pays. C'est à Lisbonne que viennent se rendre tout ce que le royaume produit d'infect en hommes ou en femmes, parce que partout ailleurs les moyens d'industrie sont annulés par la dépopulation. Aussi Lisbonne offret-il bien plus de chances à la turbulence et même à l'insurrection que toute autre capitale de l'Europe. — On en vit la preuve aussitôt que le prince régent eut quitté la terre. Et sans l'admirable conduite de M. le comte de Novion, il aurait pu se faire que notre entrée dans Lisbonne fût plus désastreuse que triomphante.

Lorsqu'on est assez heureux pour pouvoir réclamer un homme comme M. le comte de Novion, à titre de *Français*, il ne faut certes pas y faillir. C'est un de ces caractères dont le type

---

[1] Les vaisseaux qui composaient la petite escadre du prince régent étaient au nombre de sept. *La Reine de Portugal, le Prince royal, le Prince du Brésil, le Don Juan de Castro, l'Albuquerque, la Méduse* et *le comte Don Henri*, ainsi que quelques bricks et quelques frégates.

devient tous les jours plus rare ; et bientôt parler d'un être comme M. de Novion, raconter ses
actions nobles et chevaleresques,—ce sera écrire
un conte bien autrement fantastique que ceux
d'Hoffmann.

J'ai déjà dit dans le précédent volume que M. le
comte de Novion était Français et émigré. Il était
brave, sévère dans ses opinions et ses mœurs,
profondément affligé des maux de sa patrie pendant l'époque désastreuse des années de la terreur, mais toujours touché au cœur des triom-
phes de la France et orgueilleux de sa gloire.
— Jamais il ne voulut aller mendier des secours
dans une terre étrangère, en disant : « *Conduisez-
moi devant les Français, et je les battrai.* » — Mais
il demanda noblement du service ; et pour un peu
d'or il donna au Portugal les trésors immenses
d'une sage administration, une police, des lois,
enfin le bien inappréciable de pouvoir habiter Lisbonne sans danger, et de sortir à neuf heures du
soir sans être assassiné. Tout stupide qu'était le
prince du Brésil, il avait appris à connaître l'excellence de l'homme que la providence lui avait
envoyé, et il résolut de lui confier l'autorité pendant le peu de temps qui s'écoula entre le départ
du gouvernement portugais et l'entrée de Junot
dans Lisbonne.

M. de Novion, investi d'une autorité souveraine pour ainsi dire, n'en usa que pour assurer
la tranquillité d'une ville de plus de quatre cent
mille âmes, parmi lesquelles se trouvaient non
seulement le rebut de la population portugaise,
mais des vauriens de tous les pays, et surtout
des agens d'une puissance qui ne demandait
qu'un appel à l'insurrection pour la faire éclater.
M. de Novion le savait, et sa fermeté déconcerta
tous les projets que la faiblesse précédente avait
pu faire concevoir; il parcourut lui-même la ville
à cheval dans toutes ses directions, multiplia les
postes, fit occuper les plus importans par son
beau régiment de la légion de police, et parvint,
à l'aide de sa ferme attitude, à remettre Lisbonne
aux mains de Junot dans un état de tranquillité
vraiment remarquable. — Je dois à la mémoire
de M. de Novion de lui rendre cette justice. Junot m'écrivit à cette même époque tout ce qu'on
lui devait, et ne le laissa pas ignorer à l'empereur. — *C'est pourtant un émigré*, me dit-il,
lorsqu'il parla de M. de Novion avec moi,
après avoir reçu la lettre de Junot. — J'ai toujours regardé les émigrés comme des enfans
parricides.

Le mot n'était pas applicable au comte de Novion; je le fis observer à l'empereur. — M. de

Novion était l'ami de ma famille depuis un si long-temps, que j'avais été habituée à le considérer comme un père dès que j'avais pu connaître quelque chose. On peut penser si je fus heureuse de le retrouver à Lisbonne, lorsque j'y arrivai en 1804! — Junot apprit de moi et de mon frère combien nos parens lui étaient attachés, et l'attachement d'Albert était à lui seul un éloge que fortifiait encore celui de mon père. La conduite du proscrit justifia nos assertions, et Junot avait pour lui une profonde estime. — Il le lui prouva, ainsi qu'il le devait, lors du retour de l'armée en France.

On a vu , dans le bel et estimable ouvrage du général Thiébault, tout ce que les troupes françaises eurent à souffrir pendant leur longue route de Bayonne à Lisbonne. Le général Foy, quoiqu'il ne fût pas alors avec l'armée (il n'arriva que beaucoup plus tard à Lisbonne, et je crois qu'il passa par l'autre route), a pensé également bien de cette admirable marche, quoiqu'il soit encore bien loin de son modèle. Je ne répèterai donc pas ici ce que moi-même je puis aussi bien décrire que qui que ce soit, puisque j'ai tout à la fois les lettres de mon mari, ses récits toujours si animés et si fortement colorés, ainsi que ceux de tous ses officiers ; mais je dois

réserver les pages qui me restent pour parler de
choses moins connues, et sur lesquelles je possède également des documens sûrs.

J'ai déjà parlé, je crois, de la démarche ridicule
qui fut faite par le prince du Brésil, d'envoyer
près de Junot un M. Baretto, homme sans doute
fort honnête d'ailleurs, mais qu'on était habitué
à ne considérer à Paris que comme un homme
parfaitement ridicule, et qui n'avait à Lisbonne
aucune espèce de consistance. Junot fut irrité
de ce choix; mais il n'était pas en mesure de le
laisser voir. Il comprit qu'on lui envoyait un
homme qui pourrait être désavoué [1] au besoin, et dont tout au contraire les rapports devaient être reçus comme paroles engageant à tout
ce qu'elles promettraient. Quelle que fût l'impression que Junot reçut de cette *ambassade*, il
n'en témoigna rien, et fit repartir M. Baretto à

---

[1] Non pas que M. Baretto ne fût un homme sans doute
estimable, mais sa position singulière qui ne tenait ni de la
noblesse, ni de la finance, ni de l'armée, lui donnait une attitude au moins singulière dans un pays où tous les rangs sont
marqués. Il était bien *chevalier du Christ*, mais si cette dénomination pouvait faire quelque impression à Paris, dans un
moment surtout où les ordres de chevalerie étaient encore
inconnus à toute notre jeunesse, on sait qu'en Portugal, *être*
ou n'être pas chevalier du Christ c'est la même chose, ou
plutôt il vaut mieux n'en pas être.

l'instant avec la demande instante au prince de
ne pas partir avant son arrivée à Lisbonne. —
Mais vraiment l'autre n'avait garde, et l'on a vu
comment il s'embarqua le 28 novembre.

Les ordres secrets de Junot, écrits *de la main
même de l'empereur,* portaient spécialement de
TOUT faire pour s'emparer non pas de la personne
du prince du Brésil , mais de quelques unes dé-
signées ; et notamment des forts et de la ville de
Lisbonne.

Ce fut donc dans ce but qu'il agit au péril
de sa propre vie. — Le danger qu'il pouvait
courir n'était rien pour lui, c'étaient les maux que
devaient souffrir les troupes qui le rendaient vul-
nérable à la crainte, pendant cette longue suite
de jours où il voyait les hommes qui lui étaient
confiés pour les mener à la gloire, et qu'une fausse
manière d'envisager cette même gloire conduisait à une mort certaine.

Enfin cette route terrible s'acheva ; Junot se
vit au bord du Tage et du Zézère. Là il fallut encore payer de courage pour soutenir celui des
soldats près de succomber sous le poids de tant
de maux. Plusieurs d'entre eux tombèrent éva-
nouis en arrivant sur la place d'Abrantès ; d'autres périrent dans les torrens qui leur restaient

à passer avant d'arriver à cette ville d'Abrantès[1] , point important qu'il fallait emporter
pour s'emparer du fleuve et arriver facilement
à Lisbonne; du moins alors on le croyait ainsi.
Sans doute tous ceux qui me lisent ont lu le bel
ouvrage du général Thiébault. Cependant il en est
peut-être qui ne le connaissent pas. Dans tous
les cas, on ne peut que me remercier de trouver
ici quelques lignes écrites dans un style aussi pur
qu'expressif, retraçant une époque mémorable;
on sait qu'il était chef d'état-major de l'armée de
Portugal.

.... « Certes, » dit-il, après avoir peint des couleurs les plus énergiques, ce trajet effrayant par
cette succession immédiate de périls d'abord
non prévus, et puis toujours visibles lorsqu'on
ne pouvait plus les éviter.... •Certes, dit-il, bien
» des chefs auraient hésité dans cette circon-
» stance. L'homme incapable de peser de grandes
» considérations, de juger le résultat d'une dé-
» termination forte, de la prendre, de ne *plus s'en*
» *écarter*, ne voit que les inconvéniens d'un parti,

---

(1) Cette ville d'Abrantès était d'une haute importance
dans la campagne du Portugal. Ce fut ce qui fit donner le titre de duc d'Abrantès à Junot lorsqu'il fut question de lui
donner un nom *ducal*.

» sans en évaluer les compensations. Les maxi-
» mes que les hommes de génie ont consacrées
» par de grands exemples : ou de vastes concep-
» tions, n'existent jamais pour lui que dans une
» stérile théorie, et ne le feront sortir avec hon-
» neur d'aucune position critique, eût-elle été
» prévue par les maîtres de l'art, tandis qu'une
» situation inattendue et difficile fait mieux ap-
» précier un chef que des campagnes entières.

» Quant au général Junot, je dois à la vérité
» de dire que, vraiment supérieur dans cette cir-
» constance, il ne fut pas même ébranlé, et que,
» invariable dans sa résolution, il persévéra à sui-
» vre cet axiome incontestable. — *Qu'il ne faut*
» *jamais laisser à son ennemi un temps qu'on peut*
» *gagner sur lui* [1]. »

» Il se borna donc à remédier au mal autant
» que cela était en son pouvoir. — Des vingt ba-
» taillons espagnols qui devaient le suivre huit
» reçurent, à cause de leur mauvais esprit, l'ordre
» de quitter Alcantara et de retourner dans leur

---

[1] Cette maxime était aussi celle de l'empereur : il la mettait si souvent à exécution que ses ennemis eux-mêmes ont
appris de lui à le combattre. Cette maxime, ainsi que celle de
paralyser les forces plutôt que de les détruire, étaient bien
souvent la base de ses opérations.

» ancien cantonnement. Le plomb nécessaire et
» toute la poudre existante dans le pays furent
» rassemblés à la hâte. — Le papier manquait
» pour confectionner les cartouches. Les archives
» des chevaliers d'Alcantara en fournirent; on
» travailla nuit et jour, et on put en donner
» vingt par homme. Les vivres furent égale-
» ment trouvés par l'activité avec laquelle on
» se mit à la recherche de tout ce que le pays
» pouvait fournir, et enfin, après vingt-quatre
» heures de repos seulement à Alcantara, on
» put entrer ou plutôt se jeter en Portugal;
» car rien n'était prêt pour une entrée régu-
lière. »

Une fois dans l'Estramadure portugaise, tous
les habitans que l'on rencontrait étaient autant
d'ennemis. En Espagne on pouvait encore espérer au moins une neutralité passive; mais en
Portugal chaque regard cherchait une victime,
et chaque parole était une trahison. Sans cesse les
guides étaient surpris conduisant par de fausses
routes. Chaque paysan devenait un assassin, égor-
geant son hôte dans le sommeil. Ce n'était plus
la franche et cordiale réception des Biscaïens, et
la politesse froide mais sincère des Castillans,
c'était la perfidie, le vol et la haine se réunissant

pour ajouter aux horreurs de la route la plus ef-
froyable que des déserts puissent préseuter au
pied de l'homme. Les Florides et le Canada furent
moins sauvages aux Français, moins périlleux que
ne leur fut la traversée des montagnes de *Gata*
et de l'*Estrella*.

C'est ici que je dois commencer à relever une
partie des erreurs de M. le colonel Napier, en
parlant de la première expédition du Portugal
aux ordres du général Junot. Il est beaucoup plus
indulgent pour la seconde; j'en ignore la raison.
Quelle qu'elle soit, il devait au moins, par un
motif qui eût été même apprécié, il devait être
juste; mais il ne l'a pas été. Au surplus, Dieu
pour tous. La postérité sera *là*. Juge impassible
et impartial, elle saura distribuer le blâme et la
louange à ceux à qui ils appartiendront.

Le général Delaborde, qui commandait une
des divisions de l'armée de Portugal, se conduisit comme un héros. Il a été peu dans la faveur
du commandant d'une autre expédition en Portugal; mais pour le général Delaborde aussi la
postérité sera juste, et donnera son admiration
à sa belle conduite.

Il était abîmé de douleurs de rumathisme,
fruits de ses campagnes et de ses fatigues. Au

milieu du désert le plus effrayant, dans une nuit orageuse, où tous les élémens semblaient unis pour détruire jusqu'au dernier homme des troupes qu'il commandait, on arrive devant un torrent, dont les bords escarpés étaient formés par des rochers glissans sur lesquels les pieds des malheureux soldats ne pouvaient se fixer.... Tous murmuraient... Ils regardaient en blasphémant ce gouffre où il leur était ordonné d'entrer, et nul d'entre eux n'avançait d'un seul pas. Le général Delaborde voit d'un coup d'œil le péril de tous, et celui que lui-même peut courir au milieu de ces hommes que rien ne peut contenir; car *ils souffrent*, et rien ne peut les soulager. C'est une consolation sans doute que de dire à un malheureux : *je souffre comme toi!*... mais elle s'use vite. Les choses métaphysiques ont peu de crédit sur le vulgaire!... Dans ce moment critique le général comprit qu'il ne fallait pas *dire*, mais qu'il fallait *faire voir* qu'il souffrait aussi. Il mit pied à terre, entra dans le torrent dont les eaux grondaient en se brisant contre les roches qui encombraient son lit, et demeura la moitié du corps dans l'eau, jusqu'à ce que les hommes de sa division (du moins la plus grande partie) l'eussent passée.

C'est ainsi qu'on faisait alors de grandes choses!!

Junot arriva à Abrantès plutôt en fugitif que comme un homme qui vient dire à tout un peuple :

— Je prends possession du pays!...

Les fusils ne pouvaient pas servir, et cela sera compris lorsqu'on saura que depuis plusieurs jours les soldats ne passaient les torrens qu'en s'appuyant sur leurs fusils comme on se sert d'un bâton ferré dans les montagnes. Malgré cette position, Junot parla fièrement et avec juste raison, parce que *là* où la force morale unie au courage positif, et tout cela en face d'une nature flétrie, quoique vivante, de cœurs haineux, mais tremblans, *là* est véritablement le droit de possession. Ce fut à Abrantès que Junot apprit que le prince du Brésil, quittant le Portugal en *Médée*, avait donné l'ordre aux populations *de s'insurger* et d'opposer de la résistance à l'armée française... Il allumait pour adieux les torches incendiaires qui pouvaient consumer et Lisbonne et son port... Il aurait pu, le malheureux, voir les flammes de son vaisseau!... Mais que lui importait? il était à l'abri....

La première des députations qui arrivèrent à Junot était composée d'officiers-généraux de l'ar-

mée portugaise. Ils lui dirent que la ville de Lisbonne était dans la stupeur la plus sinistre. Un
pareil calme présageait l'orage. Junot chargea
cette première députation de retourner à l'instant même pour calmer les alarmes exci-
tées par le départ de toute la famille royale;
d'assurer les habitans de la bienveillance la plus
entière de l'empereur pour la nation portugaise,
si elle se conduisait bien envers son armée, et
surtout avec franchise. Il annonçait son arrivée
à lui-même pour le lendemain à la pointe du
jour.

La seconde députation était formée par plusieurs membres du commerce étranger, ayant à
leur tête M. Mure, vice-consul de France... Il dit
les mêmes faits, et n'ajouta que quelques détails.
Junot fit aussitôt faire une proclamation en portugais et en français, qui fut affichée dans la soirée même dans Lisbonne et produisit le plus
grand effet. Qui ne sait, mon Dieu, combien est
faible le vent qui fait tourner les masses!

J'ai gardé un souvenir très remarquable de ce
que Junot m'a souvent raconté de tout ce qu'il
eut à souffrir dans la nuit qu'il passa à Saccaven...
Il avait annoncé son entrée pour le lendemain

au point du jour dans Lisbonne, et avec lui il avait *annoncé son armée!*...

Et cette armée, où donc était-elle?...

Il avait avec lui le général Thiébault, son chef d'état-major, le colonel Vincent, commandant du génie, le colonel Douence, directeur des parcs d'artillerie ; M. Trousset, ordonnateur en chef de l'armée; M. Thonnelier, payeur-général, et M. Fissont, son secrétaire particulier. Il n'avait près de lui qu'un ou deux officiers, encore n'étaient-ils pas de son état-major particulier... Tous les autres, en course pour remplir quelques missions, étaient en arrière sans que l'on pût avoir d'eux la moindre nouvelle. Les eaux toujours croissant inondaient les chemins... La troisième division était comme perdue ; l'artillerie, la cavalerie abîmées, égarées dans les déserts où des guides infidèles livraient les malheureux soldats au couteau du paysan, ou bien arrêtés par de nouvelles inondations qui empêchaient tout rapprochement. Telle était la position qui avait résulté de cette volonté impérieusement dictée *d'arriver à tout prix!*... Junot était morne... son âme, ordinairement si forte, pliait sous une main plus puissante que pouvait l'être la détermination d'un héros... car il le fut dans cette campagne malheureuse, où il dut lutter contre tout ce que la destinée a d'affreux pour un homme de cœur qui marche au son du tambour...

La pluie tombait par torrens. Chaque fois que la furie du vent faisait fouetter les vitres par l'orage, Junot tressaillait... Ce coup de vent lui faisait l'effet d'un coup de mitraille décimant un régiment... Il voyait les torrens se grossissant par la tempête et son armée détruite... Vers une heure, un exprès arriva de Lisbonne... Les nouvelles étaient encore plus alarmantes; le peuple s'éveillait... La flotte anglaise était à la barre, et offrait son secours... Les vents qui nous repoussaient dans le haut du Tage lui ouvraient à elle l'entrée du port... Il y avait dans Lisbonne treize à quatorze mille hommes de troupes de ligne, et une population de quatre cent mille âmes, tout agitée, grondant et prête à suivre le premier crucifix qui se serait levé devant elle.

Ce n'est pas comme femme de Junot que j'écris ces pages, si je m'en rappelle en ce moment, c'est pour être fière de porter son nom, mais point pour mettre de fard à une position que son seul talent, sa véritable grandeur d'âme a su rendre une des plus remarquables de notre histoire. Elle n'est pas assez connue peut-être, et c'est un malheur pour la gloire commune.

En me décrivant ses angoisses, les déchiremens de cœur qu'il souffrit pendant cette horrible nuit, il pâlissait encore quelques mois plus tard, lorsqu'à La Rochelle il me parlait de ces heures de torture, tout en embrassant son fils, son premier fils, cet enfant qu'il espérait voir un jour la joie et l'appui de sa vieillesse.

— Que pouvais-je faire, me disait-il, avec quelques hommes dont le courage voulait déguiser la fatigue, mais dont la démarche chancelante, les traits altérés révélaient tout ce qu'ils souffraient!... Moi-même j'avais peine à me soutenir... et pourtant IL FALLAIT entrer à Lisbonne... IL LE FALLAIT... j'y suis entré.

L'hésitation était en effet un parti funeste à prendre,... Hélas! tous étaient à redouter!...

Avant le jour Junot partit de Saccaven... Il était entouré de quatorze cents hommes, seul reste de quatre bataillons composant l'avant-garde. Les malheureux avaient les pieds tellement déchirés par les pierres saillantes des torrens et par les épines, qu'ils pouvaient à peine marcher, *même au son de la caisse,* me disait Junot!... En sortant de Saccaven, le hasard lui fait rencon-

trer une troupe de cavalerie portugaise, composée d'une trentaine d'hommes.

— Suivez-moi... leur dit-il d'une voix' impé-
rieuse. Ces hommes, étonnés, le suivirent en effet
sans oser répliquer, et il entre dans Lisbonne entouré de soldats portugais formant sa garde!...

CHAPITRE II.

Junot à Lisbonne. — M. de Noyion. — L'émigré. — Junot à Belem. — Canon pointé contre le prince du Brésil fugitif. — Le coup fait amener le vaisseau. — Ce n'est pas *lui.* — Députations faites à Junot. — La première est celle de la noblesse. — La seconde celle de tout le commerce. — Quelles adresses elles prononcent. — Flatterie. — L'empereur est la divinité. — Signatures des députés. — J'ai un fils. — Demande à l'empereur de le nommer. — Singulière conversation avec l'empereur. — Quelle est la marraine? — L'impératrice le sera-t-elle long-temps? — Paroles de Napoléon. — Le divorce. — Les magnificences impériales. — Description des fêtes et des toilettes. — La salle du trône et la salle des maréchaux un jour de grand cercle. — Les *leudes.* — Timidité des grands seigneurs étrangers. — Les battemens de cœur. — La grande-duchesse de Berg. — La reine Hortense. — Premiers troubles d'Espagne. — Le duc de Mahon. — Le roi *Prusias.* — Avis du cardinal Maury. — Bals de la princesse Caroline et de sa sœur. — Bals masqués pour les enfans. — Achille Murat. — Le diable vert. — La maréchale Ney. — Mes filles chez le prince-primat. — La méprise du duc Dalberg. — Les fiançailles. — M. de Grandcourt. — M. D'Espinchal. — Le monsieur de province et sa femme à l'Opéra.

A peine Junot avait-il mis le pied dans l'enceinte illusoire de Lisbonne, qu'il trouva un détachement de la légion de police sous les ordres

de mon vieil ami le comte de Novion. Ce digne
homme, heureux de servir à la fois sa patrie véritable et le mari d'une enfant dont il chérissait
les parens, fut dès ce moment pour Junot *tout
ce qu'il* pouvait être, et c'était immense, dans une
pareille circonstance surtout. Il prouva alors ce
qui est au reste démontré péremptoirement,
c'est que la force morale de l'ordre et de la grandeur d'âme véritable a une action directe et immédiate. M. le comte de Novion n'avait que
douze cents hommes, et la population de Lisbonne fut contenue!...

　　Junot n'a jamais oublié un si éminent service;
il en parla à l'empereur, qui fut bien pour M. de
Novion, mais non pas comme il devait l'être. Il
avait encore à cette époque le préjugé (bien juste
au reste) contre les émigrés; mais les exceptions
devaient être faites; et comme le lui disait Junot, *certes c'est ici le lieu ou jamais*.

　　La pluie continuait à tomber comme on sait
au reste qu'elle tombe à Lisbonne à cette époque
de l'année [1]. Junot souffrait des douleurs in-
tolérables d'une névralgie, suite de ses blessures, et toujours plus aiguë lorsque des inquiétudes morales venaient se joindre à une

---

[1] Mois de novembre.

grande fatigue. Le cas était donc certainement de ceux qu'il pouvait le plus redouter; aussi depuis la veille ses blessures le faisaient-elles quelquefois bondir par l'excès de sa douleur [1]. Cela ne l'arrêta pas dans son dessein; il entra dans Lisbonne par la porte de Saccaven, c'est-à-dire, pour ceux qui connaissent Lisbonne, par le lieu aussi opposé à la tour de Belem, que la barrière de l'Étoile à Paris l'est de la porte Saint-Antoine. Il dit quelques mots à deux officiers de grenadiers près de lui, en les chargeant de les faire circuler parmi la troupe [2]; à peine ces hommes admirables eurent-ils compris ce que leur général voulait faire, qu'ils dissimulèrent leur fatigue, relevèrent leur tête et le suivirent gaiement.

Oh quels hommes! quels hommes!...

.... Ce que voulait Junot c'était de s'emparer d'abord de la tour de Belem... Il entra dans le fort; là, apercevant un bâtiment qui sortait du port à pleines voiles, il eut la pensée que ce pouvait être le vaisseau qui portait le prince du Bré-

---

[1] L'une d'elles surtout, celle qui traversait le haut du crâne, était si épouvantable de longueur et de profondeur, qu'on ne pouvait la toucher sans tressaillir; elle fut une des causes principales de sa mort.

[2] Il avait avec lui 1,200 hommes qui avaient rejoint.

sil ou quelque bâtiment de sa suite ; il saisit lui-
même une gargousse, chargea un canon du fort,
et le fit pointer et tirer par M. de Tascher [1]
son aide de camp.. Il le fit avec une telle préci-
sion que le boulet passa dans les agrès du bâtiment et le contraignit d'amener... mais il ne portait aucune personne de la famille royale. En
revenant de Belem à la maison du baron Quintella, l'un des fermiers des Diamans, et l'un des
hommes les plus intègrement riches de Lisbonne, Junot marcha toujours au pas et traversa
la place du Commerce, celle du Rossio et les
quartiers les plus importans de la ville. Cette
promenade dura près de six heures.

A peine fut-il descendu de cheval que la nouvelle junte du gouvernement, présidée par le
marquis d'Abrantès [2] le père, et formée par
TOUT ce qui restait d'importans dant Lisbonne,
vint le complimenter, et dans quels termes!!...Que
les Portugais faisant partie de cette députation
aient la bonté de se rappeler que le discours prononcé dans cette circonstance ne leur fut PAS IM-
POSÉ... Ils l'ont prononcé de leur propre mouve-

---

[1] Excellent et bon jeune homme. C'est lui qui a épousé de
puis la jeune princesse de la Leyen, dont la mère a péri si
malheureusement au milieu des joies d'une fête.

[2] Ce rapprochement est assez curieux.

ment... et de plus ils l'ont écrit!... Ils l'ont donné à
Junot, et je le possède... j'ai de plus le discours du
commerce, revêtu de trente-cinq *signatures origi-*
nales... et ce sont ces mêmes hommes qui deux
ans plus tard ont voulu parler contre celui qu'ils
appelaient alors leur sauveur!... leur protec-
teur!... et le conservateur de leurs biens!... S'ils
ont été CONTRAINTS à signer la pièce que j'ai sous
les yeux... mon Dieu, quels hommes!... Qu'on en
ait gagné, FORCÉ deux... trois... quatre même...
mais trente-cinq!... et des plus notables encore...
Le moyen de gagner un homme comme Ban-
deira... comme Quintella!...

« La bienfaisance, disent tous les signataires
» dans leur adresse, est la vertu la plus sublime,
» et celle qui rapproche le plus l'homme de la di-
» vinité... Jamais cette vertu ne s'est montrée plus
» au jour qu'à l'arrivée inattendue de Votre
» Excellence... C'est une nation tout entière que
» vous êtes venu sauver des afflictions les plus
» cruelles. . Abandonnée de son souverain, pri-
» vée de tous les moyens de défense, que se-
» rions-nous devenus sans vous, Monseigneur!...
» C'est à vous, c'est à votre armée aussi dure
» pour le travail que douce pour la discipline,
» que nous devons le bonheur et le repos dont
» nous jouissons aujourd'hui... Que nous sommes

» heureux du choix que le grand Napoléon a fait
» de Votre Excellence pour mettre un terme à
» nos malheurs!... Monseigneur, sous l'égide de
» la France, le commerce du Portugal peut en-
» core se rajeunir... Que l'empereur Napoléon
» nous protège, et nous redevenons ce que nous
» avons été.

   » Notre destinée est dans les mains de Votre
» Excellence, Monseigneur, et nous avons la plus
» juste confiance que vous remplirez nos désirs
» comme vous avez déjà accompli nos vœux !...
» Daignez donc, encore une fois, recevoir la pro-
» testation de notre reconnaissance; et pour en
» conserver le souvenir, veuillez agréer la mar-
» que insignifiante que nous osons vous offrir.
» *La Divinité même* ne refuse pas l'encens qui lui
» est offert.

» *Geraldo Wenceslaô Braamcamp de Almeïda*
   » *Castel Branco*, président par interim de la
   » cour du commerce. — *Domingo Vandelli.* —
   » *Jacques Ratton*, député. — *Baraô de Quin-*
   » *tella.* — *Jacinto Fernandes da Costa Ban-*
   » *deira.* — *Francisco Antonio Ferreira.* — *An-*
   » *tonio Francisco Machado.* — *Francisco Mon-*
   » *val Calvet*, président de la chambre d'assu-
   » rance. — *Brax Francisco Lima.* »

Je ne mets pas ici les vingt-cinq ou vingt-six signatures restantes, parce que j'ai peu de place, et qu'une demi-page m'est fort utile. Mais cette pièce, ainsi que toutes celles qui ont été et seront citées par moi, seront déposées chez mon éditeur, ou bien chez M. Tourin, mon notaire, afin que chacun puisse se contenter et prendre connaissance de ces pièces citées dans le cours de l'ouvrage. J'ai voulu seulement en donner une idée. J'ai l'adresse de l'université de Coïmbre... c'est un chef-d'œuvre d'adoration et d'humilité... Elle est en portugais, mais il sera facile de la traduire, et c'est ce que je ferai.

Mon Dieu, tout cela eût été oublié et rangé parmi les choses de ce monde dont on fait peu d'estime, mais le ton sur lequel on a modulé depuis une négative absurde, m'a imposé la loi de faire ce que j'ai fait.

Tandis que Junot prenait possession du Portugal, et que la famille de Bragance s'éloignait en proscrite des rivages européens pour aller chercher un autre lieu d'exil par-delà les mers, des évènemens importans préludaient à d'autres plus importans encore, car il s'agissait dans cet avenir qu'ils ébranlaient déjà, de l'avenir du monde dans celui de Napoléon. L'Espagne était agitée ; le prince royal, atteint dans ses affections

les plus chères, pleurait encore sous ses courti-
nes de velours cérémonieusement tirées, la mort
de sa première femme, enlevée à son amour par
la haine d'une mère... Pauvre Ferdinand !... ils ont
dit depuis ce moment que vous étiez méchant !...
hélas ! le creuset des souffrances est de ceux qui
ne sont pas assez reconnus pour sacrés.... Qui
peut juger l'infortuné qui sort d'un lieu où son
âme a été torturée ?... Ne parlons pas de lui, du
moins avant d'avoir autant souffert...

Je parlerai tout à l'heure des scènes d'Aranjuez;
maintenant je reviens à Paris.

Au moment du départ de Junot, je m'étais retirée au Raincy ; ma grossesse, déjà fort avancée,
me donnait le droit de ne pas faire de service auprès de Madame, et je dois dire qu'elle fut très
bonne, comme toujours, dans cette circonstance.
Je passai au Raincy les deux mois qui me restaient à courir pour achever mon temps, et je
revins à Paris quelques jours seulement avant
mon accouchement.

J'avais eu cinq filles au moment où j'allais devenir mère pour la sixième fois [1]. Junot ne me rendait pas certainement coupable de cette *fécondité*

---

[1] J'avais eu trois filles, dont deux me sont restées, et
deux fausses couches de deux filles également.

féminine, mais je voyais qu'il était malheureux de n'avoir pas de garçon ; aussi le moment où je lui écrivis,

Tu as un fils !

fut-il un des plus doux de ma vie... La nouvelle lui en parvint à Lisbonne, peu de temps après son arrivée. Ces détails tenant à ceux qui nous sont personnels, intéresseraient trop peu pour que je les misse dans cet ouvrage ; cependant, je le devrais peut-être, pour faire voir Junot dans le jour véritable sous lequel il doit être vu... Sa joie fut un vrai délire.

« Je te remercie, m'écrivait-il, de m'avoir » donné un fils... enfin je pourrai donc laisser à » l'empereur un autre moi-même, dont le sang » pourra couler pour la patrie et pour lui, comme » celui de son père... Oh ! je suis vraiment heu- » reux !... »

Comme c'était un garçon, Junot ne voulut pas entendre parler d'un autre parrain que de l'empereur, quoiqu'il fût déjà celui de ma fille aînée, et qu'il n'aimât pas à tenir deux enfans dans la même famille. Cependant, comme la volonté de Junot était que j'en fisse la demande, je présentai ma requête. L'empereur l'accueillit de la meilleure grâce possible, et me répondit :

« Je ferai ce que demande Junot... mais quelle marraine voulez-vous ? »

La question était fort embarrassante : on parlait alors du divorce, et on en parlait aussi ouvertement qu'il était possible de parler sous le règne de Napoléon des choses qui le concernaient dans son intérieur. L'embarras n'était pas pour moi ; car je n'aurais certes pas hésité à nommer l'impératrice, parce que l'on parlait de son divorce. Il n'est pas dans mon caractère d'être insultante au malheur ; et le nom de l'impératrice eût été prononcé par moi dans cette circonstance plus que dans toute autre. Mais je ne voulais pas l'irriter contre elle et lui faire répéter avec ironie ce qu'il avait dit plusieurs fois :

« Ah ! ah ! vous vous faites un parti dans les femmes !... »

Cependant mon hésitation ne fut que de quelques secondes, et je répondis presque aussitôt :

— Si Votre Majesté l'a pour agréable, ce sera Sa Majesté l'impératrice.

Il me regarda de son œil clair et perçant, puis il me dit :

— Eh pourquoi ne voulez-vous pas de la signora Letizia ?

— Votre Majesté ne m'a pas fait l'honneur de me parler de Madame mère.

—Eh bien, qu'en dites-vous?

— Je suis aux ordres de Votre Majesté.

—Ce n'est pas répondre cela. Qui voulez-vous prendre pour marraine de votre fils?

—Votre Majesté me laisse-t-elle le choix?

— Voilà une heure que je vous le répète...

—Je demanderai alors à Sa Majesté l'impéraratrice d'être la marraine de mon fils.

— Ah!...

Et l'empereur me regarda long-temps après avoir poussé ce *ah!...* puis il me dit:

— Vous voulez l'impératrice?... eh bien! soit!...

Le divorce eut lieu l'année suivante. J'ai rapporté ce fait parce qu'il tient à un autre qui fit de toute cette affaire une histoire assez plaisante pour mon fils lors de son baptême.

Tout ce que les mémoires du temps nous rapportent des fabuleuses magnificences de Marly et de Versailles n'approche en rien, d'après leurs propres récits, de la cour de Napoléon, dans cet hiver de 1808 à 1809. Une des merveilles les plus attrayantes, et qu'aucune autre cour ne pouvait offrir, c'était surtout cette foule de belles personnes, de frais et charmans visages, et la chose est facilement comprise, car la presque totalité des généraux de l'armée et des

XI.   4

officiers supérieurs de la garde impériale s'étaient mariés par amour soit en France , soit dans leurs campagnes.

J'ai parlé et parlerai fort en détail de tout ce premier luxe, cette élégance renaissante qui avaient embelli la cour consulaire ; maintenant nous sommes arrivés à l'empire , et cette élégance, ce luxe ont doublé , triplé de recherche et de magnificence. Sous le consulat, nous avions eu pour guides nos souvenirs d'enfance et quelques conseils de nos vieux parens... Sous l'empire , nous ne marchions plus que d'après nous-mêmes dans une route que nous avions tracée et sous l'inspiration toute de grâce et de charme que de jeunes femmes françaises sentiront toujours au-dedans d'elles-mêmes pour grouper des fleurs dans un boudoir , placer des tableaux de dévotion dans un oratoire , ou bien draper le velours d'une courtine dans un riche salon de réception. Cette même bonne grâce se retrouvera chez la jeune femme parisienne dans son costume, quels que soient et le temps et l'époque. Ainsi donc, comme je l'ai dit, la cour consulaire avait présenté une corbeille de fraîches roses dans cette réunion de jeunes femmes toujours couronnées de fleurs et mises avec un goût parfait, si l'on compare leur costume à celui des années sui-

vantes ; puis, lorsque vint l'empire, la volonté
de l'empereur fut que sa cour devînt belle et
brillante. L'ordre était doux à suivre, aussi le
fut-il *rigoureusement.* On oublia bientôt *la loi*
qui *défendait* de porter des habits de cour bro-
dés *en plain*, et les hommes rivalisèrent avec
nous pour le luxe des broderies, la beauté des
dentelles, et même des diamans.

Je me rappelle donc, avec la douceur d'un souvenir exempt de toute peine, du coup d'œil
vraiment fantastique qu'offrait la salle des Maréchaux un soir de grand concert, lorsque
les deux côtés étaient garnis de trois rangées
de femmes presque toutes jeunes et jolies, couvertes de fleurs, de diamans et de plumes
flottantes; et derrière elles cette haie formée
par les officiers de la maison de l'empereur,
ceux des princesses, puis les généraux aux habits étincelans d'or, les sénateurs, les conseillers d'État, les ministres, tous revêtus de riches costumes, la poitrine couverte de ces plaques, de ces cordons que l'Europe nous offrait
à genoux, et que l'empereur jetait à *ses leudes,*
tandis que ceux-ci n'estimaient véritablement que
le grand-CORDON DE LA LÉGION-D'HONNEUR ! Au
fond de la salle était l'empereur avec l'impératrice... ses frères, ses sœurs, ses belles-sœurs.

puis les grands-dignitaires ; et *lui*, de son œil
de feu parcourant ce cordon formé par toutes ces
têtes empanachées ou chargées de joyaux, et
dont une grande partie, *loin de lui*, se relevait
fièrement sous la bannière d'un nom vieux et il-
lustre, mais qui *là*, sous le jaillissement de sa pru-
nelle se courbaient plus bas, bien plus bas que
son genou... Maintenant que des années se sont
mises entre cet homme et son ovation, maintenant que le dais impérial est remplacé par le saule
de Sainte-Hélène, ces *pies* et ces *geais* de cour ont
la voix claire et haute pour attaquer le colosse
devant lequel ils rampaient, dont ils mendiaient
un regard dans ces jours de fête !... Comme ils
étaient petits... interdits... tremblans... lorsque
le Corse, comme ils l'appellent maintenant, sortait de ses appartemeus intérieurs et entrait dans
la salle du trône par cette porte qui est *là*, à la
droite de l'estrade sur laquelle était un fauteuil
de velours rouge avec un N. tout en or... Autour
étaient rangés tous les représentans des rois trem-
bans de l'Europe... Nul ne parlait que bas... leur
regard ne s'élevait qu'à demi... et *lorsqu'il* paraissait, alors dans cette vaste chambre nul son
ne se faisait entendre, *lui seul* paraissait tout ré-
sumer sur *lui*... il s'approchait lentement, et plus
de mille regards suivaient la direction du sien...

toutes les oreilles étaient attentives au plus léger son sortant de sa bouche... Que de fois j'ai vu se soulever des plaques de pierreries sous le bondissement d'un cœur mal à l'aise de se trouver face à face avec tant de grandeur!... Je souffrais, moi, faible femme, de voir le représentant d'un grand monarque frémir sous un regard, revivre par un sourire... Oh! ils peuvent nier... *mais les souvenirs sont là*... ils sont vivans dans toutes les pensées.

Aussitôt que ma santé fut complètement rétablie, je repris mon service auprès de Madame, et je rentrai dans le monde, que ma grossesse, assez difficile à conduire, m'avait presque contrainte de quitter depuis quelques mois. J'ai déjà dit que Paris était fabuleusement brillant dans cet hiver, et en vérité, tous les souvenirs que j'évoque en ce moment doivent me répondre affirmativement... Tous les princes de la confédération du Rhin, tout ce que l'Allemagne, la Russie, l'Autriche, la Pologne, l'Italie, le Danemark et l'Espagne, l'Europe entière enfin, l'Angleterre excepté, avait envoyé à Paris ce qu'elle avait de plus riche, de plus élégant pour admirer l'empereur et contribuer à la somptueuse magnificence du cortége qui le suivait lorsqu'il se rendait un jour de grand cercle de la salle du Trône à celle du spectacle dans le château même des Tuileries.

La grande-duchesse de Berg était la plus jeune et la plus jolie princesse de la famille impériale ; je dis la plus jolie parcequ'elle était fraîche comme un paquet de roses, et que la princesse Borghèse, toujours malade et languissante, ne produisait pas dans une fête le même effet que sa sœur ; et puis elle dansait, et la princesse Borghèse ne bougeait de son fauteuil non plus qu'une idole, dont, au reste, elle aimait fort à jouer le rôle... La princesse Caroline était donc la planète autour de laquelle venait se grouper tout ce que la cour avait de jeune et d'agréable, sans toutefois rien enlever de son empire doux et gracieux à la reine Hortense, qui, aimée de tous, adorée de son intérieur, semblait avoir été connue de M. de la Maisonfort lorsqu'il fit ce joli couplet :

> A chacun elle voulait plaire,
> Elle plaisait,
> Chacun l'aimait, etc.

Les affaires d'Espagne commençaient à devenir orageuses. Le tonnerre qui grondait sur les beaux paysages d'Aranjuez se faisait entendre aux Tuileries. L'empereur songea à voir par des *yeux* à lui, et le grand-duc de Berg partit pour prendre le commandement des troupes rassemblées sur les frontières d'Espagne. Je ne suis pas assez habile en politique pour approuver ou blâmer la manière dont commencèrent ces malheureuses affaires de l'Espagne. On ne sait comment accuser, on ne sait comment disculper lorsqu'on voit une ineptie aussi profonde que celle de l'Espagne lors de la signature du traité de Fontainebleau!... Déjà, par suite de ce traité dont quelques clauses particulièrement secrètes expliquaient l'invasion du Portugal, nos troupes avaient traversé presque toute la Péninsule. Par suite de ces mêmes clauses d'autres troupes s'avançaient par échelons jusqu'à Somo-Sierra, et Murat écrivait au duc de Mahon qu'il le rendait *responsable* de tout ce qui arriverait s'il se refusait encore à remettre la citadelle de Saint-Sébastien aux mains des Français.

« Je ne le veux pas, répondit le brave duc de Mahon (et celui-ci était vraiment un Crillon), je ferais une lâcheté. »

» Ah! ne me brouillez pas avec la République! s'écrie aussitôt le Prusias de l'Espagne....» et des ordres sévères sont expédiés au duc de Mahon afin qu'il remette au général français la place de Saint-Sébastien... L'autre obéit en frémissant de

colère. C'est ici le lieu d'observer un fait bien
singulier : c'est que dans toute l'Europe, le sort
de l'Espagne commençait à n'être pas douteux,
on en parlait partout : le cardinal Maury écrivait
à Florence à un de ses amis attaché à l'ambassade de France :

« Il ne reste au roi d'Espagne d'autre parti à
» prendre que de se retirer au Mexique. Quant
» à la reine d'Étrurie, elle est dans le cas fort
» heureux pour elle de pouvoir se mettre sous la
» protection de l'empereur, *comme sa fille aînée*,
» dans la création qu'il a faite des trônes de l'Eu-
» rope. »

Malgré ces avertissemens salutaires quoique
effrayans, la cour d'Espagne fascinée, ou plutôt
trompée par Izquierdo, qui TROMPAIT le prince
de la Paix, car Izquierdo n'était pas un imbécile, fut écrasée par l'orage avant de s'être mise
à l'abri. Je parlerai tout à l'heure de ses désastres ; maintenant je me borne à faire remarquer
le départ du grand-duc de Berg pour l'Espagne.

Ce départ ne lui avait pas été agréable ; il avait
pris des habitudes de galanterie qu'il croyait de
bon ton et qui n'étaient tout bonnement que des
amours assez vulgaires qui auraient passé inaper-
çus, mais devenaient ridicules avec son malheureux accent, ses papillotes se défrisant à la pluie,

et ses panaches, et ses polonaises, et toute sa garde-robe de comédien ambulant. Bien des femmes cependant se laissaient prendre à cette glu... Que Dieu leur fasse paix!

Le grand-duc, ou plutôt la princesse Caroline, ce qui est fort différent, occupait alors le palais de l'Élysée. Déjà, à l'époque du mariage du roi de Westphalie, elle avait donné des fêtes vraiment d'une grande et élégante magnificence... L'hiver qui suivit le mariage fut marqué par des plaisirs moins à fracas, mais bien autrement agréables. Les princesses reçurent *ordre* de l'empereur de prendre chacune un jour de la semaine pour lui donner un bal. Ce n'était pas, certes, qu'il aimât fort la danse, mais il voulait qu'on s'amusât, et pour le dire avec vérité, jamais volonté ne fut mieux suivie. Ces bals particuliers des princesses ne furent composés que de cent cinquante à deux cents personnes tout au plus; les femmes, au nombre de cinquante à peu près, presque toutes jeunes et jolies, élégantes avec magnificence, aimaient assez cette façon d'aller, et jamais on ne voyait dans les bals de l'Élysée ou chez la reine Hortense un visage de méchante humeur, à moins qu'une des danseuses n'eût un cor au pied, et que son soulier ne fût trop étroit; car, afin qu'on le sache, c'est un supplice im-

posé à presque toutes les femmes ; bien souvent
un homme jaloux observe d'un œil sombre l'air
douloureux avec lequel sa femme ou sa maîtresse
répond à son danseur; avant de lui faire une
scène il devrait lui demander :

« Ma chère, votre soulier vous fait-il mal?...»

La princesse Caroline avait les vendredis, et
la reine Hortense les lundis; la princesse Pauline
les mercredis quand ses éternelles douleurs,
vraies ou de commande, ne lui donnaient pas la
haute licence de faire dire à l'empereur qu'il n'y
aurait pas de bal chez elle... C'était en vérité une
bien aimable et bien amusante façon de passer
le temps. Que de mouvemens! que de toilettes!
puis c'étaient nos enfans que *nous amusions* à
notre tour. Je donnai l'exemple, étant mère de la
plus âgée des jeunes filleules de l'empereur. Le jour
anniversaire de la naissance de ma fille aînée était
le 6 janvier, le jour des Rois; j'invitai en son
nom tous les enfans des frères d'armes de Junot,
puis tous ceux de toutes les autorités, ceux
de mes amis. Cette réunion amenait chez moi
plus de cent vingt, cent quarante enfans : on
leur donnait *le Singe savant*, *le général Jac-*
quot, les serins savans qui se tiraient un coup
de pistolet et se brûlaient la cervelle; puis Fitz-
James le ventriloque; Olivier le faiseur de tours,

le prédécesseur de Bosco, qui n'était pas aussi habile que lui, mais qui était toujours bien amusant. On peut se figurer la joie de tout ce jeune petit peuple; c'étaient des cris, c'était un délire! Ensuite un souper, ou plutôt une collation composée de tout ce qu'on pouvait inventer de plus exquis en friandises de toute espèce, en sucreries extraordinaires, en glaces, eu pâtisseries... c'était vraiment comme aux noces de Gamache; et puis, comme tous ces yeux-là se fermaient de bonne heure, les jeunes mères demeuraient. Je faisais venir un violon, et nous dansions de grand cœur jusqu'à une ou deux heures du matin.

Quelquefois aussi les petites bonnes gens étaient *déguisés*. Il fallait voir vraiment le prince Achille Murat, qui était alors un fort gracieux jeune prince, mais méchant comme un lutin, j'en demande bien pardon à son altesse impériale, il le fallait voir déguisé, à ce qu'il croyait, en diable vert!... et tapant comme un sourd ou plutôt comme un diable qu'il était; il était vraiment tapageur, et formait un contraste frappant avec ses cousins les princes Louis et Napoléon!... Ils étaient parfaitement élevés. Le second, qui avait remplacé l'aîné dans la ligne *succédante*, et qui depuis nous a été enlevé d'une manière plus douloureuse encore que son frère, car il avait

vingt-sept ans, et à quelle époque!... était un
charmant enfant, eût-il été celui d'un meunier.
Son frère, celui qui est maintenant en Suisse
auprès de sa mère, était aussi un bien aimable
enfant; il était à la fois doux et mutin, ce qui
plus tard a produit de la bonté et de la force:
on l'appelait *la princesse Louis*, en raison de la
profusion de ravissans cheveux blonds qui lui
donnaient une grande ressemblance avec son
excellente et aimable mère.

Les plus charmantes de ces réunions avaient
lieu chez elle. On tirait presque toujours une lo-
terie composée de jouets d'enfans, de choses remarquablement jolies et utiles pour les jeunes
filles de dix et de douze ans, dont il y avait déjà
quelques unes; elle songeait à tout le monde.

Dans l'une de *ces mascarades*, il arriva à mes
filles une histoire qui eut un aspect vraiment
comique, en raison des personnages qui étaient
en scène.

La maréchale Ney occupait alors son hôtel situé rue de Lille, à côté de celui de la Légion-
d'Honneur, et ayant pour voisin de gauche le
prince Eugène. Le prince Eugène était à Milan,
et sa maison était occupée par le prince-primat,
bon et excellent prince, sans nul doute, mais
le plus déterminé faiseur de révérences que j'aie

jamais rencontré... Un jour de carnaval, la maréchale Ney invite tous nos enfans pour une
mascarade que donnaient ses fils : grande joie
parmi toute la jeune postérité, et grande occupation pour les jeunes mères qui voulaient que
leurs enfans fussent les plus beaux de tous.
comme chacune avait cette volonté, il s'ensui-
vait une véritable coquetterie pour le choix des
costumes. Je revenais depuis peu d'Espagne : *la
basquina* m'était encore familière, je fis faire à
mes filles un habit à l'espagnol complet, non
pas un habit de *Prado*, mais un costume de *maja*
dans toute sa riche élégance. Rien n'était plus
gracieux à voir que ces petites filles avec leur che-
velure bouclée, retenue par une resedilla d'argent
et de chenille rose, puis une petite jupe de satin
blanc avec des touffes roses et des clochettes
d'argent, et le petit corset avec les manches longues et les paremens, les jokeis brillans... Ainsi
équipées, je donnai l'ordre qu'elles fussent conduites chez la maréchale Ney... Il n'était que sept
heures du soir, mais pour les enfans la fête commençait de bonne heure... Je devais me rendre
chez la maréchale à neuf heures, comme la plupart des mères, car nous aurions troublé peut-
être la joie de toute cette vénérable troupe qu'il
valait mieux laisser à elle-même.

Mademoiselle Poidevin, l'institutrice de mes filles, ordonna de les mener chez la maréchale Ney. Le cocher et le valet de pied des enfans attachés spécialement à leur service, ne les conduisaient guère qu'au bois de Boulogne, et à l'Assomption quand il pleuvait. Le valet de pied s'informe auprès des miens, on lui dit que la maréchale demeure rue de Lille, et les voilà partis... Arrivés dans la rue de Lille, le cocher voit une immense porte cochère ayant de chaque côté deux bornes avec l'enseigne de la joie, deux lampions bien puans. Le digne homme entre dans la cour, s'arrête au bas d'un vaste perron, on ouvre la portière, mademoiselle Poidevin descend avec ses élèves et demande à être conduite auprès de madame la maréchale.

—Madame veut sans doute dire Son Altesse? dit un grand valet de chambre en parcourant d'un œil curieux le singulier groupe qu'il avait sous les yeux.

Mademoiselle Poidevin, qui ne m'a jamais entendu donner de l'altesse à madame Ney, s'imagine que cependant la chose peut être possible, et elle s'empresse aussitôt de dire :

—Sans doute, sans doute... Son Altesse...

---

[1] Les ducs n'étaient pas encore faits à cette époque.

Et, tout embarrassée, elle s'avance vers le salon en tenant ses deux élèves par la main.

— C'est singulier, disait-elle tout en traversant plusieurs salons peu éclairés et dont l'aspect était presque lugubre; c'est singulier... on n'entend nul bruit... pas un éclat de rire... c'est une drôle de fête...

—Son Altesse est-elle prévenue de votre visite, madame? demanda le valet de chambre en s'arrêtant tout-à-coup devant mademoiselle Poidevin, et les deux petits masques, qui, tout jolis qu'ils étaient, n'en étaient pas moins des échappés de carnaval.

—Comment!... s'écria mon Anglaise, je le crois vraiment bien!... il y a plus de quinze jours que les chères créatures sont invitées!... j'en sais quelque chose, les leçons, vont Dieu merci, assez mal depuis l'arrivée de ce malheureux billet...

Le valet de chambre hésite encore un moment, puis faisant un mouvement de tête qui signifiait :

—Ma foi *qu'il* s'en tire comme *il* pourra!...

Il ouvre la porte d'un dernier salon, et annonce à haute voix mademoiselle Poidevin; car dans la confusion de ses idées, mon nom, que d'ailleurs il ne connaissait pas, lui était sorti de la mémoire.

Mais ici ce fut bien une autre aventure ; mademoiselle Poidevin recula et mes deux filles se cramponnèrent à elle en sanglotant.

Le salon dans lequel elles avaient été introduites était vaste et peu éclairé : au milieu était une grande table ronde, couverte de papiers et entourée par plusieurs hommes vêtus de noir, à la physionomie austère. Parmi eux était un vieillard voûté, n'ayant qu'une dent, mais en revanche portant un petit manteau de taffetas noir, au milieu duquel se voyait une immense plaque en argent, de celles qu'on appelle vulgairement un *crachat*; tous ceux qui entouraient le vieillard voûté n'avaient pas l'air beaucoup plus gais ni même beaucoup plus jeunes, si ce n'est cependant un homme petit, à l'œil assez peu direct, au sourire malignement *souriant*; et comme s'il se repentait d'avoir trente ans, portant des cheveux coupés en vergette et poudrés, ce qui était un peu antique : tous ses traits prirent comme les autres une singulière expression à la vue de mes deux trésors ; car enfin cette maison était celle du prince Eugène ; celui qui l'habitait était *Son Altesse* le grand-duc de Francfort, le prince-primat; le jeune homme aux cheveux en vergette

et poudrés était le duc d'Alberg, lequel se fian-
çait le même soir à la jolie et gracieuse mademoiselle de Brignolé. Rien ne sentait la noce pourtant dans cette maison, où tout au contraire ré-
gnait un air tellement solennel que mes pauvres
petites, glacées par cette physionomie toute de
tristesse, là où elles s'attendaient à trouver tout
au moins *Scaramouche* et *Bruscambille* (1), s'é-
taient tout d'abord prises à pleurer. Le prince,
qui avait, comme je l'ai dit, la manie des révérences, en fit au moins trois pour arriver à mademoiselle Poidevin, qui était pour le moins aussi
interdite que si elle eût comparu devant le parlement d'Angleterre, ce qui, en sa qualité d'Anglaise, était tout ce qu'elle pouvait imaginer de
plus imposant. Cependant elle dit fort bien par
quel hasard elle et ses élèves se trouvaient ainsi
dans l'écritoire du contrat nuptial de M. le duc
Dalberg; mais aussitôt qu'elle eut dit mon
nom, ce furent des politesses, des salutations,
des baisemens de mains pour les chères petites
créatures qui ne pleuraient plus parce qu'elles se
voyaient caressées. Quant à Son Altesse *prima-
tiale*, elle se confondait en excuses de ce qu'on
l'avait dérangé dans ses affaires de garde-note;

(1) Mais Bruscambille et même Jean-Farine bien élevés.

XI.   5

peu s'en fallut qu'il ne demandât à Joséphine et à Constance de lui danser le fandango, ce qu'en vraies *majas* andalouses elles n'auraient certes pas refusé de faire. Mais mademoiselle Poidevin, qui savait son monde, prit ses deux élèves par la main et se retira accompagnée du prince primat, du duc Dalberg, et des compagnons de l'époux...

Mais tout cela, me disait-elle, ressemblait bien plutôt à un enterrement.

—Savez-vous bien une chose?... me dit quelques jours après le comte Louis de Narbonne, que vos filles ont causé un terrible effroi l'autre jour chez le primat... on a cru qu'une maîtresse trahie du duc Dalberg lui amenait sa jeune famille abandonnée pour s'opposer au mariage.

—En tout cas, répondis-je en riant de tout mon cœur de l'alarme donnée par mes deux petits masques, *les orphelines et l'amante* avaient pris un drôle de costume de circonstance.

Je retrouvai ma petite troupe chez la maréchale, encore tout effarouchée de l'aventure; mais les plaisirs vraiment amusans de la soirée la leur fit bientôt oublier; nous fîmes d'abord la part de joie des enfans; puis ensuite nous jouâmes des charades jusqu'à une heure du matin, nous dansâmes, et M. de Grancourt compléta la journée.

Il n'y a que la génération tout enfant qui ne connaisse pas M. de Grancourt. C'est un des restes les plus curieux comme *ridicules* du siècle dernier ; son existence était comme lui-même assez extraordinaire : il avait de la fortune ; il était Suisse, vivait fort honorablement, voyait la meilleure compagnie de l'Europe, connaissait tout le monde ; eh bien, avec tout cela, il était l'être le plus complètement ridicule qu'on puisse rencontrer. Ce n'était pas ses petites jambes soutenant un ventre énorme, cette tête surmontée d'une immense coiffure poudrée, frisée, comme l'était Fleury dans *l'École des bourgeois*... ce n'était pas la tournure la plus burlesque enfin qui le rendait ridicule au point où il l'était ; non, c'était cette assurance de lui-même, cette façon de porter au vent le plus long des nez, et puis cette rage de faire le mangeur de cœurs... non, il n'y avait pas moyen d'y tenir.

Il avait toujours une passion au service des femmes à la mode. Or, comme il y en a plus d'une à Paris, il avait une grande occupation. J'étais la favorite des favorites ; il venait tous les jours de la vie chez moi, mais seulement le soir, lorsque les deux battans étaient ouverts, et que tout ce que je connaissais venait, ce qu'on appelait encore, *me faire sa cour*.

La société existait toujours à cette époque. La révolution l'avait étouffée un moment, mais jeune encore à l'heure des bouleversemens politiques, elle s'était seulement endormie et cachée. L'empereur avait trop de force à communiquer aux rouages qui faisaient marcher sa machine pour craindre de les amollir en leur donnant un vernis de politesse qu'ils ne pouvaient puiser que dans le commerce d'une société formée par les femmes. Il commanda donc à tout ce qui l'entourait d'avoir *une maison*, et d'attirer dans cette maison les hommes dont il faisait le plus de cas sur un champ de bataille, et qui avaient le besoin de passer par le creuset du savoir-vivre. Cela ne les empêchait pas de pointer un canon en cas de besoin, de couper une balle sur une lame de couteau à vingt-cinq pas... témoin Junot et mille autres, qui certes s'acquittaient bien d'envoyer les gens dans l'autre monde et d'être bien avec eux dans celui-ci. Nous avions donc obéi à la volonté de l'empereur avec d'autant plus de plaisir que plusieurs de nous autres jeunes femmes nous avions dans notre famille, dans nos souvenirs, des motifs pour aimer cette manière délicieuse de vivre dans un intérieur d'autant plus apprécié qu'il formait le noyau d'une société plus étendue et plus intime cependant qu'aucune de celles que nous voyons aujourd'hui se réunir sous une bannière qui n'est celle ni de la parenté, ni de la convenance, ni même du plaisir. Sous le prétexte de parler d'objets graves et profonds, on se met en peloton pour ne rien dire.

Ah! le joli couplet que celui-là!

> Sous prétexte qu'il était *ours*,
> Monsieur ne parlait à personne.

Aussitôt que quelques salons furent ouverts dans Paris, on vit M. de Grancourt venir rappeler à chacune de nous qu'il avait connu nos mères, nos aïeules, nos tantes, nos belles-mères; c'était à n'en pas finir. Il était en général bienveillant, mais de cette bienveillance de l'ours lançant la pierre pour écraser la mouche, et puis son ridicule n'était pas vraiment facile à supporter. Du reste, en parlant de M. de Grancourt, je ne fais que mon devoir d'écrivain contemporain; car tout ce qui a mon âge, et même les deux générations au-delà et en-deçà de moi, connaissent M. de Grancourt. Il était Suisse, et possédait une fortune honorable. Il n'existait pas dans tout Paris UNE MAISON où l'on reçût et dont M. de Grancourt n'eût l'entrée; il tient positivement à l'époque.

Son existence, comme homme social, était
aussi singulière que sa personne ; il tenait, à ce
qu'il disait, au corps diplomatique, et nulle légation ne le réclamait. Enfin, on sut un jour qu'il
était attaché à quelqu'un comme ayant le titre de
ministre du prince primat ; mais cette légation
était elle-même comme une de ces choses qu'on
voit entre la veille et le sommeil ; puis elle dispa-
rut tout-à-fait, et M. de Grancourt n'en demeura
pas moins marchant à la suite du corps diplomatique lorsqu'il allait s'acquitter de quelques unes
de ces belles révérences que nous lui avons toutes vues faire assez souvent depuis 1800 jusqu'en
1812. Ce pauvre M. de Grancourt! il m'est resté
dans la mémoire deux esquisses de sa personne
qui me donnent un mouvement de gaieté toutes
les fois que je me les rappelle. L'une (c'était un
soir), il était chez moi, débitant ses phrases ac-
coutumées d'adoration, quelquefois drôles, quelquefois non, mais presque toujours ridicules ; je
tenais dans ma main un immense flacon de cris-
tal à large embouchure, et contenant non pas
une fiole, mais une bouteille d'eau de Portugal.

—Un peu, par charité !... faites l'aumône de
quelques gouttes au pauvre esclave, dit-il d'un
ton mignard, et il se mit à genoux en joignant les
mains.

En voyant cette figure déjà si hétéroclite, surmontée de son toupet crêpé et poudré à frimas,
toute cette personne faisant la gentille avec cette
tournure bouffonne, ma gaieté d'abord excitée,
devint une vraie folie. Je me mis à rire comme
je riais alors, et je jetai quelques gouttes d'o-
deur à M. de Grancourt à demi prosterné, en
ayant toutefois l'attention de tenir mes deux
doigts devant la large ouverture du flacon; mais
je ne sais comment cela se fit, le rire devint probablement plus fort que moi, j'oubliai ce que je
faisais, ma main se dérangea, et à la seconde secousse, au lieu de quelques gouttes, ce fut tout
le contenu du flacon qui s'en alla parfumer la
face de M. de Grancourt; il avait en ce moment
les yeux ouverts, on peut juger du mal qu'il
éprouva; il n'y avait aucun danger, mais la douleur qu'il ressentit dut être cruelle pendant une
ou deux minutes. Le fait est cependant que de
vingt-cinq personnes que nous étions dans le salon, aucune ne put se contenir en voyant le pauvre
gros petit homme se rouler comme un démonia-
que sur le tapis en demandant de l'eau fraîche à
grands cris; ses petites jambes, son gros ventre,
son énorme tête, sa frisure à la Mirabeau, tout
cela était vraiment bien comique. Il poussait
néanmoins de tels cris, que je commençais à

m'alarmer, lorsque le gros petit homme se rame-
nant sur lui-même, se pelotonna à mes pieds,
joignit ses petites mains, et me dit en feignant
de pleurer :

— Baisez mes yeux pour les guérir.

Qu'on me reproche d'avoir ri après cela. Je l'ai
pu faire sans avoir mauvais cœur.

M. de Grancourt était reçu dans toutes les maisons *comme il faut* de Paris, et connaissait et
était connu de la meilleure compagnie de Russie, d'Allemagne et d'Angleterre. M. de Grancourt est un type original de l'époque antérieure
à celle de la révolution, mais qui, malgré cela,
marchait très bien dans celle-ci, parce que le
temps n'était pas venu par sa marche accoutu-
mée, il avait été hâté et devancé. Je suis certaine
que tout ce qui tient non seulement à l'empire
mais aux années antérieures à la révolution, me
saura gré d'avoir rappelé le souvenir de M. de
Grancourt. Il connaissait tout Paris, il était fort
ami de M. d'Espinchal¹, avec lequel il avait
de fréquentes querelles pour savoir quel était
celui des deux qui était le plus savant dans cette
science de connaître *tout* ce qui était connaissa-
ble à Paris. Un jour M. de Grancourt était *fort*

---

¹ Le père de deux fils fort spirituels et fort élégans.

affairé dans les corridors de l'Opéra, ayant au bras un homme de ses amis arrivant de province; M. d'Espinchal les rencontre et demande à Grancourt ce qui le fait ainsi regarder comme un fou par toutes les lucarnes des loges.

— C'est moi, monsieur, lui dit le provincial, qui cause toute cette peine à monsieur de Grancourt; ma femme est à l'Opéra, elle m'a dit de venir la joindre, j'ai perdu le billet de la loge, j'ai oublié le numéro, et je suis fort en peine.

— Y a-t-il long-temps, monsieur, que madame votre femme est à Paris?

— D'avant-hier seulement.

— Où est sa loge?

— Aux premières.

— Je vais vous dire à l'instant si elle est dans la salle.

M. d'Espinchal s'éloigne du monsieur stupéfait; il se fait ouvrir une loge vacante, regarde... lorgne... passe de l'autre côté de la salle, fait le même manége, puis revenant au mari en quête de sa femme, il le prie de le suivre et lui montre une loge.

— Eh! voilà ma femme! s'écrie le monsieur.

— J'en étais sûr, dit gravement M. d'Espinchal.

— Mais, monsieur, comment avez-vous pu re-

connaître ma femme? vous ne *la connaissiez* pas.

— C'est précisément pour cette raison-là.

Le monsieur ouvrait de grands yeux, et encore plus les oreilles.

— Sans doute, poursuivit M. d'Espinchal, madame votre femme *était la seule* que je ne connusse pas parmi les cent femmes qui sont aux premières, il était clair que ce devait être elle [1].

— Ma foi! dit M. de Grancourt, je ne suis pas de cette force-là.

[1] Le fait que je rapporte eut lieu plusieurs années avant la révolution.

CHAPITRE III.

Le poète-cordonnier. — Talma. — *La tragédie en forme.* — Portrait du poète-cordonnier. — Ce qui lui a fait faire son Siége de Palmyre. — Il dit sa pièce. — Les mains calleuses et le génie. — Longin et le sublime, expliqué et compris par un artisan. — Beaux vers. — L'ode contre 93. — Canova et le soldat de la garde du pape. — L'homme en esclavage perd ses facultés. — L'école romantique. — Goëthe, Schiller, Victor Hugo. — Jean-Jacques, Voltaire. — Bernardin de Saint-Pierre. — L'Institut à Saint-Cloud. — Le .... imaginaire. — Mort de mademoiselle Chameroy. — Querelle entre le curé de Saint-Roch et les acteurs de l'Opéra. — Mot de Monge à ce sujet. — Mécontentement de l'empereur. — Son opinion sur les mœurs de notre temps, comparées à celles d'autrefois. — Le docteur Gall. — Il prédit que mon fils sera un grand mathématicien. — L'empereur me tire l'oreille.

Il parut vers cette époque à Paris un homme tout-à-fait extraordinaire. Talma vint un jour m'en parler, et me dit qu'il voulait absolument me l'amener pour qu'il me récitât une tragédie qu'il venait de faire, et que lui Talma trouvait admirable. Cet homme était un cordonnier.

— Mais, dis-je à Talma, qu'il fasse des souliers
ou des bottes, car je n'ai pas grande foi dans sa
science poétique.

Talma parut contrarié de mon incrédulité.
— Permettez-moi de vous l'amener, me dit-il
avec instance, et puis vous prononcerez.

Je le voulus bien, car après tout la chose ne
pouvait être ennuyeuse ; ainsi donc, je pris jour
avec Talma, et il m'amena le cordonnier *apollonisé*.

En le voyant, je ne m'empressai pas de changer d'avis, et je fus même bien plus disposée à
lui tendre mon pied pour qu'il me prît mesure,
qu'à lui avancer une chaise pour qu'il me lût sa
pièce. C'était un petit homme trapu, ayant une
physionomie des plus communes, de gros traits,
pas de mouvement dans le regard, enfin, un vrai
fils de saint Crépin. Je commençais donc à me
repentir de ma condescendance, lorsque Talma
lui proposa de dire lui-même quelques scènes
de sa tragédie. Je me rapprochai aussitôt, et j'at-
tachai mon regard sur M. François, c'était le
nom, comme ce doit l'être encore, du poète-
cordonnier ; il ne parut pas embarrassé, il se mit
au milieu du salon, et avança un fauteuil derrière lequel il se plaça ; seulement, avant de commencer, il dit à Talma :

— Mais, monsieur Talma, pourquoi donc ne

voulez-vous pas faire comme l'autre jour chez vous?... vous avez dit mes vers bien mieux que je ne les dirai, *bien sûr.*

C'était bien ce que je pensais, surtout en entendant cette parole vulgaire, cet accent commun... Mais Talma, sans paraître comprendre le regard que je jetai sur lui, lui répondit :

— Non, non, je ne veux pas, monsieur François, je dirai tout à l'heure la raison de mon refus à madame Junot.

François s'appuya sur le dossier du fauteuil, se recueillit un moment, puis se relevant, il découvrit un visage déjà tout autre que celui du moment précédent. Il nous raconta comment il avait eu l'idée de prendre le sujet du siége de Palmyre. Un jour, en marchant le long des quais, il ouvrit un volume dans lequel était le Traité du sublime et plusieurs morceaux qui parlaient de Longin. Cette figure lui parut grande et belle ; ce caractère philosophe dans toute sa pureté devait en effet trouver le chemin d'un cœur pur et d'une belle âme, et François avait l'une et l'autre. Les raisonnemens philosophiques, plus spéciaux que réels, séduisent les esprits faux, mais la vraie philosophie n'a d'accès qu'auprès d'un esprit juste.

François eut d'abord la pensée de faire une

pièce dans laquelle il ne placerait que Longin.
Mais il fallait autre chose que cet intérêt puissant, sans doute, mais pas assez pour attacher
pendant cinq actes. Il le comprit, et trouvant
d'ailleurs tout à côté de Longin ce qu'il lui fallait
pour remplir son intention, il laissa le philosophe dans sa place de ministre, et prit sa reine
pour la principale héroïne de sa pièce. Toutefois on voit à chaque scène que sa prédilection
l'entraîne vers Longin, et en général toute la lumière est versée sur lui. La conduite de la pièce
est mauvaise; on voit en l'écoutant que l'auteur
n'a nulle connaissance du théâtre. Mais que d'é-
clairs de génie!... que de lueurs de feu sacré!...
il n'y a pas une scène dans laquelle on ne trouve
des beautés étincelantes. Un fait très remarquable
surtout, c'est l'habileté avec laquelle l'auteur fait
agir et parler ses personnages lorsqu'il s'agit de
politique. Aurélien est venu lui-même pour ac-
célérer la prise de Palmyre, et Longin défend sa
maîtresse contre les séductions du ministre de
l'empereur, député vers elle et vers lui pour ef-
frayer la reine et pour séduire le ministre. Dans
cette scène où il reste seul avec le Romain, il est
vraiment sublime lorsqu'il reproche à l'empereur
cette ambition effrénée, vice toujours inhérent
gouvernement de Rome, qu'elle soit république,

ou bien qu'elle soit empire. C'est un torrent, dit Longin, qui *roule avec fracas, entraînant tout ce qui s'élève et croît sur ses bords.* Cette image qui est déjà fort belle et d'un jet très hardi, est rendue en vers magnifiques. Dans la même scène, le ministre romain laisse échapper parmi quelques mots méprisans, celui de *barbare.*

— Oh! sans doute, dit Longin avec un sourire amer,

Tout ce qui n'est pas Rome est réputé barbare.

Ce vers est beau, et fort en situation.

Longin voyant que les négociations n'amènent aucun résultat, engage sa maîtresse à fuir. Il y a dans cet endroit une scène ravissante où Zénobie ne peut se déterminer à quitter Palmyre sans ses enfans, ni à les faire sortir de la ville sans elle. Tout ce qu'elle dit vient du cœur d'une mère. C'est vrai... rien n'est faux; c'est le langage de l'âme. Sa confidente veut la déterminer et lui donner des raisons froides et raisonnables, qu'une mère ne peut comprendre.

— Ah! dit Zénobie, je ne puis éloigner de moi ces chères petites créatures... je ne le dois pas... et puis...

Pour sauver des dangers de l'enfance fragile
Le doux sein d'une mère est le plus sûr asile,

Je n'entreprendrai pas de raconter ici toute la pièce, parce que d'abord elle est infiniment longue et mal conduite comme plan *scénique* : elle était impossible à représenter, à ce que me dit Talma.

J'ai parlé du talent poétique de l'homme, mais je n'ai rien dit de cet homme lui-même... de son accent toujours à la hauteur de son sujet... de son regard s'électrisant et vous communiquant à vous-même toute l'émotion qu'il éprouvait... Quand il parlait, on ne voyait plus un artisan aux mains calleuses et noires, aux cheveux plats et gras... Non, il n'y avait plus devant vous qu'un de ces êtres privilégiés dont les âmes reçoivent avec le souffle de la divinité comme celles de tous les hommes, une parcelle de son feu créateur, une étincelle de son feu sacré... j'étais sous le charme.

—Mais, lui dis-je en allant à lui, ce n'est pas ce Traité du sublime qui vous a appris à faire des vers... car enfin ces vers-là sont bien, très bien même.

—Oh! me dit-il, j'en faisais depuis long-temps... et j'ai eu de terribles maîtres!...

Et sa physionomie sortit de nouveau de son calme presque apathique pour revêtir une expression sublime.

Je l'interrogeai du regard... Cet homme était
étrange.

— Ce sont les monstres révolutionnaires de 93
qui m'ont fait poète... dit-il enfin d'un ton sombre et après un long silence. En voyant marcher
au supplice des hommes de ma profession parce
que le garçon de leur magasin était devenu l'o-
rateur de la section, et qu'étant jaloux de son
maître il le faisait guillotiner pour avoir son
fonds... oh! alors je me suis demandé ce que
tout cela voulait dire... j'ai cherché le bien du
pays, et je n'ai vu qu'un grand désir de se mettre
à la place de celui qui en avait une, n'importe
laquelle... et pour cela il n'y avait rien qui coû-
tât... Oh! c'était une horrible époque!... comme
nous étions malheureux!... J'étais jeune!... je
frémissais en entendant tous les jours crier les
listes de proscription dans lesquelles à la fin il y
avait des serruriers, des cordonniers, des ma-
çons, tout autant que de ci-devants...

C'était un terrain que Talma n'aimait pas beaucoup que l'on parcourût, quoiqu'il n'ait jamais
participé aux horreurs de 93. Il dit à François de
réciter l'ode dont il nous avait parlé, et cet
homme commença un des plus beaux morceaux
de poésie que j'aie entendu de ma vie.

C'est un appel aux monstres des forêts, pour

XI.   6

qu'ils viennent apprendre la cruauté chez les
hommes... « Parmi vous au moins, leur dit le
» poète, vous respectez la faiblesse de la femelle,
» de votre plus vieux compagnon... vos petits
» sont soignés et jamais dévorés... Mais ici... aucun
» âge ne met à l'abri de la mort... d'une mort
» horrible et sanglante !... »

Cette soirée me fit une profonde impression...
En regardant de nouveau cet homme étonnant,
je ne pouvais me laisser aller à un autre sentiment
que celui de l'admiration ; je le dis franchement à
Talma, et lui demandai pourquoi il n'avait pas
voulu dire les vers de François.

— Parce que vous aviez besoin d'une conviction, me répondit-il, et que lui seul pouvait
vous donner cette conviction en récitant ses
vers... On *n'apprend pas le génie* à un homme,
et il en met à dire ses vers.

C'était vrai.

La reine Hortense voulut aussi l'entendre, ainsi
que la grande-duchesse de Berg. Elles lui firent
une pension [1]; et la reine Hortense toujours bonne,
et bonne avec une intention aimable, lui fit présent d'un Plutarque. Nous crûmes toutes qu'il

---

[1] Cette pension était de cent louis chacune... ce qui faisait
4,800 francs.

allait faire une œuvre admirable en lisant cet ouvrage... Pas du tout. Cet homme si grand, si beau lorsqu'il était livré à lui-même, ne fit plus rien dès qu'il eut posé le pied dans un cercle d'entraves appelées *des règles*.

Je vais à ce propos raconter une histoire qui peut servir de pendant exact à celle de François...

Il y avait à Rome à la même époque, et ce rapprochement est assez singulier, un jeune soldat de la garde du pape. Ce jeune homme ayant à peine vingt ans, était travaillé non pas du désir, mais de la passion de la peinture et du dessin. Tous les murs de Monte-Cavallo et du Vatican étaient chargés de figures groupées en compositions vraiment remarquables. Jamais les costumes même n'étaient autrement qu'ils devaient être, et toujours un intérêt dramatique conduisait le charbon qui lui servait de crayon.

Un jour, Canova se trouva derrière lui tandis qu'il décorait le pan de muraille de quelque bâtiment; frappé de surprise et en même temps d'admiration, le Phidias romain s'arrêta et interrogea le jeune homme. On sait jusqu'à quel point il aimait à protéger le talent là où son œil d'aigle pouvait le deviner!... Le jeune soldat répondit avec naïveté qu'il n'avait jamais rien appris; mais que sa passion pour la peinture lui faisait un besoin de se livrer à cette imitation qu'il sentait bien être imparfaite...

— Oh! si je pouvais apprendre! dit-il avec une sorte de transport... mais je suis si pauvre!

— Eh bien ! lui dit l'artiste, viens chez moi ; là tu apprendras gratuitement... je me charge de toi, je te ferai même une pension de quinze piastres par mois... parce que tu quitteras ta caserne... je réponds de tout... je suis Canova.

Le pauvre enfant crut rêver... il était là devant l'homme de génie dont la bonté le subjuguait en cet instant bien plus peut-être encore que l'éclat de son nom... Il ne put que tomber à ses pieds et le remercier comme un Italien remercie Dieu ou son patron ; et le lendemain le jeune enthousiaste fut admis parmi les élèves de Canova.

Mais l'homme habile n'avait vu que le brillant côté de l'aventure. Sans doute le jeune homme avait tracé des lignes dignes de Michel-Ange et de Raphaël, mais il aurait fallu, pour qu'elles amenassent un semblable résultat, qu'il eût été bien avant ce moment devant un carton de dessin, traçant des lignes droites et courbes, et faisant un nez selon toutes les ordonnances. Un mois n'était pas écoulé qu'il était devenu maigre et pâle, et qu'il soupirait après les belles nuits éclairées par la lune, où sur le Monte-Pincio il allait à sa seule et douce lumière tracer sur la base de l'obélisque *di Trinita di Monti*, le profil d'une jolie fille de Rome, sans qu'une voix sévère vînt lui dire :

—Effacez... cela ne vaut rien.

Cependant il voulait apprendre... mais enfin l'ennui devint plus fort que tous les raisonne-mens de lui-même et du *mattre*, il entra un matin chez Canova, lui baisa la main en pleurant, le remercia avec effusion de ses bontés pour lui, mais il lui avoua qu'il ne pouvait s'astreindre à cette sujétion à laquelle étaient soumis ses élèves... Il était trop tard en effet pour plier le jeune arbre : il n'était plus assez flexible, et était trop avancé pour supporter la greffe ; il devait désormais pousser en liberté, mais sauvage... Il reprit son état de soldat, rentra dans sa caserne, et continua avec délices sa vie nomade au travers des sublimes débris de la ville-reine, qu'il enrichissait chaque jour des produits de son imagination vagabonde.

C'est, selon moi, une vérité qui ne peut pas faire l'objet d'une question, que l'homme esclave de la nécessité physique perd une grande partie de ses facultés. Sans doute, l'éducation est une seconde nature pour l'homme ; elle double son âme, et je puis même dire que peut-être elle l'anime ; car pour la sentir il faut que son in-

telligence lui soit révélée : mais aussi il faut en
même temps qu'il ait une entière liberté et que
ses facultés intellectuelles ne soient pas enfermées
dans le cercle étroit de ses besoins. Il faut qu'il
puisse s'approcher de TOUT dans la nature, que
cette nature imposante et terrible puisse être ex-
plorée par lui. Alors l'homme sera vraiment
grand, il pourra s'élancer au milieu des phéno-
mènes naturels, et juger lui-même de l'immen-
sité intérieure de son âme par les grandeurs re-
latives dont il sera entouré ; mais pour cela il faut
que cette éducation morale soit adaptée aux jeunes années. Ne laissez pas une couche épaisse
s'étendre sur son cœur, autrement ce sera en
vain que plus tard vous approcherez le flam-
beau du génie avec sa flamme créatrice... l'homme
reculera devant sa lumière... François est une
preuve de cette opinion ; son imagination a été
épouvantée de ce qui lui a été révélé : il s'est ap-
proché de l'infini, et sa terreur l'en a repoussé.
Elevé poétiquement, nourri par l'âme et par le
cœur autrement que par cette *nécessité physique*
dont je parlais tout à l'heure, il eût été un être
privilégié. Mais l'échelle rétrécie de la réalité ne
l'a conduit que dans le cercle de l'existence toute
matérielle...

À un tel homme il aurait fallu cette éducation
forte et profonde, cette triture du monde et des

choses qui, malgré quelques inconvéniens, est
la route qui mène aux résultats positifs. Qui peut
dire où serait allé cet homme, s'il eût dépassé, par
exemple, les murailles de ce vieux Paris qu'il n'a-
vait jamais quitté? On voyait dans plusieurs pas-
sages de sa Zénobie que la tendance de son esprit rêveur le portait à la mélancolie. Quelles
pensées auraient jailli de cette âme, si avant
d'être déformée par de grossières et de routi-
nières habitudes! Il avait, jeune encore, été transporté face à face de ces grandes merveilles de
la création!... Eh! bien moi, je crois qu'à son
tour il en aurait produit, s'il se fût trouvé au
bord de l'Océan lorsque ses plaines bleues se
roulant en mille vagues houleuses se viennent
briser sur une grève solitaire, ou bien font re-
tentir des voix étranges dans des cavernes profondes... Souvent aussi l'infini se révèle à une âme
poétique sur le sommet des hautes montagnes,
n'ayant pour voûte et pour abri que cet autre
océan dans lequel roulent et passent sur nos
têtes des milliers de mondes dont le plus petit
écraserait le nôtre... C'est en face de pareils spec-
tacles que l'âme est sommée de fournir d'immenses pensées, et que sa supériorité se développe
par tout ce que les sens peuvent lui fournir de
plus noblement relevé; car ils sont inhérens l'un

à l'autre, malgré ce que peuvent dire et les spi-
ritualistes et les matérialistes.

Oui, tout ce qui est *nature*, mais nature grande,
imposante, immense même dans son horreur, et
non pas de cette nature repoussante par sa médiocrité haineuse et vindicative de tout ce qui
est beau. Cette nature-là, prise à son berceau et
laissée à elle-même dans son essor, le prendra
grand et rapide vers les cieux. Mais ne l'enfer-
mez pas dans la prison accablante de l'existence
matérielle et physique, alors le génie est mort
ou mutilé... ses éclairs sont aussi lumineux, mais
rares et incomplets... et pour lui la porte de l'im-
mortalité ne se rouvre jamais... Un livre dans
lequel se trouvent des trésors de beauté dit
quelque part :

« Ce n'est pas seulement de pain que l'homme
vit [1]. »

Ce même jour où le cordonnier François nous
lut sa tragédie, j'avais invité plusieurs amis dont
le talent réel et l'esprit devaient nécessairement
ajouter à cette séance remarquable un fort grand
intérêt. C'était d'abord le cardinal Maury, habitué de ma société intime... Millin... M. de Narbonne, et plusieurs autres personnes capables

---

(1) *Non solo pane vivit homo.*

d'apprécier ce que nous entendîmes... Quelques
jours avant, mon frère était arrivé de Marseille,
et son jugement n'était certes pas celui de tous
que j'estimais le moins...

Mais à cette époque l'école romantique n'avait
pas encore jeté tous ses langes, et paru devant
nous comme elle le fait aujourd'hui sous la conduite de quelques voix sublimes. Cependant tout
ce que nous étions alors de jeune génération,
c'est-à-dire de l'âge de dix-huit jusqu'à trente
ans, était passionné pour cette littérature fé-
conde qui ouvrait tant de routes au savoir et
répandait une lumière si vive sur des objets sublimes, jusque là cachés dans l'ombre par un
préjugé qu'on appelait *loi*, et que n'avait pourtant sanctionné aucun tribunal, pas même celui
du bon sens. Goëthe, Schiller, toute la littérature allemande et la nouvelle littérature anglaise,
traduites toutes deux dans notre langue, secon-
daient merveilleusement Jean-Jacques Rousseau,
Voltaire, Bernardin de Saint-Pierre et André
Chénier... Alors nous vîmes surgir de nouvelles
productions, informes, monstrueuses, il est vrai [1],
mais qui devaient frayer la route, donner le jour

[1] Toute la littérature de la fin du dernier siècle, de 1794
à 1802.

à ces talens vraiment remarquables qui ont pris bien jeune encore leurs degrés dans l'avenir. A leur tête il en est un surtout qui mérite l'épithète, si souvent prodiguée et si peu méritée, de grand et de beau génie... C'est Victor Hugo. Il est là entouré d'une gloire poétique lumineuse et véritable, dont l'éclat n'a rien de phosphorique. C'est bien le roi littéraire d'une belle et grande époque... honneur à lui... Le sceptre poétique n'en demeurera pas moins dans sa main forte et puissante, parce que quelques esprits moroses et routiniers s'obstineront à le juger avec le reflet de leur époque... Honneur à Victor Hugo, au poète, à celui dont le feu sacré fait soulever la poitrine... honneur à lui.. trois fois honneur à lui !...

Cette succession de souvenirs évoqués par moi, ramène à ma vue, pour ainsi dire, une foule de détails que certainement j'eusse laissés en oubli, si mes Mémoires ne venaient les réveiller, quoique l'empereur soit pour beaucoup dans la plupart d'entre eux. Parmi ces souvenirs, l'un surtout me frappe par son rapport avec beaucoup de questions agitées aujourd'hui. C'est une soirée passée à Saint-Cloud, et dans laquelle Napoléon *présida pour ainsi dire l'Institut*, et parla pendant plus de trois heures sur la littérature et la révolution qu'elle subissait. Lui aussi était comme nous, tout romantique. Ossian, comme on le sait, était de toutes les productions de la nouvelle école celle qui se trouvait toujours en harmonie avec lui; il avait, comme on le sait aussi, les sensations d'une délicatesse infinie, et tout ce qui parle à l'imagination lui remuait l'âme vivement; il n'y mettait *aucune prétention.* Ainsi, lorsqu'il s'arrêtait pour écouter la cloche sonnant l'*Angelus* du soir à Ruel, lorsque son œil s'animait en voyant une femme vêtue de blanc se promener sous une futaie bien sombre, lorsqu'il était ému de toutes ces choses que la nature offre à chaque heure du jour à la campagne, on peut présumer qu'il était *romantique.* Mais il l'était comme Victor Hugo, comme Chateaubriand, comme Nodier, comme Jules Janin, comme Alexandre Dumas, comme des *niais* de cette espèce-là, et non pas comme des beaux et grands esprits qui inventent des mots à l'envers du bon sens, qui vous présentent la nature impassible dans sa boue et dans sa saleté, et qui croient ensuite être de l'école romantique parce qu'ils vous font du vice décliné dans tous les temps des verbes *tuer, violer, brûler...* Ils sont romantiques ceux-là comme sont vrais républicains ceux qui crient:

« Vivent 93 et les mains sales !... »

Napoléon n'était pas comme cela... Je n'étais
pas toujours de son avis en littérature, mais il
fallait néanmoins reconnaître toujours en lui ce
coup d'œil profond sur chaque objet qu'il voulait traiter. Ce jour que je cite, c'était un dimanche; ces jours-là, lorsqu'il était de bonne
humeur, il était charmant; mais aussi, gare au
coup de boutoir quand le temps était à l'orage,
alors il y avait péril à l'affronter. Ce dimanche dont
je parle était un bon jour... Quand j'entrai dans
le salon, je m'en aperçus à l'instant; il y avait là
tous les savans que l'empereur aimait, et des
hommes dont l'esprit et la haute capacité lui
convenaient également pour la conversation. L'un
d'eux surtout, M. Rœderer; et puis M. de La Place,
l'excellent Monge et le cardinal Maury. M. Chaptal
avait apporté les premières planches du voyage
d'Egypte; bien qu'elles ne fussent que des épreu-
ves, on voyait déjà l'immense différence de cet
ouvrage à celui de M. Denon; aussi celui-ci s'é-
tait-il bien vite dépêché de le livrer au public,
afin de ne soutenir qu'une concurrence de souvenir... M. de Lacépède y était également, et
je ne saurais trop dire si M. Cuvier n'y était
pas aussi. La convocation extraordinaire de ces
messieurs avait pour objet de parler sur des

questions de chimie et de physique, sur lesquelles des correspondans du Nord avaient envoyé
des rapports... L'empereur n'aimait pas beaucoup en général tout ce qui venait de l'Allemagne
comme science positive ; et comme littérature
c'était encore plus fort ; cela s'arrangeait assez
mal avec sa manière de voir : mais ceux qui l'ont
connu me comprendront, et ceux qui n'ont pas
eu cet avantage pourront former leurs conjectu-
res en apprenant, par exemple, qu'il n'aimait pas
Misantropie et Repentir, et qu'il estimait les
pièces de Schiller ; qu'il trouvait les pièces de
Sheakspeare belles, Ossian admirable, et qu'il
n'aimait pas *la Boucle de cheveux* de Pope, quelque gracieux que fût le sujet... C'est ainsi que
dans notre littérature il préférait Corneille et
Molière à tous les autres, et tombait dans une
sorte de colère quand on lui parlait de Dorat
ou de tel autre lui ressemblant : et en vérité il
y avait de quoi.

Je me rappelle cette soirée comme d'une chose
tout-à-fait extraordinaire par la tournure que prit
la conversation d'abord destinée à la plus sérieuse
discussion. Il s'agissait d'un rapport sur des dé-
couvertes faites en Bavière par le baron d'Arétin.
L'empereur, qui s'occupait de tout, avait entendu
Berthollet et plusieurs physiciens de l'Institut

parler ensemble de la découverte que M. d'Arétin avait faite, ou plutôt du secret du feu grégeois retrouvé par lui il y a quelques années; et comme ce M. d'Arétin s'occupait aussi beaucoup de mnémonique, et que celle de M. de Fenaigle avait également mis toutes nos têtes à l'envers, l'empereur voulait savoir l'opinion, je crois, des hommes les plus importans de l'Institut, et quatre d'entre eux avaient dîné à Saint-Cloud. Lorsque j'entrai dans le salon, l'empereur causait avec une grande agitation, et il me parut que le sujet de l'entretien n'était pas du tout tourné à *l'électricité* ou bien au *sel neutre*, mais bien plutôt au *calorique*. Le cardinal Maury, qui n'avait aucun liant dans l'esprit et qui disputait *d'abord*, n'était pas plus poli en parlant à l'empereur, qu'avec M. de Brockhausen, ambassadeur de Prusse, quand il lui disait :

—Eh! monsieur, il vous faut encore cent ans en Prusse pour comprendre Racine!

Non pas cependant qu'il eût osé prendre une telle licence, mais sa grosse voix *tonnait* au bout de quelques minutes avec un ronflement terrible. Cela me faisait toujours redouter une discussion littéraire ou politique quand il s'en mêlait, malgré son beau talent pour la discussion.

La conversation était tombée, je ne sais comment, sur la corruption morale de la langue française. L'empereur parlait juste *d'instinct* dans de pareilles questions, mais il n'était pas de force à les soutenir contre un homme comme le cardinal. Il y avait un religieux silence, ainsi qu'on peut le penser, et nulle des paroles de chaque interlocuteur n'était perdue... Napoléon soutenait que le changement survenu dans le langage était une suite forcée de l'influence des mœurs. « Le beau monde a relégué dans le peuple des mots qui lui paraissaient orduriers et indécens, disait-il, et pourquoi le lui semblent-ils?... Le vocabulaire de cette langue du vice est donc devenu bien familier aux femmes et aux jeunes filles?... elles doivent être chastes et vierges, sans savoir ce que signifient les mots de *chasteté* et de *virginité*. Le .... *imaginaire* (ici l'empereur se tourna circulairement en souriant avec une ironie de bonne humeur comme pour dire : « Voyez ! je suis obligé de faire réparation en disant un pareil mot») n'est plus tolérable à voir représenter, à moins que ce ne soit devant un auditoire composé des deux extrêmes en parfait bon goût ou bien en très mauvais... »

Le cardinal répondit que l'empereur n'était pas dans la question, et c'était vrai. Il ne s'agis-

sait pas de *l'effet* produit, il s'agissait des causes
ayant produit cet effet. Il n'était pas douteux,
disait le cardinal, que les mœurs très corrompues de la régence aient commencé à se scanda-
liser de cet appel fait en plein théâtre. Mais depuis
lors cette corruption avait été non seulement
détruite, mais oubliée. Rien ne serait plus ridicule aujourd'hui, ajoutait-il, qu'un homme qui
voudrait *afficher* une femme, et cela est si vrai
qu'on ne le voit nulle part : mais je ne pense pas
que les *mœurs* se concentrent toutes dans le plus
ou moins de libertinage ; l'honneur des hommes
ne consiste pas seulement dans ce qu'il plaira à
sa femme de faire... La probité, la vertu, la fidélité d'argent, le respect filial, enfin tout ce qui
forme le faisceau social sans lequel on ne peut
rien édifier de solide, voilà ce qui est détruit
pour ne jamais revenir ; destruction qui, je le
crois, a exercé une grande influence sur la corruption de la langue, car je présume que Votre
Majesté n'envisage pas le changement survenu
dans le langage comme un défaut tendant *sim-*
plement à la faire déchoir de son caractère pri-
mitif et original ?

L'empereur regardait alors sur le balcon cir-
culaire du grand salon de l'impératrice ; à cette
sorte d'interpellation qui semblait s'adresser au

roi-législateur, il se retourna rapidement, fit quelques pas au-devant du cardinal, et lui dit, en le regardant fixement, mais avec une expression que je ne puis rendre quoiqu'elle me soit présente :

— Hein ?... qu'est - ce que vous dites donc, monsieur le cardinal?...

Mais cette expression fut *telle* que le cardinal recula de dix pas.

— Je vous demande ce que vous voulez dire, répéta l'empereur, car je ne vous comprends pas...

Le fait est que depuis le retour du cardinal Maury, l'empereur n'en avait pas toujours été content; *il frondait* avec cette parole acerbe et tranchante qui lui était habituelle et qui déplaisait tant à Napoléon. Il était pourtant courtisan autant que le mot et la chose le comportaient; mais il critiquait ce qu'il trouvait mauvais dans les constitutions de l'empire comme il se serait permis, disait-il, de trouver des défauts dans l'œuvre de Dieu... On connaît cette façon de *blâme-louangeur,* qui du reste tenait encore au genre d'esprit du dernier siècle. Le vicomte de Ségur, MM. de Narbonne, Sainte-Foix, plusieurs hommes de cette spirituelle époque, rappelaient beaucoup ce que je dis là. M. de Talleyrand l'a

XI.　　　　　　　　　　　　　　7

bien un peu, mais non pas à un degré qui puisse servir d'exemple. Du reste, le cardinal le pouvait encore moins en raison de ses détestables manières... je n'entends parler ici que de la forme simple.

— Vous dites que les mœurs d'un pays ne consistent pas seulement dans le libertinage des femmes, poursuivit Napoléon, et je suis tout-à-fait de votre avis. Ai-je donc fait entendre le contraire?...

Et il promena son œil d'aigle autour de la chambre... — Non, non, ce n'est pas MOI, moi, chef d'un grand empire, MOI, appelé à voir passer chaque jour devant mes yeux fatigués les turpitudes humaines, ce n'est pas MOI, monsieur le cardinal, qui prendrai la défense de cette époque; on y voit, comme toujours, des corrupteurs et de la corruption, de l'athéisme et du mépris de la morale... l'oubli de la religion par ses ministres, les lois observées par crainte et non par respect... voilà ce qu'on voit, voilà le résultat d'un long bouleversement de tout ordre.

Je fus à l'instant frappée d'une chose vraiment remarquable, c'est que dans l'espace de cinq minutes l'objet de la discussion avait changé tellement de direction, que rien ne pouvait même y ramener. Le cardinal, qui recevait l'attaque dans

ce moment, la comprit assez pour ne pas relever
et renvoyer la balle. J'ai su depuis que l'empereur avait reçu de la reine de Westphalie des im-
pressions assez défavorables sur le cardinal. Il
avait voulu parler à la princesse sur ses devoirs
religieux avec une manière qui ne lui convenait
pas le moins du monde; et comme sa position
en France à cette même époque, où il occupait
l'archevêché de Paris contre la volonté de son
chef, son abjuration politique en rentrant dans
sa patrie, toute sa conduite si différente *de la
gravure avant la lettre*, comme disait spirituellement la princesse de Poix ou la maréchale de
Beauveau, toute cette existence un peu troublée
dans sa *limpidité*, ne lui donnait pas le droit de
fronder les *mœurs* privées et politiques de Camba-
cérès surtout qu'il n'aimait pas et qu'il raillait et
dénigrait sans mesure. Napoléon savait se servir
avec adresse des personnages ayant un nom remarquable; il savait que dans des temps de parti
tout ce qui ramène autour d'une bannière et
qui centralise, détruit d'autant plus vite l'anarchie et ramène l'ordre dans le pays. Il y avait
beaucoup de ces petites bannières-là, bien plus
inconnues que celle du cardinal encore, et que
Napoléon avait replacées dans leur position naturelle : l'oubli; — mais qui pourtant avaient aug-

menté la force et l'étendue de la sienne. Le cardinal Maury avait été employé par l'empereur
comme un ingrédient de plus ajouté à la composition de son grand œuvre... Si la fusion générale avait eu le temps de s'opérer, il aurait eu
raison...

A peine Napoléon eut-il articulé la dernière
parole, que, souriant au cardinal, il lui dit :

— Savez-vous bien, monsieur le cardinal, que
nous sommes *comme deux écoliers ?...* Maintenant
je vous demanderai d'être moins rigoureux pour
notre temps ; je pense que les hommes sont au
contraire meilleurs dans une certaine classe qu'ils
ne l'étaient il y a cent ans, quarante, et même
vingt-cinq... Mais aussi...

Il se remit à marcher en souriant et en prenant de fréquentes prises de tabac.

— Votre Majesté me permettra de lui observer
aussi, dit le cardinal, que toute la classe bourgeoise, que le paysan, que le peuple est bien différent pour la pureté de ses mœurs de ce qu'il
était il y a cinquante ans, et pourtant voilà ce
qui fait les masses.

— Cela n'est pas vrai, répliqua vivement
l'empereur, cela n'est pas vrai, monsieur !... Que
voulez-vous dire d'ailleurs en parlant de la pureté des mœurs bourgeoises ?... est-ce l'époque où

madame du Barry était demoiselle de boutique ?

—Ah! dit Monge, monsieur le cardinal veut peut-être parler du temps où les bourgeois allaient à la messe et où le paysan payait la dîme.

Jamais je n'oublierai le regard que Napoléon jeta sur Monge dans ce moment-là... il renfermait tout un discours... Il était clair que Monge, dont la manière de voir était celle de Volney, de Dolomieu et de plusieurs autres savans complètement athées, venait de prendre le change aux paroles de l'empereur et qu'il croyait avoir répondu dans sa pensée. Il devait cependant se souvenir de *la remontrance* plus que vive que l'empereur lui avait adressée lorsqu'il dit ce mot en effet si inconvenant lors de la mort de mademoiselle Chameroy, à propos de la querelle qui s'éleva entre le curé de Saint-Roch et les acteurs de l'Opéra :

— *Eh bien, après tout, c'est une querelle de comédien à comédien!*

Napoléon, *qui savait comme on fonde*, ainsi que le dit le poète immortel, fut irrité contre Monge de la légèreté de ce propos. Il voulait réédifier les institutions, la morale, les lois, ce que le directoire enfin et les temps précédens avaient tant ébranlé, et il savait que cette construction ne se fait qu'à l'aide de tout ce qui est bien et de tout ce qui coordonne : la religion, sans en faire un mobile, mais bien un accessoire, était donc ce qui devait attirer son attention ; aussi fut-elle un des premiers soins dont il s'occupa. Il *refit des prêtres*, mais non pas un clergé... et dit en parlant d'eux :

« *Je rétablis des prêtres afin qu'ils enseignent la parole de Dieu, au lieu de la faire oublier.* »

La manière d'être de Monge lui déplut donc beaucoup : il se tourna vers le cardinal, et lui dit avec un accent qui voulait être bienveillant pour lui principalement :

— Si vous voulez, monsieur le cardinal, nous rétablirons en effet la dîme, pour ce soir seulement par exemple, et ceux qui la paieront sont ceux qui parleront trop vite.

Ce mécontentement manifesté d'une manière vive était toujours le résultat d'une attaque maladroitement hasardée, comme, par exemple, celle de Monge, que cependant il aimait et estimait fort.

On a vu que la discussion, de littéraire et même scientifique qu'elle était dans son origine, était devenue politique et sur des sujets bien délicats ; le petit nuage élevé par le mot de Monge interrompit tout-à-fait l'entretien ; et dans tout le grand salon bleu de Saint-Cloud on n'entendit plus pendant quelques minutes que la voix de l'impératrice, qui nous parlait à voix basse, et le bruit des pas de l'empereur, qui se promenait en prenant ses éternelles prises de tabac. Mais, dans une tête comme celle-là, les idées fortes ne s'y présentaient pas seulement en façon de lanterne magique, elles y demeuraient; et rarement il les laissait aller sans leur demander pourquoi elles y étaient venues. Il continua quelque temps à marcher, tout le monde debout (c'est à-dire les hommes) dans une attitude toute de respect; et lui toujours simple et pourtant immense, comme le sublime; puis s'arrêtant tout-à-coup devant le cardinal, il lui dit avec une expression inexplicable mêlée de sévérité et de raillerie :

— Vous prétendez donc, monsieur le cardinal, que les mœurs du peuple *sont corrompues* bien plus qu'il y a quarante ans?... et si je vous prouvais *positivement* le contraire, que pourriez-vous répondre?

— Sire...

— Eh bien!... allons... voyons!...

— Mais sire, je ne répondrais *rien*; dit le cardinal, qui reprenait son assurance, car devant une preuve il n'est qu'un esprit de travers

qui puisse résister... et si je suis convaincu par
Votre Majesté, je n'ai plus rien à dire ; mais il
faut que je le sois.

— Eh bien ! je vous demanderai si vous enten-
dez par le peuple entier de la France la populace de Paris ? Ces masses-là peuvent compter
au chiffre *dix par tête*, le jour d'une insurrection ; mais à part cela, vous m'accorderez que
cette population bourgeoise et marchande de
Paris ne fait pas plus de deux cent mille personnes, tant hommes qu'enfans, femmes et
vieillards... Parmi elles, il peut se faire qu'il y
ait des exceptions ; que de vieilles coutumes qui
se cachaient sous des triples toiles d'araignées,
que la révolution a balayées, que de vieilles coutumes détruites dans de certaines familles de la
rue Saint-Denis ou du Marais aient été regret-
tables pour ces mêmes familles ; mais en élargis-
sant le cercle autour de vous, en sortant des
villes, en allant dans les campagnes, autour des
couvens, allez demander *aux anciens* du vil-
lage comment les bénédictins, les génovéfins, et
surtout les quatre ordres mendians, ensei-
gnaient la morale aux femmes de leurs redevan-
ciers ?... Cela était partout... Cela était connu...
C'était même vu au grand scandale de l'exemple de tous les officiers en garnison dans la pro-

vince... et qui ne sait comment les bons pères s'en acquittaient?

— Qui peut défendre l'homme de faillir ? dit le cardinal avec un accent d'humeur assez marqué. Mais quel bien ces mêmes hommes répandaient autour d'eux! Quels trésors ces bénédictins, dont parle Votre Majesté, ont donnés à la littérature ! leurs ouvrages seront...

— Vous sortez de la question, monsieur le cardinal, vous en sortez complètement. Parce que les bénédictins ont fait *l'Art de vérifier les dates*, cela ne veut pas dire qu'ils n'aient pas fait autre chose... Mais je n'attaquerai pas seulement les moines et les prêtres, pour parler de cette époque relativement à la morale du tiers-état, et je vous demanderai quelle voix il pouvait lever pour se défendre lorsqu'il était attaqué par la noblesse et sommé pour ainsi dire de s'incliner *comme vilain* devant son supérieur. Rien n'était à l'abri du caprice fou d'un libertin, et à cette époque tous les jeunes nobles l'étaient avec impudence. C'est le duc de Richelieu brûlant tout un quartier pour une heure de plaisir... quel est celui qui a dit :

Pour les plaisirs d'un jour, que tout Paris périsse.

N'est-ce pas Jean-Baptiste Rousseau ?

—Non, sire, c'est Gilbert...

— Dans quel temps vivait-il ?

— Mais il était contemporain de La Harpe, de d'Alembert, de Diderot... C'est lui qui dans cette même satire a dit de La Harpe ce vers qui fit tant de bruit :

Tomba de *chute* en *chute* au trône académique.

— Pardieu, dit l'empereur, voilà un homme qui a bien usurpé sa réputation ; je n'aime ni sa personne, ni son talent. Il a été plus athée qu'aucun de ceux qui fréquentaient le baron d'Holbach et tous les encyclopédistes ; il a été le flatteur bas et rampant de Voltaire ; puis il a fait des abjurations toutes plus absurdes et plus méprisables les unes que les autres, parce qu'il n'avait pas de conviction. L'avez-vous connu ?

Le cardinal répondit affirmativement ; et comme il n'était pas trop mauvais courtisan, il se mit à faire de La Harpe une oraison funèbre qui n'avait rien de chrétien. Je ne pus m'empêcher de sourire, parceque dans son *Cours de littérature* La Harpe parle avec éloge des panégyriques du cardinal Maury, lorsque étant encore abbé il lut celui de saint Louis et celui de saint Vincent de Paule devant le roi ; ce qui lui valut une

abbaye; et bien certainement le cardinal aurait
soutenu la cause de La Harpe devant tout autre
que devant l'empereur. Mais *il avait déjà tenu tête*
à Napoléon, comme lui-même le disait toujours
quand on lui disputait une ligne de terrain dans
une question quelle qu'elle fût ; et il y en avait
assez, selon lui, pour un jour.

La conversation fut longue. L'empereur était *en
causerie* comme jamais je ne l'avais vu... Il provo-
quait une question, la poursuivait, mais il revint enfin aux choses sérieuses qui avaient fait le
fond de *la séance* projetée. Je fus obligée, *moi*,
très obscure personne dans une affaire de
sciences, de répondre à l'interpellation de l'empereur, sur M. de Fenaigle, le professeur de
mnémonique. J'avais raconté à l'impératrice une
foule de bêtises de cet homme qui était vraiment
un imbécile, parce que l'on n'est jamais autre
chose quand on agit comme il l'a fait à Paris...
Napoléon n'aimait pas Fenaigle; il haïssait le
docteur Gall, et n'avait nul goût pour son système.
Quant à celui de M. de Fenaigle, il était ridicule,
et voilà tout. L'empereur rit beaucoup de ce que
je lui racontai relativement à M. Magnien, un
ami de collége de Junot, qu'il avait recueilli chez
lui. C'était bien le plus ennuyeux des hommes
et le plus sot en même temps ; il savait par

cœur tout le dictionnaire et les différentes grammaires. Il connaissait toutes les *fautes de temps* d'un verbe qui pouvaient être commises par les personnes mettant du noir sur du blanc. Mais de celles que l'esprit ou le génie pouvaient faire, car le génie en fait tout comme un autre, cela ne le regardait pas, et c'était tout simple... Un homme ainsi bâti devait adorer M. de Fenaigle. C'était pour lui que le mnémonicien avait imaginé de mettre le roi Dagobert sur une échelle, pour qu'on se rappelât qu'il était le onzième roi de France, et le roi Chilpéric tombant dans un *poêlon à frire* (comme il le disait), parce qu'il en était le neuvième... Aussi ne manquait-il pas une des séances de son cours, et pendant quatre heures il écoutait les moindres paroles du *grand homme.* Un jour, c'était dans l'hiver, il gelait à pierre fendre; *il apprend* de la mémoire tant qu'il peut en mettre dans sa pauvre tête... Et puis s'apercevant qu'il est cinq heures et qu'il ne lui reste que peu de temps pour revenir à l'hôtel d'Abrantès et faire sa toilette avant le dîner, il s'empresse d'accourir, arrive transi de froid malgré la rapidité de sa course, et s'aperçoit enfin qu'il a *oublié* sa redingote chez son *marchand de mémoire.* L'empereur rit beaucoup de cette histoire. S'il avait connu *le Fenaigle* et *le Magnien*, il aurait ri bien davantage.

Napoléon avait une manière de discuter que je n'ai vue qu'à lui. On croit assez généralement qu'il imposait silence et ne permettait aucune réplique : cela n'est pas vrai du tout. J'ai vu souvent la discussion engagée très vivement, et n'avoir d'autre action que celle imprimée à une conversation animée entre deux personnes qui ne sont pas d'accord. Il laissait aller même assez volontiers jusqu'à son terrain, mais ne se laissait jamais entamer. Par exemple, j'ai vu quelquefois l'archichancelier lui remontrer une chose importante qu'il était nécessaire de changer ou d'admettre, l'empereur répondre fort bien, et jamais en souverain, et surtout *souverain de pavois*, comme le représente Walter Scott, ou quelques uns de ces honnêtes gens qui, quoique Français, trouvent admirable aujourd'hui de ternir sa gloire, comme si elle ne tenait pas à la nôtre; il *discutait* enfin, et ne *disputait* pas. Je n'en puis pas dire autant de plusieurs personnes avec qui j'ai quelquefois le malheur de me trouver en dissidence sur des choses que je dois savoir mieux qu'elles.

Le docteur Gall commençait alors chez nous l'immense réputation qu'il y a laissée. L'empereur le détestait ; son aversion pour lui était si forte, qu'à son retour d'Allemagne il dit à l'Institut, lorsqu'il fut le complimenter, même avant de lui répondre :

— Eh ! messieurs ! comment ne se trouve-t-il pas parmi vous un homme assez savant, assez courageux dans la science, pour répondre à un tel fou, un tel destructeur de tout ce qui est ordre et lois ?

J'avais accueilli le docteur Gall. J'ai toujours eu du goût pour tout ce qui s'offrait à moi sous un aspect séduisant de nouveauté dans le savoir. J'avais donc reçu le docteur Gall à son arrivée comme la gouvernante de Paris devait accueillir un savant de son mérite quand elle aime les sciences et les arts. Un jour, en dînant chez moi, je lui parlai du fils que je venais d'avoir, et le priai d'examiner son crâne. L'enfant fut apporté ; il n'avait que six semaines. On lui ôta son béguin, et le docteur Gall, après lui avoir bien tourné et retourné sa petite tête, prononça gravement cet arrêt d'un ton sentencieux : « *Cet enfant sera un grand mathématicien.* » Et cela n'est pas vrai. — Mon fils aîné a, tout au contraire, l'imagination brillante et poétique. Peut-être eût-il été mathématicien si on l'eût forcé à l'être ; mais il aime à colorer tout ce qu'il voit ; il crée, il enfante, et rien dans lui ne donne l'idée d'un homme calculateur et cherchant des solutions de problèmes.

Monge et le cardinal avaient dîné chez moi ce même jour précisément. Ils furent peut-être bien aises de se débarrasser du docteur Gall en me mettant en scène, et ils m'interpellèrent à leur tour. Je connaissais la manière de voir de l'empereur, et je ne fus donc pas étonnée lorsqu'il me dit avec beaucoup d'humeur :

— Ah! ah! madame Junot, vous *patronez* le docteur Gall... Comment donc... mais vous êtes en effet *gouverneuse* de Paris... Il faut faire politesse *aux savans...* même quand ils sont fous... Et que vous a-t-il dit?

Je savais depuis long-temps qu'*avec lui* il ne fallait jamais se laisser intimider, et toujours répondre avec le plus de justesse qu'il était possible. Je lui racontai l'histoire de mon fils.

— Ah! ah!... il a dit cela!... eh bien! alors, nous ne ferons pas de mon filleul un évêque, ni même un cardinal, n'est-ce pas monsieur, le cardinal?... mais bien un bon officier d'artillerie ou de génie... C'est bon à quelque chose au moins un homme comme le docteur Gall. Il faut que j'établisse pour lui une chaire d'enseignement pour qu'il apprenne sa méthode à tous les accoucheur

et à toutes les sages-femmes; de cette manière
on saura, dès le moment de la naissance de
l'enfant, ce qu'il deviendra, l'éducation qu'il
faudra lui donner, et s'il a par trop fort la pro-
tubérance du meurtre et du pillage, on pourra
le noyer tout de suite, comme autrefois en
Grèce on faisait d'un bossu ou bien d'un bancal.

Je me mis à rire, et quoiqu'il eût de l'humeur,
il me prit l'oreille, et me la tirant à son ordinaire, il me dit :

— Et vous, par exemple, il aurait prédit que
vous aviez une tête difficile à conduire... Et se
penchant un peu, il ajouta, mais de manière à
ce que j'entendisse seule... Il aurait pu le pré-
dire aussi à votre mère.

Comme je n'étais pas devant une glace, je n'ai
pas pu juger de l'expression qui parut aussitôt
sur mes traits, mais elle dut être extraordinairement sévère malgré tout mon respect, car
ses yeux furent le miroir qui la refléta pour moi,
et je fus moi-même étonnée de ce qu'il me
dit sans parler. Il n'était pas habitué à une
remontrance même tacite, et j'ai remarqué dans
de semblables circonstances qu'il était toujours
disposé, d'abord à l'humeur, puis à pardonner
ensuite quand on avait vraiment raison ; toute

fois il pardonnait à sa manière, et le diable n'y perdait rien.

Mais quel qu'eût été le résultat de mon froncement de sourcil et de l'expression de ma physionomie, rien ne m'eût empêchée de lui témoigner ce que j'éprouvais d'indignation, je puis dire le mot, toutes les fois qu'il me parlait de ma mère dans des termes que je ne pouvais supporter. J'avais pour ma mère un sentiment d'idolâtrie respectueuse, qui me rendait comme une sentinelle jalouse placée près de son cercueil pour la défendre de toute attaque injurieuse, même pour l'apparence. Non seulement mon cœur me portait ensuite à agir de cette manière, mais alors, comme du reste aujourd'hui parmi ceux qui se respectent, on aurait rougi d'entendre sur son père ou sur sa mère un seul mot déplacé. Une femme qui le souffre est selon moi un être sans âme et sans cœur, dont le mari doit se défier, car elle ne lui sera pas plus fidèle qu'elle ne l'a été à celle dont les flancs se sont déchirés pour lui donner le jour; nul lien ne sera respecté par une telle créature; elle trompera Dieu... elle trompera les hommes... Quant à un homme, je tranche plus vivement la question, et je dis tout net que cela va beaucoup plus loin.

Une chose remarquable, c'est que ce res-

XI.   8

pect filial n'est détruit par un assentiment général dans aucun lieu de la terre ; quelque sauvage que soit un peuple, n'importe, il est dans
cette ligne. Les révolutions des siècles et des
âges ont passé sur tous les peuples, et nous
voyons toujours ce sentiment surgir des décom-
bres de la morale et de toutes les lois , partout,
en tous lieux ; il existe même chez les matérialistes les plus forts... Du reste, l'empereur me
savait gré de ma résistance à recevoir une parole, non pas blessante ni offensante sur ma
mère, car je me serais levée au même instant, et
né serais revenue ' aux Tuileries que lorsqu'il
m'aurait promis de ne jamais prononcer le nom
de ma mère devant moi , mais un mot seulement
léger... Un fils ou une fille faisant respecter son
père et sa mère n'en sont eux-mêmes que plus
respectables.

(1) Ceci eut lieu plus tard , à la suite d'une scène dont je
vais bientôt parler.

CHAPITRE IV.

Je suis mandée aux Tuileries par l'empereur. — Bonne amitié de Duroc. — Bonté de Madame-mère. — Conversation avec Napoléon. — Le Raincy. — M. Ouvrard. — M. Destillères. — La chasse. — Chagrins et regrets. — Le *petit duc d'Orléans* et le *petit comte d'Artois*. — Le serpent à sonnettes et la langue fourchue. — Le Mémorial de Sainte-Hélène. — Junot comme *roi de Portugal*. — Lettres décachetées. — La *petite reine*. — Les femmes. — L'empereur s'en moque. — Le *cœur et la tête*. — Ma mère. — *C'est impossible !* — L'invitation à déjeûner.

Un jour, l'empereur me fit dire par Duroc qu'il voulait me parler, et que j'eusse à me rendre aux Tuileries, le même jour à quatre heures et demie... Je regardai l'excellent homme, et je l'interrogeai de l'œil ; il sourit, et me dit de n'avoir nulle crainte. — Il est question, je crois, d'une chose qui n'est d'aucune importance pour

Junot, mais qui peut en recevoir de la manière
dont il la prendra, me dit-il... Au reste, je vous
le répète, il n'y a rien de mal ; l'empereur est
à merveille pour Junot ; il en est parfaitement
content, et le dit tout haut. Allez donc en toute
confiance.

Malgré l'assurance donnée par le grand-maréchal, je n'étais pas tranquille. Il était onze heures du matin, et j'étais de service ; je ne pouvais
pas m'excuser en donnant la raison des ordres de
l'empereur, je ne le pouvais que verbalement,
et de moi à Madame. C'est ce que je fis, et lui
demandai la permission de la quitter à quatre
heures pour aller au château.

— Je devais faire une promenade, me dit
l'excellente et digne princesse, mais je ne la ferai pas, je reste... Cette conversation que l'empereur veut avoir avec vous m'inquiète pour Junot. Aussitôt que vous aurez fini, revenez bien
vite tout me raconter, et s'il est besoin que je
parle, vous savez que je suis prête à tout faire
pour vous et pour ce bon Junot.

Je lui baisai la main sans pouvoir lui répondre... les témoignages d'une vraie bonté et d'un
attachement positif ont toujours eu sur moi le
plus entier pouvoir d'éveiller de profondes émo-

tions… et si je vaux quelque peu de chose, c'est par toute la reconnaissance que je porte *à ceux qui m'aiment*. Je promis à MADAME de revenir lui rendre compte de ma conférence, et je partis de son palais à quatre heures un quart pour les Tuileries.

L'empereur était au conseil d'Etat, et comme il n'avait aucune heure fixément assignée pour ce qu'il avait à faire, ce qui se comprend parfaitement pour un homme comme lui, il ne sortit du conseil qu'à six heures. J'avais donc eu tout le temps de faire passer devant moi tous les sujets probables pour lesquels il m'avait mandée, lorsque enfin M. de Mercy vint me dire que je pouvais entrer.

L'empereur avait évidemment de l'humeur, mais non contre moi ou contre Junot. L'habitude que j'avais de sa physionomie me fit juger à l'instant, au contraire, qu'il voulait être agréable et persuasif; il me sourit, me voulut tirer l'oreille, mais se trompa, et me tira une boucle de cheveux, ce qui me fit un mal horrible; enfin il me *fit toutes ses grâces*, comme disait M. de Narbonne, et puis, entrant tout de suite en matière, il me dit en s'arrêtant au milieu de sa promenade rapide :

— Junot vous écrit-il régulièrement?

— Oui, sire.

— Qu'appelez-vous régulièrement ?

— Mais, une fois, deux fois par semaine... toujours une fois enfin.

— Que vous dit-il?

Je regardai l'empereur sans lui répondre, mon silence lui déplut probablement autant que le sourire imperceptible qui vint sur mes lèvres; car le sourcil *jupitérien* se fronça, et il répéta :

— Que vous dit-il?

— Votre Majesté veut-elle voir ses lettres? j'aurai l'honneur de lui en apporter autant qu'elle l'ordonnera.

— Madame Junot, je n'ai ni le temps ni le goût de ces conversations où vous pouvez avoir beaucoup d'esprit, mais auxquelles je n'entends rien. Je vous ai fait venir ce soir pour parler avec vous sur un objet qui fera de la peine à Junot, parce que je le connais, et que je sais que de ma part de petites choses de la nature de ce que je vais vous dire l'affectent beaucoup, parce qu'il croit y voir des influences étrangères à mon amitié pour lui ; mais c'est une preuve de cette amitié peut-être que je lui donne en agissant comme je le fais.

Il fit quelques pas plus lentement, puis il me dit :

— Je vous prends le Raincy...

Ensuite, il s'arrêta, et me tint sous le joug de son clair et perçant regard, qu'un beau soleil couchant éclairait admirablement. Il voulait que je lui disse à l'instant même ce que je pensais, ce que diraient Ouvrard, Junot, Destillères, enfin tous ceux qui étaient dans cette affaire. Quand on a connu l'empereur, on sait quelle était l'excessive importance qu'il mettait à ces petites choses, quand son nom ou celui des siens s'y trouvait mêlé.

—Duroc ne vous l'a-t-il pas dit?... poursuivit-il en continuant à me fixer d'une manière magnétique.

Je fis de la tête un signe négatif, et puis j'articulai très bas :

— Non, sire.

—Oh, oh! dit-il avec un singulier mouvement de lèvres et de sourcils, oh, oh! en est-il ainsi de votre attachement pour ce Raincy? Comment! vous faites la lippe comme un enfant de quatre ans à qui je prendrais un jouet!... Eh bien, pour vous dire la vérité, je suis fort aise de le faire, dans l'intérêt même de ce fou de Ju-

not. Le Raincy l'eût entraîné à trop de dépenses...

Je ne répondis rien, mais je pensai à Junot.
Je savais combien il était heureux d'être propriétaire du Raincy... M. Ouvrard avait apporté
dans ses relations avec lui dans cette acquisition,
tout ce qu'il est possible qu'on mette dans des
rapports de ce genre. M. Ouvrard, au reste, est
connu de l'Europe entière pour l'urbanité parfaite de ses manières, sa bonne grâce, son bon
goût circulant autour de ses sacs d'or, et tirant
d'eux-mêmes ce qui ordinairement repousse, ou
du moins éloigne cette bonne grâce et ce bon
goût. M. Destillères, qui avait encore à cette
époque un intérêt dans la propriété du Raincy,
avait mis dans les rapports établis pour cette affaire toute la loyauté probe et positive si bien
en harmonie avec celle de Junot. Pendant un an
je l'avais entendu se réjouir de cette acquisition;
et puis il était chasseur... la forêt de Bondy était
une suite du parc du Raincy. L'empereur n'aimait pas la chasse, et n'était nullement jaloux
des lièvres, des lapins qui avaient remplacé les
voleurs de la forêt de Bondy. Junot, avec une
permission du prince de Neufchâtel, et *quelques
soins* aux gardes-chasse de la forêt, était aussi

bien et même mieux propriétaire de cette forêt
que ne l'était l'empereur. Enfin, je connaissais
celui qui avait excité cette acquisition du
Raincy... Je savais que la même langue *fourchue*,
cette langue de serpent avait fait à l'empereur
des rapports entièrement faux sur des propos qui
auraient été tenus parmi le peuple, relativement
à cet achat du Raincy, et qui en rappelaient,
disait-on, d'autres, à l'époque bien antérieure où
Junot avait pris sa livrée... Il faisait, disait la langue fourchue ¹, *le petit duc d'Orléans, après avoir*
voulu singer le comte d'Artois à Longchamp .

Si je n'avais pas *vu* et *lu* le rapport, je ne me
donnerais pas la peine d'écrire une pareille pau-
vreté; mais c'est un fait caractéristique, non pas
pour l'époque, grâce au ciel, mais pour quelques uns de ceux qui entouraient l'empereur, et
l'abreuvaient d'une foule d'absurdités qui, pour
lui, avaient une attitude *grave* et presque proba-

---

¹ On sait que les serpens à sonnettes ont la langue fourchue.

² Lorsque l'empereur ordonna qu'on reprît une livrée, Junot *fut le premier* à le faire; il prit une livrée verte avec le
collet et paremens amarante. Nous fûmes ainsi à Longchamp
dans une voiture coupée, de couleur puce, et attelée de ces
quatre beaux chevaux alezans que tout Paris a souvent admi-
rés. Comme le premier consul n'allait pas à Longchamp, on
lui dit sur cette affaire tout ce qu'il plut à l'envie, qui ne
pouvait faire autrement que d'être dans une voiture riche

ble. Il lisait ces malheureux et bêtes de rapports, et puis il poussait des hélas!... il plaignait
ce pauvre Junot de tout ce qu'il faisait de mal...
et la plupart du temps il ne se donnait pas le loi-
sir de relire la phrase, ce qui l'aurait fait sourire de pitié au lieu de faire naître un reproche.
Ainsi, par exemple, dans le *Mémorial de Sainte-
Hélène*, s'il avait *relu* la phrase écrite sous sa
dictée par M. le comte de Las Cases, car je n'ad-
mets pas qu'il ait livré ainsi au *public du monde
entier* les pensées de Napoléon comme elles lui
venaient sur les lèvres; s'il eût relu cette phrase,
et même beaucoup d'autres, elles n'eussent certes
pas vu le jour...

   —Eh bien! me dit l'empereur, je me charge
du Raincy, entendez-vous, madame Junot...
écrivez-le à votre mari... Ah çà! est-ce donc que
vous chassez aussi, vous? vous êtes toute décom-
posée...

mais de mauvais goût, d'inventer et de dire contre Junot et
moi... Bien souvent l'empereur répétait sans y songer, des
phrases absurdes. Ainsi, par exemple, dans le *Mémorial de
Saint-Hélène*, il dit: « Junot voyageait EN FRANCE AVEC SES
PROPRES RELAIS! chose que je ne faisais pas moi-même...» et je
le crois bien: qui peut faire une pareille folie? une pareille
stupidité à la Satrape?... La chose est *impossible*, physiquement impossible... Oh! que de CHOSES IMPOSSIBLES, PHYSIQUE-
MENT IMPOSSIBLES j'ai eues à réfuter!... Devais-je donc y être
duite!...

Le fait est que je savais toute la peine qu'allait éprouver Junot, et je pris sur moi de le dire à l'empereur.

— Allons, allons, fadaises que tout cela ; il chassera tout aussi bien dans la forêt de Saint-Germain que dans celle de Bondy... C'est un service que je lui rends, d'ailleurs, en l'empêchant d'avoir le Raincy... et puis je donne Neuilly à la princesse Pauline, il me faut une propriété à la porte de Paris ; le Raincy est là... je le prends, et voilà l'affaire conclue. Ah çà ! madame Junot, savez-vous que je n'ai pas l'habitude d'en dire aussi long à des femmes pour leur expliquer ce que je fais ?

Mon Dieu ! je ne le savais que trop !... et c'était précisément tout ce soin apporté à me parler de cette affaire qui m'éclairait moi-même sur l'importance qu'elle pouvait avoir. M. Ouvrard était mêlé dans tout cela, et chacun sait que Napoléon avait, pour cet homme extraordinaire, un sentiment très voisin de la haine. Devenir nouvel acquéreur du Raincy, se mettre à la place de Junot, avoir des rapports avec M. Ouvrard pour ce qui était encore à payer, voilà ce qu'il pouvait convenir à Napoléon de faire, et lui donner beaucoup plus le désir de devenir le remplaçant de Junot pour cette raison que pour

celle qu'il me donnait, et qui, en vérité, malgré le respect que j'avais pour son excellent jugement, ne me parut nullement valable.

— Savez-vous pourquoi je vous demandais
tout à l'heure ce que Junot vous écrivait? me
dit-il en s'arrêtant au milieu de son éternelle
promenade, et s'asseyant tout-à-coup en m'indi-
quant un fauteuil de la main.

— Si Votre Majesté veut bien *me le faire comprendre*, je le saurai, mais non pas autrement.

— Parce que je veux à mon tour savoir s'il
est enfin content. Savez-vous ce que j'ai fait pour
lui, madame Junot? savez-vous qu'il est à Lisbonne aussi puissant qu'un roi? Il m'écrit pour
me représenter que l'intérêt du pays demandait
que l'autorité française ne fût balancée par aucune autre, et la dernière estafette lui porte,
avec l'autorisation qu'il me demande, une autre
marque de mon attachement pour lui, car certainement je n'eusse pas accordé cette grâce au
Portugal sans son instante sollicitation ; il n'est
pas mauvais qu'ils le sachent à Lisbonne. N'avez-
vous pas des amis dans ce pays-là?... écrivez-
leur qu'ils doivent une grande reconnaissance
à leur *gouverneur-général* ! voilà son titre à Junot, et puis gouverneur de Paris.

A mesure qu'il parlait, l'empereur me regardait, et devenait attentif comme s'il eût voulu lire en effet les lettres de Junot. Le fait est que les courriers du cabinet impérial pouvaient bien porter le paquet tout entier à l'empereur ou bien à telle personne chargée du soin de ces belles choses-là ; mais les courriers particuliers de Junot m'apportaient d'abord mes lettres, et puis faisaient ensuite *leur métier* comme ils le voulaient.

— Junot est en position de faire de la belle et bonne besogne. Son gouvernement est organisé comme le Portugal ne l'a jamais été depuis Pombal... il est installé maintenant comme *chef de l'État... il a ses ministres...* et... enfin tout est fort bien... Je suis très content du discours qu'il a prononcé... très content... il a de la tenue... de la dignité...

Et tout en parlant, Napoléon souriait avec cette complaisance que l'on apporte à caresser une pensée qui vous apparaît entourée de tout ce qui vous plaît. Junot était en effet sa création, et tout ce qu'il faisait de bien lui semblait une suite de son œuvre.

L'empereur n'était pas un de ces hommes commençant une conversation sans motif, et la prolongeant parce qu'ils ne savent que faire. Depuis quelques instans je me demandais pour-

quoi j'avais été appelée... Pour cette affaire du
Raincy?... oh! cela n'était pas croyable... Pour me
parler de Junot comme il le faisait depuis un
quart d'heure? c'était bien pour cela puisqu'il
le faisait; mais il y avait une autre raison qui
était le mobile de celle-ci et que je ne pouvais voir. Le fait était évident pour moi, mais
comment le démêler de cet écheveau dont *lui*
seul tenait le bon bout?... Il me regarda long-
temps et devina ce que je pensais, car il me dit
en souriant :

— Ne cherchez pas, allez, la chose est toute
simple...

Homme inconcevable !... Je devins rouge
comme une cerise, et tout aussi confuse d'être
surprise derrière ma pensée en guettant la
sienne, que je l'eusse été prise derrière une porte
à l'écouter parler...

— Ainsi donc, poursuivit-il, et avec un accent légèrement mécontent, Junot ne vous parle
pas de tout ce qui lui est survenu de grand et
d'heureux !... je ne le croyais pas aussi peu sen-
sible aux honneurs... en vérité ce garçon-là a
une drôle de tête.

Puis se tournant tout-à-coup, car il s'était
arrêté contre une fenêtre, et battait à contre me-

sure sur la vitre l'accompagnement de l'air de
la Montferrine qu'à cette époque on chantait par
toutes les rues, il me dit :

— Et vous, madame Junot, vous qui avez là
manie de toutes ces belles choses du monde,
n'avez-vous aucune envie d'aller un peu *trôner*
avec Junot?... ma foi, je vous assure qu'il est là
comme les Albuquerque, les Fernand Cortez
étaient au Brésil et au Mexique.

Je ne répondis qu'en m'inclinant, car depuis
que je cherchais le motif de cette séance et que
j'errais comme dans un labyrinthe mal éclairé,
je craignais de dire ou de faire quelque bêtise
qui pût nuire à Junot. Je suis sûre que Napoléon
m'eût volontiers battue ; non pas qu'il eût de
l'humeur de mon silence, il n'avait rien à faire de
mes paroles, mais parce que ce silence lui donnait la preuve qu'il était deviné, et que pour moi
cette démarche en apparence si naturelle ne
l'était pas du tout. Je voyais dans cette conversation bizarre par sa nullité, un motif caché qu'il
m'importait de connaître, et j'en étais préoccu-
pée ; Napoléon me devina, et, s'arrêtant, il
me dit :

— Eh bien ! adieu, madame Junot. S'il vous
prend envie d'aller en Portugal *faire la petite
reine,* je vous réponds que vous trouverez votre

mari dans une bonne attitude. Quand lui écri-
rez-vous ?

— Mais je suppose, sire, que ce sera dès demain... à moins cependant que Votre Majesté
ne me commande de le faire dès ce soir.

Il ne me répondit pas d'abord, et parut mécontent de la manière très accentuée dont j'avais
prononcé le mot *commandé*; son sourcilr evint
sur son œil, et il me dit ensuite :

— Ecrivez-lui *quand vous voudrez... et ce que
vous voudrez...* Au reste, le plus tôt sera le mieux.
Il importe au repos intérieur des ménages, entendez-vous jeune femme, que les relations ne
soient jamais interrompues entre un mari et
sa femme : qu'ils soient près, qu'ils soient loin
l'un de l'autre, n'importe, vous dis-je.

Cette morale arrivait si singulièrement, qu'en
vérité je ne pus retenir un sourire; il le vit aussi,
et je dis encore que, s'il avait *osé*, il m'aurait
battue dans ce moment-là.

Comme il paraissait m'avoir congédiée, je m'a-
vançais vers la porte, lorsqu'il me rappela par
un geste de la main, et me dit, comme s'il eût
dans le moment même une nouvelle idée :

— *A propos*, en écrivant à Junot, parlez-lui
aussi comme il faut lui parler de cette affaire
d'aide-de-camp dont Duroc lui a déjà fait part...

c'est *un enfantillage*, voilà pourquoi je vous dis de lui en écrire... C'est assez peu important pour qu'une femme s'en mêle ajouta-t-il en riant.

— Je remercie Votre Majesté, répondis-je sur le même ton.

— Oh! vous savez bien ce que je veux dire... vous savez que je n'aime pas que les femmes se mêlent d'affaires sérieuses, parce qu'alors elles intriguent presque toujours.

— Votre Majesté veut-elle me permettre de lui dire ma pensée à cet égard?

Il fit un signe affirmatif.

— C'est que jamais les femmes ne se mêlent sérieusement d'affaires; leur paresse et leur nonchalant amour des plaisirs les éloigne de toute fatigue d'esprit; et lorsqu'elles apparaissent au milieu d'une chose grave et importante, c'est qu'elles ne sont qu'instrument d'hommes bien plus intrigans qu'elles ne le sont jamais... Il est un peu de cela comme du règne des femmes qu'on prétend n'être remarquable que parce qu'elles ont des favoris qui gouvernent pour elles.

Il se mit à rire, mais d'un rire si franc et si bruyant que je fus étonnée moi-même de l'avoir provoqué.

— Non pas que je pense, poursuivis-je,

XI.   9.

que les femmes soient incapables de tenir les
rênes d'un empire, et de les tenir d'une main
ferme, car j'ai de mon sexe une grande et puissante opinion, et l'éducation forte que nous re-
cevons depuis vingt ans surtout, jointe à celle
que les évènemens nous ont donnée, nous met,
je crois, au niveau de beaucoup d'hommes si ce
n'est de tous... mais il est une chose qui nous
perd et nous empêchera toujours d'être *chefs* et
d'avoir l'autorité.

— Oh, oh! vous en convenez!... et quel est
donc cet obstacle?

— Le cœur.

— Le cœur! vous voulez dire la tête?

— Ce sera ce que Votre Majesté voudra... Cependant je crois la comprendre, et je ne suis pas
de son avis. Ce que je veux dire, sire, fait dé-
vouer une femme pour le salut de son enfant,
de son mari, de son ami; je ne dis pas de son
amant, parce que je prétends que ce dévouement, cette abnégation de soi-même, la femme
les possède et les développe sans qu'il y ait pour
cela besoin d'amour dans son cœur.

— Et pourquoi, s'il vous plaît, un homme ne
ferait pas tout cela?

Je secouai la tête... il se mit à rire... je repris
mon discours, car je tenais à prouver ma pen-

sée, et, pour le dire en passant, c'était la première fois, depuis que je le connaissais, qu'il
avait soutenu une aussi longue conversation.

— Et voilà pourquoi, sire, nous avons quelquefois l'apparence de l'intrigue... On dispose de
nous... on nous fait agir, et nous ne sommes que
des machines...

— Et madame des Ursins... et madame de
Maintenon... ah, ah! que direz-vous de celles-là?
elles ne sont pas intrigantes peut-être! allons
donc! je pourrais vous en citer plus de cent si
j'avais le temps de me les rappeler.

— Votre Majesté nommera madame des Ursins et madame de Maintenon que certes je ne
soutiendrai pas... mais ce sont des exceptions,
et les exceptions confirment les règles, comme
elle sait... Ensuite le siècle dont ces deux femmes
faisaient partie était entièrement fait pour l'intrigue et la turbulence. J'ai entendu souvent
Votre Majesté parler du cardinal de Retz, de
M. de La Rochefoucauld, et d'une foule d'hommes très remarquables de cette époque, et en
parler comme de gens très peu faits pour être
placés en autre ligne que celle d'*intrigans* et de
brouillons.

Il sourit encore, mais plus doucement cette
fois... puis, tout-à-coup, il me demanda :

— Quel âge avez-vous ?

Je ne répondis qu'en riant à mon tour, car il savait mon âge comme moi. Il interpréta autrement mon silence.

— Comment, vous cachez déjà votre âge ? c'est absurde.

— Je ne cache pas du tout mon âge, sire, d'ailleurs cela me serait impossible, et surtout avec Votre Majesté qui m'a presque vue naître. J'ai vingt-deux ans.

Il prit lentement une prise de tabac, en allant au-devant de sa main avec sa tête, ce qui était chez lui un signe de bonne humeur, puis, en comptant les années sur ses doigts, il me dit :

— Oui... c'est vrai... en 1795... onze ans... c'est cela... Et votre mère, quel âge aurait-elle donc à présent ?... ah ! c'est elle par exemple qui n'aimait pas à répondre là-dessus !... et elle avait bien tort... qu'importent les années quand on était belle comme elle... oh ! elle était bien belle... avez-vous son portrait ?

— Nous avons un buste d'elle, sire... parfaitement ressemblant... du moins à l'époque où il fut fait...

— C'était une singulière femme !... bonne... excellente... de l'esprit comme un diable... mais une tête !...

Il continuait toujours à prendre son tabac en se penchant et frappant de petits coups de son autre main sur le bras de son fauteuil, tandis que moi, toujours la main sur la serrure, j'étais, depuis un quart d'heure, dans la posture d'une personne ouvrant cette porte pour partir, ce que je ne pouvais faire sans que l'empereur m'eût décidément congédiée. Cependant au nom de ma mère je pressai le bouton de la serrure et me disposai à sortir au premier mot qui m'eût choquée... il s'en aperçut, parce qu'il voyait tout, et il me dit aussitôt:

— Vous parlait-elle souvent de moi?

— Jamais, sire.

— C'est impossible, s'écria-t-il en se levant avec une sorte de colère, c'est impossible...

— Pourquoi cela, sire?

Probablement que ma tranquillité le fit apercevoir de l'inconvenance de son impétuosité, car il se rassit, et me dit avec une sorte d'amertume:

— Au fait, elle n'avait plus d'amitié pour moi... Lucien était son favori... et très certainement que ma sévérité pour lui aura éteint le reste d'affection qu'elle me gardait encore.

— Ma pauvre mère n'existait plus depuis long-temps, sire, lorsque Votre Majesté *a exilé son frère.*

Dieu seul peut savoir ce que j'ai produit *en lui,* en prononçant cette phrase pourtant si simple. Il se leva, voulut parler... se rassit... rougit et pâlit... se leva encore, poussa violemment son fauteuil, et me regardant avec des yeux au moins sévères, il parut vouloir se contenir... Quelques secondes se passèrent, ensuite il me dit d'un ton plus doux :

— C'est bien... bonsoir... en écrivant à Junot vous lui *ferez mes amitiés.*

Je m'inclinai et je sortis de son cabinet après une conversation de plus de trois quarts d'heure. Comme j'étais déjà arrivée presque au bout de la galerie, la porte du cabinet se rouvrit, et l'empereur appela, de sa voix claire et profonde à la fois :

— Madame Junot !

Je me retournai, et le vis lui-même à la porte qui me faisait signe d'aller à lui... je revins aussitôt.

— Ne m'avez-vous pas dit que vous étiez de service auprès de la signora Letizia ?

— Oui, sire ; je retourne à l'instant même auprès de madame.

— Vous lui direz, je vous prie, que je désire

qu'elle vienne déjeûner demain avec moi...

Il fit de nouveau un gracieux geste de la main et rentra dans son cabinet, me laissant libre de retourner auprès de ma princesse.

Je la trouvai qui m'attendait avec impatience. L'excellente femme était si bonne pour moi... Je lui racontai la conversation tout entière que je venais d'avoir avec l'empereur ; elle n'avait pour Madame aucun côté de mécontentement, car pour elle, ne plus avoir le Raincy était plutôt une bonne chose qu'un motif de trouble et d'ennui. Aussi fut-elle plutôt satisfaite de ce que je lui dis que fâchée ; mais lorsque je lui transmis le message dont l'empereur m'avait chargé pour elle, elle fut tout-à-fait troublée et me parut même inquiète ; elle était si bonne pour moi que je ne pus m'empêcher de remarquer son agitation. Ce ne fut que quelque temps après que j'appris le motif de cette inquiétude : il n'a, je crois, jamais été connu. J'ai là-dessus des notions et des renseignemens certains, et je vais, dès à présent, les faire connaître.

CHAPITRE V.

Famille de l'empereur. — Négociations entre lui et Lucien.
M. Campi. — Son portrait. — Arrivée à Canino. — Proposition de divorce. — Le duché de Parme. — Le royaume de
Naples. — Madame Lucien Bonaparte. — Son portrait. —
Lucien refuse. — Charlotte Bonaparte sa fille. — Son portrait. — Son mariage avec Ferdinand VII. — Madame Le-
thiers. — Départ arrêté et contremandé. — La duchesse
de Bourgogne. — Les cours et les courtisans. — Troubles
d'Espagne. — Le général O'Farrill. — Le général Samper. — Portrait d'O'Farrill. — Son beau caractère.

C'est une étude curieuse à faire que celle de
l'intérieur de la famille de l'empereur. Que de
mouvemens avaient lieu et se rattachaient, sans
que l'on en sût rien dans le public, à des intérêts
plus importans que des intérêts privés!... C'est
ainsi que, depuis 1807 jusqu'en 1809, des négociations continuelles avaient lieu entre l'empereur
et son frère Lucien. A cette époque l'empereur
voulait établir la monarchie universelle dans sa

famille ; et, malgré la scène de Mantoue, il y eut bientôt une nouvelle chance de rapprochement entre les deux frères.

Cette nouvelle négociation avait pour prétexte la demande faite par le prince des Asturies à Napoléon, pour en obtenir une femme de sa famille pour l'épouser. L'empereur savait bien que Lucien ne voudrait pas très probablement donner ou plutôt sacrifier sa fille en la donnant à un homme qui montrait pour son père et pour sa mère des sentimens aussi mauvais; il fallait donc adroitement entamer les pourparlers, et ce fut M. *Campi* qui porta ces propositions à Canino, où le prince était alors.

M. Campi était un ami dévoué de la famille Bonaparte. Il était Corse, et ses talens, comme administrateur, l'ont toujours fait distinguer sans que pour cela la faveur eût besoin de l'aider. C'était un singulier homme; il rappelait ces beaux caractères antiques que nous admirons en lisant Plutarque et Xénophon. Il était d'une probité sévère, et le moindre doute lui faisait mettre dans sa conduite envers quelqu'un une réserve toute spartiate; il ne mangeait jamais de viande, vivait de légumes et de fruits, et ne buvait que de l'eau; avec cela il ne riait jamais. C'était un singulier homme, mais honnête... vertueux même... et si la mode de *vivre à l'antique* avait toujours produit de tels hommes, je n'aurais pas tant ri en lisant la spirituelle satire de M. Berchoux... [1] Ce M. Campi avait été employé sous Lucien au ministère de l'intérieur pendant que lui-même était ministre. Il était son secrétaire intime, et Lucien l'estimait fort, aussi fut-ce sur lui que l'empereur jeta les yeux pour envoyer ce message important. Son but avait deux objets également difficiles à présenter à Lucien.

Le premier était relatif au mariage de Charlotte Bonaparte avec le prince des Asturies; l'empereur mit dans cette proposition une certaine duplicité, si j'ose me servir de ce mot, que je ne puis disculper; car il est évident que dès cette époque il avait un plan arrêté relativement à Ferdinand, ce que semblerait démentir son message à Lucien... Tout cela se rattache à ses mystérieuses affaires d'Espagne, et nous allons bientôt en débrouiller l'écheveau.

[1] Qui me délivrera des Grecs et des Romains ?
Du fond de leurs tombeaux ces peuples inhumains
Feront assurément le malheur de ma vie, etc.

M. Campi était porteur d'une lettre qui invitait Lucien de la part de l'empereur, à venir à Paris pour écouter et discuter lui-même une proposition nouvelle qu'il avait à lui faire. L'empereur consentait à ce que Lucien dirigeât son gouvernement comme il l'entendrait (aurait-il toujours été aussi indulgent? cela n'est pas sûr), et il lui proposait le royaume de Naples : Joseph devant aller *régner autre part*, il ne s'expliquait pas à cet égard ; mais comme la Hollande était alors le seul pays à donner, parce que Louis devait bientôt renoncer à sa royauté, on pouvait croire que l'échange serait donc de Naples contre La Haye. Toutefois il n'en était rien, et le trône d'Espagne formait alors le point d'arrivée pour l'empereur. Il voulait en même temps contenir l'Italie ; et Lucien, dont il avait éprouvé le courage moral et le courage physique, était l'homme qui lui convenait sur tous les autres...Mais Napoléon montra dans cette circonstance combien une détermination une fois arrêtée dans son esprit, prenait de force au lieu de s'effacer avec le temps. Il avait dit un jour dans le conseil d'état:

— Jamais je ne reconnaîtrai pour ma belle-sœur la femme de mon frère Lucien.

Et ces paroles hautement prononcées dans le

sanctuaire des lois semblaient devoir être un en-
gagement en effet pris avec lui-même et avec la
majesté impériale; mais au fond il ne faut y voir
que cette volonté despotique que l'empereur
voulait toujours émettre lorsqu'un des membres
de sa famille prétendait faire acte de liberté. Plus
la résistance de Lucien avait été noble et fière, relativement à sa liberté politique, plus l'empereur
tenait à le faire céder sur un autre point qu'il
eût été peu honorable pour lui d'abandonner;
Napoléon le sentait bien, et il y mettait d'autant
plus d'insistance, qu'il avait à cette époque un
sentiment presque haineux pour madame Lucien.
Je l'ai entendu quelquefois s'exprimer sur son
compte avec une telle amertume, que l'impératrice Joséphine, qui certes ne devait aucun appui à Lucien ni à tout ce qui tenait à lui, l'impératrice Joséphine prit un jour la parole, et
dit à l'empereur, avec cette voix caressante qui
allait au cœur:

— Mon ami, songe que c'est une femme.

Et au fait ce titre devait suffire, quand madame
Lucien n'aurait pas été ce qu'elle était alors à
Rome, faisant le bonheur de son mari, étant
tout-à-fait ce qu'on peut appeler une matrone
romaine telle que nous nous figurons les mères
et les femmes des Romains célèbres. Elle vivait

grandement et noblement comme son mari l'exigeait au reste ; mais ne sortant pas de son intérieur où elle était entourée d'une nombreuse famille qui lui faisait une défense contre toute pensée qui aurait pu naître de la malveillance. Sa conduite était irréprochable ; elle rendait Lucien fort heureux, s'occupait ainsi que lui de littérature, adoucissait par ses soins, les soins d'une femme!... les chagrins que Lucien ressentait journellement, et que provoquaient les procédés de l'empereur... Enfin s'il est vrai, comme on le disait d'après l'empereur lui-même, que Lucien n'avait fait ce mariage *que pour le contrarier*, il avait alors trouvé dans une union formée par le dépit un bonheur que ne lui aurait pas donné un mariage conclu sous les auspices les plus réguliers.

L'empereur était, de tous les hommes que j'ai connus, celui qui mettait le plus d'importance à toutes les choses d'intérieur ; il était à cet égard comme la femme la plus minutieuse. Qu'on juge à quel point il portait cette exigence pour les siens!... Sans doute on pourra s'étonner alors de beaucoup de circonstances qui n'auraient pas dû avoir lieu ; mais partout où il y aura une cour, des ministres, des courtisans, partout cette cour, ces ministres, ces courtisans seront les mêmes, à quelques exceptions près bien légères. Ainsi donc, on peut se rappeler ce que dit Saint-Simon de madame la duchesse de Bourgogne... pourtant Saint-Simon était un des hommes les plus sévères, moralement parlant, de cette vieille cour de Louis XIV ; et il vous dit :

« *Tout le monde* vit bien ce que notre chère princesse voulait cacher[1] ; tout le monde le vit... mais on l'adorait, et chacun garda le silence. »

Voilà précisément l'histoire de la famille de l'empereur...

Mais ici c'était tout autre chose ; c'était le bien qu'on celait à l'empereur... On voulait empêcher tout rapprochement entre l'empereur et Lucien, et pour atteindre ce but il fallait nécessairement mettre obstacle aux négociations que Napoléon voulait ouvrir. Malheureusement pour nous et pour lui, celle qu'il entama avec son frère était de nature à n'avoir aucune suite heureuse, et des personnages que je ne puis nommer sourirent de joie en apprenant ce qu'on proposait à Lucien.

L'empereur avait donné à M. Campi la mis-

---

[1] Histoire de M. de Maulevrier. Cette histoire, qui se trouve toujours invariable dans toutes les éditions de Saint-Simon, sert grandement à faire connaître l'état bien remarquable de la cour de Louis XIV dans ses dernières années.

sion de porter à son frère l'investiture du duché
de Parme, non pas *pour lui*, mais pour sa *femme
seulement*; quant à lui, il allait régner à Naples; madame Lucien serait allée de Rome à
Parme comme duchesse de Parme, emmenant
avec elle deux de ses enfans, mais des filles... point de garçons; et une fois hors des
murs de Rome, la volonté de Napoléon était
que madame Lucien fût aussi séparée de son
mari qu'elle pouvait l'être par la mort. A ce
prix l'empereur la reconnaissait pour sa belle-
sœur, lui en donnait le nom, et devenait
pour elle un bon parent... Mais il fallait briser
tous les liens qui l'attachaient à la vie, car n'é-
tait-ce pas mourir que d'abandonner ainsi tous
ceux que l'on aime... et surtout les abandonner
avec l'apparence de l'intérêt!... Les momens qui
suivirent la communication de Campi furent
cruels... Lucien refusa tout aussitôt, et la couronne de Naples, même avec la liberté d'action,
et surtout le duché de Parme, qui ne serait acquis, selon lui, que par une basse et lâche complaisance.

La position de madame Lucien était bien
différente de celle de son mari; ce qu'il devait
refuser elle devait l'accepter; elle devait suivre
la route que notre destinée nous trace en naissant,

à nous autres pauvres femmes, et accomplir la mission toute de sacrifices dont se compose notre misérable vie... En effet, après une nuit de réflexions, elle entra dans le cabinet de Lucien et lui déclara qu'elle ne voulait pas être un obstacle à la grandeur à laquelle il pouvait arriver, et qu'elle allait faire parvenir sa réponse à l'empereur.

— Où est cette lettre? dit Lucien avec un calme apparent.

Madame Lucien la lui présenta; aussitôt qu'il l'eut, il la mit en pièces et la foula aux pieds sans même vouloir la lire.

— Mon ami! mon ami! lui disait madame Lucien en pleurant... veux-tu donc priver tes enfans d'une couronne?

— Faut-il donc que je les prive de leur mère pour cette couronne! s'écria Lucien.

Et il se frappait le front... puis il se promenait par la chambre avec agitation.

— Lucien, lui dit sa femme avec cette voix harmonieuse dont elle sait mieux que personne moduler les accentuations, Lucien, ne rejette pas ainsi sans réflexion ce que Dieu nous envoie... Te souvient-il des momens d'angoisses que nous éprouvions, mon ami, lorsque nous songions que plus tard, lorsque ton frère et toi vous ne seriez plus, car enfin, quelle que soit sa prospérité, il faut qu'elle finisse devant la mort, comme elle doit aussi finir tous tes tourmens, mon pauvre ami... eh bien!... alors nos enfans dépendraient donc de ceux de ton frère? Ils n'auraient pas cette indépendance qui nous est offerte, que je puis leur donner... non, mon ami... non... tu dois être père avant d'être mari, comme je dois être mère avant d'être femme.

Elle était admirablement belle en parlant ainsi. Sa haute taille se relevait encore, sa belle tête entourée d'une auréole de gloire maternelle la rendait en ce moment un des objets les plus séduisans que l'on puisse voir... Lucien la contempla quelques instans avec un sentiment extatique, puis, la prenant dans ses bras, il la serra contre sa poitrine avec amour.

— Et c'est en te montrant aussi adorable, lui dit-il, que tu veux me décider à me séparer de toi... jamais nous ne nous quitterons... non... jamais!... Si mon frère veut me rendre son amitié, qu'il le fasse sans condition, et surtout sans d'aussi cruelles conditions... Toujours unis, mon amie... jamais séparés...

Quelque déterminée que fût madame Lucien, elle ne l'était pas tellement que la parole de celui

XI.   10

qu'elle aimait fût devenue impuissante auprès
d'elle... Après quelque résistance, il fut convenu entre les deux époux qu'on refuserait le
royaume de Naples et le duché de Parme aux
conditions auxquelles l'empereur les mettait
tous deux. La voiture de voyage était prête; les
chevaux de poste mandés de Viterbe... tout fût
renvoyé. Quant au mariage de la fille de Lucien
avec le prince des Asturies, le refus n'en fut
pas immédiat, au contraire; tous les préparatifs eurent lieu, et le départ de la jeune fille
fut même ordonné. C'était une agréable personne
que Charlotte à cette époque, ainsi que plus
tard elle nous prouva qu'elle pouvait l'être [1].
Elle avait alors quatorze ou quinze ans; elle était
jolie, douce, bonne et spirituelle. C'était, comme
on le voit, une femme fort désirable, et le prince
des Asturies eût été bien heureux de l'avoir pour
compagne. Son départ se prépara avec assez de discrétion pour que les Romains l'aient ignoré jusqu'au jour où j'en parle peut-être... Madame
Letiers, femme du directeur de l'académie de
France, était nommée pour accompagner la jeune
princesse en Espagne. Tout était prêt, lorsque
un matin Lucien fit appeler le comte de Cha-

_____

[1] Aujourd'hui princesse Gabrielli, c'est une personne à la
fois bonne et spirituelle.

tillon, un de ses amis, que les malheurs de la
révolution avaient jeté dans la carrière des arts,
qui s'en était fort glorieusement tiré, et que
l'exil de Lucien n'avait pas arrêté pour le suivre
en Italie. Il habitait avec lui et dirigeait l'administration des beaux-arts dans son intérieur.
Lucien lui dit de décommander tout ce qui se
préparait pour le départ de Charlotte:

— Je ne puis consentir à me séparer de cette
enfant... dit-il avec un attendrissement qui avait
sa source dans le cœur; je ne puis me déterminer à l'envoyer surtout dans une cour dont personne mieux que moi ne connaît les vices et les
turpitudes. Un seul homme vertueux pourrait
la protéger, ce serait Charles IV, mais avec la
volonté il n'en a pas le pouvoir; ainsi donc il
vaut mieux que ma pauvre Charlotte demeure
sous le toit paternel.

Et Charlotte en effet ne partit pas.

Telle fut la première circonstance relative au
mariage du prince Ferdinand *avec une parente* de
Napoléon, mariage que lui-même avait sollicité.
Il fut ensuite renoué lors du séjour du prince à
Valençay. J'en parlerai à cette époque dont au
reste nous ne sommes pas éloignés... M. Campi
revint en France pour rapporter la réponse de
Lucien à Napoléon, et cette circonstance ne

contribua pas légèrement à augmenter la haine
que l'empereur avait pour madame Lucien. J'en
rapporterai une marque bien étrange lorsque
nous serons arrivés à l'époque de la captivité de
Lucien en Angleterre.

On a beaucoup parlé des projets long-temps
mûris dans l'esprit de Napoléon relativement aux
derniers Bourbons possédant une couronne en
Europe. Il est difficile de prononcer à cet égard
si ces projets furent instantanés ou bien s'ils
furent l'objet d'un plan long-temps discuté dans
sa pensée. Cependant, s'il faut émettre à cet
égard une opinion, si celle d'une personne qui
connaît l'empereur depuis sa première jeunesse,
et depuis sa première enfance à elle-même, si
cette personne peut présenter une opinion sur
Napoléon avec quelques raisons d'être crue sur
ce qu'elle avance, je dirai que je ne pense pas que
les desseins de l'empereur sur l'Espagne aient eu
une origine de beaucoup antérieure à la lettre de
Ferdinand VII, lorsqu'il lui écrivit de l'Escurial.
C'est alors, je crois, que cet intérieur lui fut dévoilé dans toute sa faiblesse, et qu'il put présumer, avec quelque raison, qu'il serait aussi favorable à l'Espagne qu'il fût son souverain, que de
la laisser gouverner par un favori sans pudeur,
une femme éhontée, ou bien un roi sans carac-

tère... Dans les diverses opinions qui ont été émises relativement à l'Espagne, on a placé en première ligne celle qui met M. de Talleyrand le premier aussi en attitude hostile envers la Péninsule, et l'on a dit que c'était lui qui aurait grandement influencé l'empereur dans le parti qu'il prit après les affaires d'Aranjuez. Cela peut être, je ne nie rien; mais je ferai seulement observer que l'empereur se laissait peu *influencer*. Je sais bien, par exemple, que M. de Talleyrand lui a donné, sans nul doute, le conseil, ou plutôt l'avis d'aller en Espagne pour y consommer la besogne déjà *brassée* par cette bonne âme *toute castillane* d'Izquierdo; néanmoins je pense que M. de Talleyrand, malgré toute sa finesse, était en cette circonstance bien plutôt instrument qu'il n'était *dirigeant*. Napoléon l'a joué dans cette affaire d'Espagne[1].

Ils étaient, au reste, dans un état violent à cette époque à Madrid. La cour avait quitté l'Escurial pour aller à Aranjuez, et la capitale de l'Espagne, toujours privée de ses souverains, se livrait aux plus étranges pensées, auxquelles s'associaient

---

[1] J'en ai tout-à-fait la conviction, mais après les affaires de Bayonne... L'empereur avait alors près de lui un homme, selon moi, bien autrement habile que M. de Talleyrand. Bien des gens croiront que cela est difficile... cela est pourtant, et de plus fort honnête homme.

déjà de vives inquiétudes. Le général d'Armagnac avait surpris, c'est le mot, la citadelle de Pampelune. Le 29 février le général Lechi s'était aussi servi d'un moyen assez subtile pour s'emparer des forts de Barcelonne. Cinquante mille hommes s'avançaient sur la route d'Irun à Madrid, commandés par Murat, ayant sous ses ordres le maréchal Moncey et ce malheureux Dupont, qui plus tard devait nous faire connaître que les *Fourches Caudines* n'étaient pas une fable, et cent mille hommes répandus dans toute la péninsule répondaient à l'empereur de son obéissance... Lorsque l'on demandait aux officiers supérieurs de cette armée contre quels ennemis elle allait combattre, il répondaient :

— Nous sommes ici pour défendre l'Espagne contre les attaques de Maroc et d'Alger.

Amère et cruelle dérision!... mais juste réponse de l'insulte faite à la France par la sotte proclamation du prince de la Paix publiée quelques mois avant.

Un homme habile venait de rentrer en Espagne: c'était le général O'Farrill. Le prince de la Paix ne l'aimait pas parce que son beau caractère ne pliait nullement sous la main du favori... En arrivant à Aranjuez, il trouva l'Espagne en feu et le cabinet de Madrid tellement impassible,

qu'il semblait que des ressources magiques devaient se dresser à son commandement devant
les armées ennemies. Il parla en homme habile
et en homme de cœur... Le favori fronça le sourcil à la parole qui semblait frapper son édifice
de sécurité; pourtant il n'osa pas parler son
langage indifférent devant celui qui paraissait
connaître la position désespérée de l'Espagne.

— Tenez-vous prêt à aller prendre le commandement de l'armée de Galice, lui dit-il quelques
jours après son arrivée, car il paraît qu'il faudra
nous battre contre *ces Français maudits*, dont les
détestables intentions ne sont plus douteuses.

— Je le sais bien, répondit le général O'Farrill
avec un sourire amer... mais vous vous en aper-
cevez bien tard.

Le lendemain le général Samper, l'un des
chefs de l'Etat, major-général, fut voir le général O'Farrill: il était probablement envoyé par le
roi favori, car au bout de quelques minutes il
dit au général:

— Savez-vous bien que le prince de la Paix
est fâché contre vous?... Je ne sais ce que vous lui
avez dit, mais il est tout-à-fait blessé.

— Mon Dieu, répondit le général O'Farrill, je
lui ai dit ce que depuis long-temps vous auriez
dû lui dire... l'Espagne est perdue.

— Mais les ordres sont donnés aux troupes de Portugal[1] de revenir à marche forcée... Nous arrêterons les Français à Somo-Sierra et à Guadarrama... Les régimens qui marchent contre nous ne sont composés que de conscrits... Dans toute l'armée il n'y en a pas *cent* qui aient la décoration de la légion-d'honneur...

Le général O'Farrill leva les épaules... et comprit comment on pouvait doubler ainsi des dangers positifs par une aussi profonde impéritie; car c'en était une sans doute que cette imprévoyance, cette léthargie dans laquelle toute une administration gouvernante, *agissante*, ou qui du moins devait l'être, était plongée sans espoir de réveil... Il vint ce réveil... mais il fut amené par des malheurs trop grands pour que leur résultat présente une compensation. L'Espagne a bien souffert par nous sans doute, mais je crois que ses propres enfans lui ont porté les premiers coups.

— Vous vous abusez étrangement, dit le général O'Farrill au général Samper, l'armée française est ce qu'elle fut toujours... admirable...

---

[1] Ces troupes étaient celles commandées par le général Solano, marquis del Soccoro, et qui étaient en marche pour Lisbonne, pour y demeurer sous les ordres de Junot.

Les sous-officiers, les sergens, les caporaux, sont tous de vieux soldats, et les conscrits marcheront au feu comme de vieilles moustaches... C'était en Andalousie... dans la Galice qu'il fallait d'abord porter la guerre, c'est-à-dire réunir nos troupes... Le prince de la Paix m'envoie en Galice... c'est bien tard...

Puis, comme si le loyal Espagnol, le soldat valeureux ne voyait devant lui que la patrie souffrante et son honneur attaqué, il répéta après avoir passé la main sur son front et soupiré profondément :

— Dites au prince de la Paix que je partirai demain pour la Galice.

CHAPITRE VI.

Troubles de l'Escurial. — Arrestation du prince des Asturies. — Le mauvais fils et la mauvaise mère. — Demande
d'une femme par le prince des Asturies. — Instruction de
l'affaire. — Le conseil de Castille. — Le procureur fiscal,
Viégas. — Lettre curieuse du prince à son père Char
les IV. — Le duc de San-Carlos. — Le duc de l'Infantado.
Le chanoine Escoïquitz. — Les exilés. — Savary. —
Izquierdo. — Départ pour l'Amérique. — Azanza et
O'Farrill. — Le marquis *Caballero*. — DEMAIN et notre
poète immortel! — Léthargie du prince de la Paix. —
Révolte d'Aranjuez. — Le prince de la Paix roulé dans
un tapis. — Soif ardente. — Il est pris. — *Elle est folle !*
— Rage du peuple. — Abdication du roi Charles IV. — Le
grand-duc de Berg à Madrid. — Napoléon n'a jamais reconnu Ferdinand VII comme roi d'Espagne. — L'infant
don Antonio Pascual. — Un de ses plus grands plaisirs est
de raccommoder de vieilles bottes. — Protestation de
Charles IV. — Mise en liberté du prince de la Paix. —
Caractère de don Gonzalo O'Farrill. — Dona Antonia Pe-
reira, mère de Godoï. — Dévouement sublime. — *Al tajo!
al Tajo !* — Douce résignation.

J'ai dit que l'empereur avait l'intention d'être
bien pour Junot, et il y avait une raison positive pour cela. Junot était à Lisbonne tout établi,

avec une armée qu'il connaissait, dont il était connu, et dans un pays dont les habitans seraient bien mieux menés par lui que par un autre, parce que les Portugais ont besoin d'être étudiés pour être conduits. Junot exerçait une influence morale dans Lisbonne, et Napoléon le savait; envoyer un autre homme en Portugal, était une chose d'ailleurs à laquelle il ne voulait songer sous aucun rapport. Junot était là ce qu'il fallait à l'empereur; il y devait rester : et puis les affaires d'Espagne prenaient une tournure qui avertissait la France d'être sur ses gardes. On parlait peu à Paris des révolutions intérieures de l'Escurial; et tandis que nous dansions des *boleros* et des *minuetos fandango*, nous ne nous doutions pas que le morne Escurial avait failli revoir les scènes tragiques de Philippe II et de don Carlos.

L'intérieur de la famille royale d'Espagne a été un peu dévoilé depuis que la Péninsule a été le théâtre de tant de mouvemens et de désastres, néanmoins jamais on n'a bien connu les rouages qui ont fait mouvoir cette longue procession d'individus plus ou moins habiles, plus ou moins malheureux, qui ont défilé devant nous dans ce drame important. Je les connais, et j'en vais parler.

Dans l'hiver de 1807 à 1808, bien des choses
s'étaient passées dans l'ombre, et cependant devaient avoir une immense influence sur le sort
et la vie de ceux qu'elles concernaient. La reine
d'Espagne, qui depuis long-temps n'avait aucun
lien qui l'attachât à sa famille, toute dévouée au
prince de la Paix, qui ne lui rendait pour sa
soumission et l'abandon de ses enfans que mépris et malheur même; la reine Maria-Luisa
avait enfin déterminé le prince des Asturies à
chercher un autre appui que celui de sa mère. Tous
deux devaient être punis cruellement, elle pour
être mauvaise mère, lui pour être mauvais fils...
Le prince avait autour de lui plusieurs hommes,
dont quelques uns avaient véritablement du mérite. Le duc de San-Carlos, le duc de l'Infantado, avaient tous deux devancé leurs compatriotes dans l'instruction politique telle qu'il convenait que l'eussent des hommes destinés à être
les premiers ministres d'un grand souverain; car
enfin, Ferdinand devait succéder à son père, et
le prince de la Paix ne serait pas toujours là.
Mais, en attendant, il y était, et d'une manière
gênante; il fut enfin décidé que le prince devait
s'appuyer sur un bras qui pût frapper fort et
juste, et ce bras était celui de Napoléon. Celui
qui le premier eut cette idée, fut un chanoine

de Tolède, nommé *Escoïquitz*, précepteur du prince des Asturies, dont le duc de San-Carlos était gouverneur. Tous deux, de concert avec le duc de l'Infantado, lui firent écrire une longue lettre à l'empereur Napoléon, dans laquelle il se mettait sous *sa protection spéciale*, et lui demandait une femme de sa main.

« Donnez-moi, sire, une princesse de votre » auguste famille, ou de celle de Sa Majesté l'im- » pératrice; pourvu que je vous sois allié je suis » content... mais veuillez m'adopter pour fils... »

Le reste de la lettre contenait de longues plaintes sur *les mauvais traitemens*, c'est la vérité, que le prince de la Paix faisait endurer à l'héritier du trône des Espagnes, et pour dire ce qui est littéralement exact, la conduite de cet homme était bien odieuse; mais l'empereur ne jugea pas convenable d'entrer dans de pareilles querelles; seulement, il s'occupa de donner une femme au prince des Asturies, et celle qui lui fut destinée dès cette première époque est la fille de Lucien, qui, depuis, épousa le prince Gabrielli, et fut, avant ce dernier mariage, destinée à Napoléon. Ceci est une de ces histoires d'intérieur de famille dont les journaux ne parlent pas, et qui ne se trouvent que dans des Mémoires particuliers. J'en parlerai dans le courant de ce volume.

Izquierdo était à Paris l'âme damnée du prince de la Paix. La lettre du prince des Asturies lui fut bientôt connue; lui fut-elle livrée, ou bien l'a-t-il vue par trahison, voilà ce qu'il est difficile de dire. Ce qui arriva de la découverte qu'il en fit, c'est que la cour étant à l'Escurial, le prince des Asturies fut arrêté avec les amis qui avaient servi sa cause. Le prince de la Paix, enivré du leurre que lui avait donné Napoléon de le faire souverain de la province des Algarves, fut sans mesure et sans pitié pour le fils, non seulement de son roi, mais de son bienfaiteur. Le prince est arrêté; Charles IV, toujours faible et timide, retrouve de l'énergie pour être l'accusateur de son fils. Le conseil suprême de Castille reçoit la plainte royale et paternelle, portant que Ferdinand, infant d'Espagne, s'est rendu coupable au premier chef, et qu'il a voulu détrôner son père... On a beaucoup dit à cette époque, mais sourdement, que l'empereur avait fait parvenir à Charles IV les preuves de la trahison de son fils, et qu'il avait été révolté de la conduite de Ferdinand, pendant tout le cours de leur correspondance. Le fait est qu'Izquierdo, qui pouvait beaucoup savoir par Duroc, dont l'âme franche et bonne était quelquefois surprise, et qui voyait souvent don Eugènio Izquierdo, puisque le traité de Fontainebleau fut signé par eux ; il est possible qu'Izquierdo ait surpris quelques mots, et qu'il ait prévenu le prince de la Paix ; ensuite , que l'empereur ait, de son côté , prévenu le roi d'Espagne, je ne vois pas, en y réfléchissant un peu, pourquoi il ne l'aurait pas fait. Etait-ce donc à un fils voulant en effet détrôner son père, comme il l'a prouvé quelques jours plus tard, qu'il faut rendre un compte si sévère de sa fidélité ? .

Le conseil de Castille fut investi de l'affaire. Le procureur fiscal, Viégas, vint à l'Escurial pour instruire sur les lieux. Tous les coins de l'appartement du prince des Asturies furent visités : on trouva dans son secrétaire une foule de lettres toutes plus compromettantes les unes que les autres. Il y avait entre autres un brouillon qui prouvait qu'il n'avait pas la composition facile, car la même page, surchargée de ratures, se retrouvait plus de dix fois. C'était le brouillon de sa lettre à Napoléon. Cette pièce et plusieurs autres furent les bases sur lesquelles les juges instruisirent le procès ; il eut son cours, et le résultat fut ce que jamais on n'a bien su ; mais la vérité est que le procureur fiscal conclut à ce que le prince fût CONDAMNÉ A MORT. Pendant le procès le prince écrivit à son père une lettre qu'on a prétendu être apocryphe, mais qui est fort exacte, ainsi que celle à sa mère : *il promet la plus profonde obéissance, s'avoue coupable, demande pardon de son opiniâtreté à nier la vérité.*

— J'ai été séduit, dit-il, mais que Votre Majesté daigne me pardonner, ET JE NOMMERAI LES COUPABLES !...

Les coupables qui l'avaient *séduit,* c'étaient ses passions... Le père pardonna, et même il donna l'ordre d'instruire l'affaire de l'Escurial *en deux parties.* Chose étrange et qui ne pouvait se voir que dans un gouvernement aussi opposé à toutes les idées généreuses, comme si le coupable recevait moins de poids de son crime parce qu'il est prince royal : l'enfant en est-il moins parricide?... faut-il que ceux, au contraire, que sa faveur peut séduire, et qui deviennent criminels près de lui tandis qu'ils ne l'eussent pas été près d'un autre, faut-il donc que ces malheureux égarés portent à eux seuls la punition que la loi du tribunal paternel comme celle du tribunal civil prononcent contre les coupables ? Ce fut pourtant ce qui arriva. Le duc de San-Carlos fut exilé à Pampelune; le duc de l'Infantado dans ses terres; et le chanoine Escoïquitz, je crois, à Tolède. Quant au prince royal, après avoir bien demandé pardon *à papa et à maman,* car, en vérité, les lettres

parfaitement authentiques qui furent alors pu-
bliées, et qui contiennent l'exacte relation de
son *retour au bien*, comme le disait son crédule
père, ne sont autre chose qu'une burlesque parodie des paroles d'un fils vraiment repentant.
Le regard qu'il jeta, au reste, sur le prince de la
Paix, pouvait donner à penser à ses juges pa-
ternels, comme à ses juges civils, qu'il est des
offenses qu'on ne pardonne jamais. Maintenant
nous sommes au moment des affaires d'Espagne,
dans leur plus grande activité. Comme je ne
changerai jamais d'opinion à leur égard, et que
je suis certaine que les malheurs de l'empereur
et de la France n'ont pas une autre cause, je
vais parler de l'Espagne et de Napoléon ainsi
que de l'influence qu'eurent les deux adminis-
trations civile et militaire du grand-duc de Berg
et du général Savary. Ces deux influences ont
eu une grande diversité entre elles. Mais comme
je n'écris pas l'histoire de l'Espagne, il est inu-
tile de s'arrêter sur ces détails; seulement comme
j'ai tiré mes notes de mes entretiens avec les
premières personnes du pays et dans l'intérieur
des provinces pendant mon long séjour dans la
Péninsule, je veux dire ce que je sais : ensuite
mon opinion a pour base les propres paroles de
deux Espagnols pleins d'honneur et de probité,

XI.   11

ceux en vérité qui eussent sauvé l'Espagne si
elle avait pu être sauvée d'elle-même une fois que
l'Angleterre s'est emparée du pouvoir sous le prétexte spécieux de sauver la nation. Ces deux
hommes sont le général O'Farrill et Azanza, duc
de Santa-Fé... Ce sont les révélations de ces deux
ministres, tout à la fois éclairés et patriotes, que je
vais soumettre au jugement de nos contemporains, appelés à décider cette question, qui est
de tout point inhérente à tous nos revers et à
tous nos malheurs intérieurs... Depuis la chute
de l'empereur, peu de personnes ont parlé de ce
sujet avec la voix de la vérité. Toujours les
passions sont venues troubler la clarté d'un
aussi important récit, et ces passions étant
froissées ou flattées, jamais l'opinion ne fut
libre ni moralement ni physiquement, si l'on
peut parler ainsi ; et ce qu'on a dit sur l'Espagne
n'est, pour la plupart du temps, qu'une réunion
de faits plus ou moins dénaturés par cette influence exercée par les hommes qui ont perdu
l'Espagne. Le prince de la Paix, première et
peut-être unique cause de ses malheurs, les
compléta en surprenant la religion de l'empereur par l'organe de Murat, qui était de bonne
foi, mais surtout de Savary, qui ne l'était pas
autant, en évitant un jugement réclamé par

l'Espagne au désespoir, et voulu par la plus
sévère justice. Cette satisfaction donnée à un
grand peuple, les Cortès convoquées à Madrid
ou bien en Estramadure, les affaires du 2 mai
évitées, et le sang espagnol respecté, la conduite du général Savary blâmée par l'empereur, et les malheurs de l'Espagne ne seraient pas
aujourd'hui l'un des plus amers souvenirs qui
puissent troubler les jours de la vieillesse d'un
Français jaloux de l'honneur de son nom... Ces
causes que je signale sont, je le répète, l'origine
de la révolution espagnole. Napoléon alors frappé
d'un vertige ne voulut écouter ni Junot, ni Duroc, ni Beurnonville, ni enfin aucun de ceux
qui connaissaient l'Espagne... De là vint sa perte,
et la nôtre suivit[1].

On était au milieu du carnaval : le prince de la
Paix, dont l'attention d'homme d'État devait être
constamment éveillée dans la position où lui-
même s'était placé envers la France, tandis que
l'héritier de la monarchie était encore frémissant
de vengeance, le prince de la Paix s'endormait,
non pas au milieu des roses, mais de cette vie

---

[1] Je certifie à mon tour que je ne mets ici ni passion ni petites vengeances particulières. J'ai le cœur trop haut placé
pour en agir ainsi. Je ne parle que d'après une intime conviction et *des faits positifs*.

toute sensuelle et si grossièrement matérielle, que chacun sait que la cour d'Espagne menait dans les différens *sitios* où elle passait l'année. Don Eugenio Izquierdo lui envoyait de France les nouvelles qu'il lui plaisait de lui donner, et le tout allait à la grâce de Dieu ou plutôt du mauvais ange de l'Espagne. On était au mardi-gras; le prince de la Paix était chez madame *Tudo* s'amusant avec un moine bouffon, plaisir que son altesse sérénissime trouvait fort de son goût, lorsque tout-à-coup Izquierdo se présenta devant lui arrivant en toute hâte de Paris, car le drame allait bientôt commencer, et au moment de lever le rideau l'*Impressario* devait bien prévenir le principal acteur de ce qu'il avait à faire dans le sens de son rôle. En voyant Izquierdo dont l'horrible visage ne pouvait jamais causer que de l'effroi, le prince de la Paix fut un moment frappé de surprise; mais entraîné par cette nonchalance asiatique qui est la base de son caractère, il se rendormit pour quelques heures au son des castagnettes et des guitares, et à la vapeur de ses cigares de la Havane. Ce ne fut donc que lorsqu'il se retira chez lui que don Eugenio lui dit avec une apparence d'anxiété :

— Tout est perdu... les mauvaises intentions de la France sont visibles maintenant ; il ne vous reste plus qu'un seul parti pour vous sauver ainsi que la famille royale, c'est de partir pour l'Amérique.

Le prince de la Paix fut stupéfait de cette nouvelle, comme s'il ne devait pas attendre un châtiment pour la proclamation faite quelques mois avant. Il comptait que Napoléon allait répondre à une insulte par une souveraineté!... aveugle et stupide!...

Il est à croire qu'Izquierdo avait mission de parler de ce départ pour l'Amérique, et qu'en général il n'était là que l'interprète d'une volonté ou tout au moins d'un désir plus élevé... On écouta l'avis. Le roi Charles IV, et la reine Maria-Luisa goûtèrent assez ce projet, mais le prince des Asturies ne voulait pas quitter l'Espagne; il avait un parti très prononcé; et malgré l'exil du duc de San-Carlos et du duc de l'Infantado, il n'avait encore autour de lui que trop de conseillers intéressés à renverser le favori pour s'élever sur ses ruines. Ainsi donc, aussitôt que les ordres furent envoyés aux troupes pour venir occuper Aranjuez et Madrid, et être ensuite échelonnées sur la route d'Aranjuez à Cadix où la famille royale devait s'embarquer, le prince royal prit de son côté des mesures pour neutraliser celles de son père; dès lors la révolution d'Espagne devint flagrante et s'annonça avec de terribles et sanglans préságes, car un fils menaçait son père...

Maintenant je dois dire, avec la vérité qui doit être pour tous, qu'en sa qualité d'Espagnol *et de fils de roi*, Ferdinand devait être doublement irrité de la conduite du ministre de son père. Quoiqu'il fût éloigné des affaires, il les suivait assez cependant pour être profondément alarmé de tout ce qui se préparait et de voir une apathie aussi profonde. Un seul fait tiendra ici la place de beaucoup d'autres.

On n'avait AUCUNE CONNAISSANCE dans les secrétaireries des finances et de la guerre du traité de Fontainebleau... des raisons qui motivaient l'entrée en Espagne de cent mille hommes de troupes françaises... de l'envahissement des places frontières de la France, non plus que des réclamations faites par les gouverneurs de ces mêmes places!... enfin on ne savait rien dans le ministère!... le prince de la Paix était *le seul* instruit... ou plutôt *lui* aussi ne savait rien.

Le fait que je viens de citer est positif; il a été affirmé par M. Azanza et M. le général O'Farrill, qui tous deux prirent le ministère de la guerre et celui des finances après l'abdication de Charles IV[1].

[1] Ils prirent place dans le ministère aussitôt après la jour-

Je parle de ce fait parce que l'on sait qu'il est une des causes auxquelles on attribue la révolution d'Espagne, tandis que les partisans de Ferdinand VII prétendent que c'est le procès du prince lui-même qui a été le plus influent sur les évènemens politiques. Je pense que les deux circonstances que je viens de citer sont trop intimement unies pour être séparées, et que la Péninsule leur doit en grande partie ses malheurs...

Tandis que tout se préparait pour le départ de la famille royale, mais dans le plus grand secret, une des créatures les plus favorisées de la reine Maria-Luisa, homme sans aucune capacité, et qu'elle-même ne pouvait considérer, un certain *Caballero* dont elle se servait pour l'opposer au prince de la Paix dans les momens d'humeur, et qui avait été comblé par elle et par le roi d'honneurs et de bonté, gagné par le parti du prince royal, devint traître sous le prétexte spécieux qu'il voulait avant tout *servir la patrie*. Un jour, en plein conseil, il déclara qu'il croyait que le départ de la famille royale pour l'Amérique était impolitique et hors de toute convenance dans la position de l'Espagne. Ce n'était que dans

née du 18 mars : Azanza le même jour, et le général O'Farril quelques jours après. Il remplaça Felieu au ministère de la guerre.

l'intérieur de quelques conseillers dévoués que
ce secret avait été discuté. Aussitôt qu'il fut pour
ainsi dire public, le feu n'est pas plus rapide que
ne le fut cette nouvelle sur le peuple et sur l'armée qu'on avait mandée. La présence des Français exaspérait déjà les têtes; des murmures
sourds contre la famille royale, dont on exceptait
seul le prince des Asturies, firent bientôt place
à des cris plus élevés. Ce fut en vain que Murat,
alors grand-duc de Berg, entrait dans Madrid
le 17 mars, croyant que sa présence devait contenir toute la population : le mal était déjà trop
avancé.

Dans la nuit même du 17 au 18, une foule
immense se précipite dans les grandes rues d'A-
ranjuez[1] demandant la tête du prince de la Paix.
Il venait de se coucher après avoir eu une longue
conversation avec le duc d'Almadovar, son frère,
qui lui donnait le seul conseil qu'il eût à suivre.
Il lui disait qu'il fallait qu'il se mît à la tête de
son régiment, dont tous les officiers lui étaient
dévoués, et qu'il eût une contenance capable
au moins d'imposer aux factieux, car c'était
ainsi qu'on nommait le parti du prince héréditaire.

[1] Les rues d'Aranjuez sont extrêmement larges.

—Je verrai... dit en bâillant le prince de la Paix, et en se levant du fauteuil dans lequel il était assis auprès du brasero; je verrai... demain... demain je m'occuperai de tout cela.

Demain !... oh ! demain, c'est la grande chose !...

... As-tu dit, dans ton langage immortel, toi, notre roi littéraire... Demain !... hélas !... quel devait être pour lui ce lendemain ? Un jour de désastres et de sang !... A peine Godoï était-il couché que la populace furieuse assiégea sa maison... toutes les portes furent brisées... on criait... on hurlait des cris de mort et de vengeance !... les plus atroces menaces étaient proférées par des hommes dont les intentions n'étaient pas douteuses... c'était du sang qu'ils voulaient... c'était du sang qu'il leur fallait pour payer tant d'années d'esclavage, de malheur... tant de larmes versées... En entendant ces cris de carnage, le malheureux favori qui venait de se coucher roi, et se relevait proscrit et maudit, n'eut que le temps de sortir de son appartement par une porte dérobée, et de gagner un grenier dans lequel il entra.... Derrière lui redoublaient les clameurs... Le peuple, dont la rage était excitée par sa déception, ne l'ayant pas trouvé dans sa chambre lorsque la porte en avait été enfoncée,

menaçait de mettre le feu au palais pour être
certain qu'il n'échapperait pas... Dans ce moment
il entendit des pas qui se rapprochaient de lui...
il se rejeta dans le grenier... Nul lieu de refuge!...
une seule natte en jonc des Indes était roulée
dans un coin du galetas... il s'y blottit, et c'est
ainsi qu'il attend ses assassins dont la foule par-
court les chambres, les corridors, les lieux les
plus secrets de son palais... ils entrent enfin dans
le grenier... le parcourent... et ressortent après
avoir lancé au ciel des cris de malédiction sur
l'objet de leur haine qui, pantelant, agonisant,
voyait venir la mort sous la forme la plus odieuse
dans la poussière d'un tapis que les derniers de
ses valets avaient foulé bien souvent aux pieds...

Ils s'éloignèrent enfin ces hommes trop furieux
peut-être, mais qui ne poussaient qu'un cri de
juste vengeance... Manuel Godoï demeura là...
caché... tout tremblant, tout craintif d'une
horrible mort pendant le reste de cette nuit et
la journée du lendemain... Comme il souffrait, le
malheureux!... Pendant ce temps, tout ce qu'un
luxe effréné avait rassemblé autour de lui, tout
ce que la faiblesse d'une femme dominée par un
long délire avait donné à un objet peu digne d'une
noble affection, était brisé, livré aux flammes

par un peuple malheureux par LUI, malheureux par ELLE, malheureux par TOUS... Sa femme, la princesse de Bourbon, la sœur de l'archevêque de Tolède, était retirée dans son appartement, attendant la mort, ou tout au moins l'insulte comme femme d'un homme que la vengeance du peuple poursuivait justement... La foule se précipita en effet dans la chambre où elle était au lit pâle, tremblante, et priant Dieu.

—Habillez-vous, madame, lui dirent d'un ton respectueux quelques uns de ceux qui avaient brisé les portes et qui se montraient les plus acharnés après Manuel Godoï... il ne vous sera fait aucun mal... que pouvez-vous craindre?... n'avez-vous pas toute notre pitié?... Venez, nous allons vous conduire dans un lieu dont jamais vous n'auriez dû sortir pour venir habiter la maison d'un bigame!... d'un misérable Manuel Godoï!... nous allons vous conduire au palais.

La princesse de la Paix vivait effectivement comme une étrangère dans la maison de son mari, qui la traitait avec une barbarie qui devait amasser la haine et la vengeance dans le cœur d'une femme ayant le sentiment de sa naissance et de ce qu'elle valait. Le peuple connaissait cet intérieur, et dans cette nuit où le fer et le feu devaient contenter son désir de haine, il savait bien que la femme ne devait pas partager le sort du mari... elle fut conduite comme en triomphe dans l'appartement du roi, où le malheureux vieillard attendait avec la reine, et dans une horrible anxiété, quelque nouvelle de cette tragédie dont le prologue les faisait déjà frémir. Aussitôt que la princesse fut entrée dans l'appartement, au lieu de courir à ses vieux parens et de leur porter une de ces consolations qui endorment les douleurs quand elles sont proférées par une voix amie, elle s'écria avec un accent amer de reproche en s'adressant au vieux roi :

— Ah! Votre Majesté m'a perdue!...

Le roi la regarda d'abord avec étonnement, puis avec une sorte de pitié; et se tournant vers la reine, il lui dit avec un accent impossible à rendre :

Luisa... es locca [1].

— Non, non! je ne suis pas folle, s'écria-t-elle en se tordant les bras, c'est vous... c'est *elle* qui m'a perdue!...

Et elle montrait la reine, qui, tout entière à

---

[1] Louise... elle est folle!... Il est impossible de donner une juste idée de l'aversion de la princesse de La Paix pour son mari : c'était plus que de la haine.

son désespoir, semblait ne voir rien de ce qui se passait autour d'elle.

— Silence !... dit le roi en lui faisant un geste menaçant. Comment la position dans laquelle nous sommes tous ne vous impose-t-elle pas au moins silence !...

Cependant Ferdinand triomphait. Le jour s'était levé au milieu des transports d'une foule en délire qui proclamait son nom en vouant celui de Godoï à l'infamie et à la mort. L'arrivée du grand-duc de Berg à Madrid, envoyé, disait-on, par l'empereur pour protéger le prince royal contre son père et contre le prince de la Paix, donnait l'idée que la France soutenait Ferdinand, et cette espérance enhardissait la multitude à sévir contre un homme que sa justice pouvait proclamer coupable, mais non pas punir elle-même. Ferdinand, sans paraître rien approuver, attendait l'issue du mouvement, et tout lui faisait juger qu'il serait en sa faveur dans le parti populaire. Pendant ce temps, le malheureux Godoï, dans sa retraite inconnue de tous, même d'un ami, souffrait toutes les tortures qu'un homme peut endurer sans mourir, et les supportait avec courage, car il en trouvait dans les cris de mort dont on entourait son nom. Cependant un supplice imposé depuis le matin au

malheureux proscrit devint tellement intaléra-
ble qu'il lui devint impossible de le supporter
plus long-temps: c'était une soif ardente... Son go-
sier desséché ne pouvait plus donner même pas-
sage au souffle brûlant qui s'échappait de sa
poitrine... Il sentit qu'il allait mourir... une
chance au moins lui était offerte...Cette maison,
ravagée par les furieux... abandonnée par sa
femme, n'était plus qu'une solitude, car le silence
le plus profond avait succédé aux cris qui faisaient trembler ses voûtes la nuit précédente...
S'il sortait de sa retraite !... s'il tentait de trouver
une goutte... UNE SEULE GOUTTE D'EAU !... Le malheureux quitte sa natte de paille... il avance
avec une précaution qui peut être comprise par
ceux qui ont comme lui redouté la mort au détour
d'un chemin... Il descend quelques marches...
n'entend aucun bruit, si ce n'est celui du vent
qui s'engouffre dans les corridors, car toutes les
portes ont été brisées... il avance en tremblant...
N'est-il pas proscrit, et proscrit à mort ?...
Cependant il reprend un peu d'espoir... personne !... nul bruit... pas un son... dans le
vague de l'éloignement, encore des cris... des
vociférations... toujours son nom !... C'est de son
sang que le peuple a soif !... le malheureux hésite
encore... cependant la mort est dans le lieu qu'il

vient de quitter... il meurt s'il y rentre... il
meurt s'il avance... mais le besoin est le plus
impérieux... il se décide et fait un pas... Tout-
à-coup, au détour d'une porte, il se trouve en face
d'un homme... C'est un factionnaire!... Il était
là immobile... guettant sa proie... on savait que
le prince n'était pas sorti de la maison, et les
sentinelles, placées à toutes les issues, avaient
ordre de ne faire aucun bruit pour ne pas l'ef-
frayer et le faire sortir de sa retraite.

En voyant cet homme, dont la volonté pouvait le perdre ou le sauver, Godoï se soumit à
descendre à la prière... il supplia... offrit des
trésors... tout fut rejeté... Le soldat était un
de ces Castillans au cœur fier et malheureux
qui, depuis quinze années, gémissaient sur
l'humiliation et l'infortune de l'Espagne... Devait-il pardonner à l'auteur de sa ruine?... Il
jeta sur lui un regard accablant et appela à son
aide... Le prince fut aussitôt arrêté.

A peine la nouvelle en fut-elle connue que la
population tout entière d'Aranjuez se rua sur
sa maison... Les cris de mort retentirent plus
éclatans que la veille, et cette fois l'infortuné
crut entendre le glas de sa dernière heure... Le
peu de soldats commis à sa garde luttèrent d'a-
bord contre le peuple. Mais leur résistance ne

pouvait être longue, et la victime voyait à chaque instant ses bourreaux faire un pas vers
elle.

En apprenant que Manuel Godoï était décou-
vert, le vieux roi et la reine Maria-Luisa pous-
sèrent un même cri d'effroi.

—Il faut le sauver!... s'écrièrent-ils tous deux
en même temps. Et le roi ouvrant la porte
donna l'ordre à un officier des gardes-du-corps
d'aller chercher le prince des Asturies. Il vint au
même instant.

— Ferdinand, lui dit la reine en allant à lui,
vous voulez la couronne?... eh bien! elle est à
vous... mais il faut sauver la vie du prince de la
Paix... Sauvez-le de la fureur du peuple, et votre
père n'est plus roi...

— Oui, oui! s'écria le vieux monarque! sauve
Manuel... et tu es roi d'Espagne!

Ferdinand *s'inclina sans répondre*, et sortant
de la chambre, il dit à demi-voix aux officiers
des gardes, dont la plus grande partie lui était
dévouée, en jetant un coup d'œil indéfinissable
sur la porte royale :

—*Son nuestros* ¹...

Et contenant, par pudeur, la joie qui l'étouf-

¹ Ils sont à nous!...

fait, il se fit suivre par les principaux officiers des gardes-du-corps, et se rendit au lieu où le prince de la Paix n'attendait plus que la mort... En voyant son ennemi dans l'état où il était... pâle... défait... les traits renversés par la terreur, et l'agonie morale dans laquelle il était depuis une heure, Ferdinand sourit avec cette joie qu'on ne peut blâmer peut-être dans celui qui souffrait de si cruelles tortures sous le sceptre du favori. Mais il est faux qu'il ait frappé Godoï, ainsi que quelques journaux l'ont publié dans le temps... Il est également faux que le prince de la Paix se soit agenouillé devant lui; sa conduite au contraire fut noble et digne.

— Sais-tu, dit Ferdinand en s'approchant du proscrit, sais-tu que je suis ton roi?... roi des Espagnes et des Indes !... Le sais-tu ?...

— Et comment se porte *le père de Votre Majesté* ¹ ? répondit Godoï en jetant sur Ferdinand un regard qui lui demandait compte de la vie du vieux roi.

Le fils usurpateur le comprit : il jeta sur son

---

¹ Godoï se servit du mot *los padres !* ce qui ne peut se traduire que par *vos parens*, ou bien *les auteurs de vos jours*, ce qui d'une belle parole ferait en français un mot ridicule. J'ai rendu, je crois, son idée en disant seulement *le père*, surtout pour cette circonstance.

XI.   12

ennemi vaincu un regard de haine satisfaite,
et sans lui répondre. Il se retira après avoir
donné ses ordres aux officiers des gardes qui
étaient avec lui, d'après lesquels ils se disposè-
rent à emmener le prisonnier avec eux à l'hôtel
des gardes-du-corps. Mais la chose était plus facile à projeter qu'à exécuter... A peine Godoï fut-
il dans la rue, que, malgré la précaution prise par
les officiers des gardes, de le placer au milieu
d'eux, il faillit périr. Pour l'atteindre jusqu'au
milieu des chevaux dont il était entouré, il y
avait des furieux qui, au risque de se faire écraser
par les chevaux, se traînaient en rampant pour
lui donner un coup d'épée, un coup de couteau,
pour l'atteindre enfin... Les femmes, les enfans,
les vieillards, tous ceux qui, par leur faiblesse,
ne pouvaient parvenir jusqu'à la victime, l'in-
juriaient par des imprécations et la couvraient
d'immondices et de fange... En arrivant à l'hôtel
des gardes-du-corps, le malheureux avait plus
de quarante plaies, et le peuple rugissait de fureur de ne pouvoir l'achever ; ce ne fut qu'avec
grande peine que l'on parvint à le calmer. Le
prince de la Paix fut aussitôt emmené à Villa-Viciosa, et remis à la garde du général marquis
de *Castelar*.

C'est à présent que commence une intrigue

malheureusement ourdie pour la gloire de l'empereur, et surtout plus malheureusement ac-
complie. Il fut dit, en France, que tant que
Ferdinand serait en Espagne on n'en pourrait
rien espérer. Il fallait donc l'attirer en France.
Le caractère loyal de Murat ne permettait pas
de lui donner un pareil emploi; il fallait une
personne plus inférieure et plus obéissante; mais
au moins fallait-il choisir un être qui eût sur
l'Espagne et sur l'homme qu'on voulait diriger
quelques notions préparatoires. Si Murat ne connaissait pas l'Espagne, lui personnellement, il
avait auprès de lui des individus qui étaient
presque Espagnols... M. de La Vauguyon, aujourd'hui le duc de La Vauguyon, était Castillan, pour ainsi dire, par sa famille... lui-même
parlait espagnol comme un naturel du pays...
Son père avait été ambassadeur de France
à Madrid, et il y était fort estimé. Toutes
ces choses étaient beaucoup pour le moral
des affaires. Plusieurs personnes alors en Espagne se trouvaient dans une position à peu
près semblable à celle de M. le duc de La Vauguyon, et pouvaient servir l'empereur et leur
patrie, si leur mission eût été honorable[1];

---

[1] J'affirme que M. le duc de La Vauguyon ne se serait
chargé d'aucune mission indélicate. Mais alors on pouvait

mais à cette dernière condition, car je crois connaître assez bien plusieurs d'entre eux pour être
sûre que la basse intrigue employée pour attirer
Ferdinand VII hors de son royaume eût été re-
jetée par leur conscience ; mais tout le monde
ne fut pas si difficile ni si craintif. *Honneur aux
braves !...*

Le peuple espagnol était à cette époque dans
un état digne d'une étude particulière. Après la
terrible révolution d'Aranjuez, calmé par l'arrestation de Manuel Godoï dont il espérait le
jugement, le peuple avait cette sorte de tranquillité qui n'est pourtant qu'un sommeil passager procuré par un calmant donné dans une
forte crise. Napoléon , dont l'œil exercé connaissait les indications de cette fièvre populaire
dont la violence est si redoutable, commença
cependant dès lors à ne plus être aussi infaillible
dans ses aperçus ; il erra complètement sur les
affaires d'Espagne, et, comme nous allons le voir
tout à l'heure, les succès qu'il remporta lui-
même sur les Anglais et les premières armées

---

suivre une marche droite, la seule à mettre en pratique, ainsi
que le disait sans cesse Junot, et ce qu'il écrivit à l'empereur
dans deux longues lettres confidentielles qu'il lui adressa aussitôt son arrivée à Lisbonne. Il connaissait le pays, et pouvait donner de bons avis.

insurgées achevèrent de troubler ses idées relativement à l'état de l'Espagne, et nous perdi-
rent avec lui. Mais n'anticipons pas.

Au moment où les Espagnols attendaient que
l'empereur, qui était déjà intervenu pour sauver
le prince des Asturies, achevât son ouvrage en faisant instruire sous ses yeux le procès de Godoï, on
vit arriver à Madrid, et le jour d'après à Aranjuez,
le général Savary, avec *l'invitation* au roi Ferdinand VII d'aller joindre l'empereur à *Burgos*,
où Sa Majesté devait déjà être rendue. Du reste
aucune lettre de l'empereur. Je dois faire remarquer ici que Ferdinand n'avait pas encore été
reconnu roi d'*Espagne* par Napoléon, et qu'*il ne
l'a jamais été*. L'empereur ne lui a donné dans
ses lettres que le titre d'*Altesse*, et c'était pour obtenir cette reconnaissance que Ferdinand se détermina après *sa première entrevue* avec le duc de
Rovigo, à quitter Madrid pour aller au-devant de
l'empereur, que le malheureux prince regardait
comme son sauveur... Ils avaient tous un esprit
de vertige.

Mais le jour d'après, au moment du départ, la
veille au soir, les cinq ministres ' étant réunis

' Les cinq ministres étaient alors : don Pedro Cevallos,
don Francisco Gil de Lemos, don Miguel Joseph de Azanza,
don Gonzalo O'Farril et don Sebastien Pinuela.

dans la chambre du roi, on donna connaissance
de la demande OFFICIELLE du général Savary,
par *l'ordre exprès* de l'empereur, d'exiger LA MISE
EN LIBERTÉ du prince de la Paix... Cette demande
fit enfin ouvrir des yeux trop long-temps fermés...
mais ce demi réveil, toujours insuffisant comme
tout ce qui résulte d'un premier mouvement en
Espagne, n'aboutit qu'à donner l'idée de ne pas
quitter Madrid si le duc de Rovigo insistait pour
la remise du prisonnier ; mais vraiment il n'avait
garde... il savait bien où le trouver, et dans ce
moment de tourmente, il aimait autant même
que les murs de Villa-Viciosa le renfermassent,
que de l'avoir avec lui à Madrid. Aussi dès les
premières paroles du général O'Farrill et de
don Miguel Azanza, l'un ministre de la guerre et
l'autre des finances, s'empressa-t-il d'assurer de sa
soumission à la volonté de Ferdinand... [1] et cette
condescendance ne les avertissait de rien !...

Cependant un fait positif avait eu lieu plusieurs

---

[1] Il est bien singulier que ce ne soit pas Savary que l'on
ait mis dans le fameux catéchisme que les prêtres espagnols
avaient fait, et dans lequel la trinité du mal était représentée par l'empereur, Murat et Godoï (je donnerai tout à
l'heure ce catéchisme); cela prouve que le sang *tache* de
manière à ne pas s'effacer. Voilà l'offenseur... c'est celui-là
qui, le 2 mai, a dit... tuez!

jours avant le départ de Ferdinand VII. Le capitaine général de la Nouvelle Castille, don Francisco Xavier Negrete, vint avertir le ministre de
la guerre O'Farrill que le grand-duc de Berg lui
avait dit, à lui-même, marquis de Negrete, qu'il
ne reconnaissait *que Charles IV pour roi d'Espagne.* O'Farrill monta sur-le-champ dans la
chambre de Ferdinand, qui alors était avec le
mayordomo-mayor, duc de San-Carlos, et don
Juan Escoïquitz, conseiller d'Etat et autrefois
instituteur, c'est-à-dire pour nous précepteur
du prince des Asturies. En écoutant O'Farrill le
roi pâlit... il regarda le marquis de Negrete avec
une anxiété douteuse qui porta celui-ci à répéter
ce qu'il venait de dire au ministre de la guerre...
Le roi fut alors tout-à-fait interdit.

— *Veremos... veremos!...* dit-il enfin. Hélas! c'é-
tait une suite de cette *cécité* morale qui le conduisait dans l'abîme malgré les bâtons qu'on lui
mettait dans la main pour l'empêcher de tomber...
Malgré ces avertissemens, le frère du roi, l'infant don Carlos [1], héritier présomptif, puisque

---

[1] On ne sera peut-être pas fâché de trouver ici les noms de
tous ceux qui ont accompagné l'infant don Carlos.

Le duc de Hijar; don Antonio Correa, gentilhomme de
la chambre; don Pedro Macanaz, don Pasqual Vallejo,
secrétaires; et don Ignacio Correa, chambellan. Déjà, depuis

Ferdinand n'avait pas d'enfant, précéda son frère, et quitta Madrid avant lui, et malgré tous les avertissemens que la raison pouvait lui donner, il suivit son exemple et quitta Madrid [1] avec Savary, pour aller au-devant de l'empereur, qui, selon le duc de Rovigo, devait *être à Burgos.* Avant de sortir de Madrid, Ferdinand nomma une junte sous la présidence de l'infant don Antonio et la conduite des ministres, car il n'emmenait avec lui que don Pedro Cevallos, son ministre secrétaire d'Etat.

Je ne sais si la mémoire de ceux qui alors allèrent en Espagne est encore frappée du souvenir de l'infant don *Antonio Pasqual;* quant à moi, je me le rappelle parfaitement : c'était un brave et digne chrétien, mais un président de junte!... un chef de gouvernement, et dans des circonstances comme celles où se trouvait alors l'Espagne!... Un des grands plaisirs de S. A. R. était de raccommoder de vieilles bottes... occupation qui pour lui ne chômait jamais, car son digne et

uelque temps, le roi d'Espagne avait envoyé auprès de empereur une députation pour le complimenter, composée de MM. les ducs de Frias et de Medina-Celi, et le comte de Fernand Nunez, duc de Montellano. Ces trois personnages ont les chefs des premières familles du royaume.

[1] Le 10 avril 1808.

royal frère ne le laissait pas manquer d'ouvrage...
Pauvre Espagne!... heureusement encore pour
elle qu'elle avait des hommes comme O'Farrill et
comme Azanza!... mais on leur liait les mains...
on les bâillonnait... et leur bonne volonté fut
tout ce qu'ils purent donner à leur patrie.

Nous voici maintenant arrivés à cette époque
extraordinaire dans les fastes de l'histoire, et dont
nulle relation ne nous présente la double image,
si ce n'est peut-être le *Nicomède* de Corneille, s'il
se trouvait dans le drame de Bayonne autre chose
que des *Prusias.* Après la première conversation
que l'empereur eut avec le père, le fils et le Saint-
Esprit (le Godoï), il dit en rentrant dans son
appartement :

— Ces gens-là sont stupides, que cela passe
l'imagination.

Et il avait raison... aucun d'eux n'était inté-
ressant même dans son malheur personnel.

Ferdinand partit de Madrid, *escorté* par Savary, pour aller trouver l'empereur. Il emmenait
avec lui le duc de l'Infantado, président du conseil de Castille; le duc de San-Carlos, mayordomo-mayor; le marquis de Muzquiz, ambassadeur d'Espagne en France avant les évènemens;
don Pedro Labrador, ex-ministre plénipotentiaire près du roi d'Etrurie; don Juan de Escoï-

quitz, archidiacre d'Alcaraz, son ancien précepteur; le comte de Villariezo, capitaine des gardes-du-corps, et les marquis de Guadalcazar, de
Ayerbe et de Feria, gentilshommes de la chambre... J'ai nommé toutes ces personnes dont j'ai
la liste, pour faire voir que Ferdinand VII n'était
pas du tout *seul* à Bayonne, ainsi qu'on a bien
voulu le dire. Ajoutez à tous ces noms ceux de
la députation que je viens de donner, le cortége
de l'infant don Carlos, tous ceux que l'empereur
manda pour cette junte qui fut tenue à Bayonne,
et vous aurez la preuve que l'Espagne presque entière, et l'on peut dire ce mot avec l'esprit qu'elle
avait alors, était à Bayonne en ce moment-là... Ce
qui me fait répéter que si dans ce tribunal, formé
par la noblesse de toutes les Espagnes, on avait
fait le procès d'un homme essentiellement là
cause de la ruine de sa patrie, l'empereur se serait ouvert les portes de l'Espagne au lieu de
faire élever des remparts devant ses pas.

Il y a dans toutes ces affaires de la Péninsule
un obscur mystère qui fait à une âme honnête
une douleur vive et brûlante. Comment Napoléon a-t-il pu ourdir une pareille trame?... Comment, voulant placer un de ses frères en Espagne,
n'a-t-il pas attendu trois mois?... Mon Dieu!...
ne savait-il pas que rien n'est plus vaste que

l'horizon de l'espérance?... tant qu'elle n'est pas remplie, l'objet de cette espérance est beau de toutes les perfections... Tant que l'Espagne n'a pas eu Ferdinand, elle le croyait un second Alphonse... une seconde Isabelle... Voyez ce qui en est résulté d'une connaissance plus intime... Plus l'empereur avait mesuré l'incapacité de Ferdinand, plus il devait le donner aux Espagnols... Trois mois ne se seraient pas écoulés que les cris de 1823 se seraient fait entendre.

Bien loin de marcher dans le sens du mouvement l'empereur voulut le briser... il a vu ce qu'il lui en avait coûté.

Ferdinand arrivé à Bayonne fut reçu par l'empereur avec une cordialité qui devait lui enlever tout soupçon. Le fait réel, c'est que Napoléon avait ici une intention que la venue des vieux souverains changea totalement : je ne parlerai pas des scènes de Bayonne ; non seulement elles sont fidèlement relatées dans les Moniteurs du temps, et puis il y avait une foule de personnes qui ont écrit alors à Paris, et jamais une circonstance de l'époque ne fut relatée aussi publiquement... mais je parlerai de plusieurs scènes de Madrid moins connues, parce que l'empereur mettait lui-même un voile sur elles...

Les premières étincelles du feu qui dévora la

Péninsule furent lancées par beaucoup de
mains. Le premier motif et le plus important fut la demande faite par l'empereur de
la mise en liberté du prince de la Paix, qui était
alors en prison au château gothique de Villa-
Viciosa, et gardé à vue par des gardes-du-corps,
toujours en grand costume, bas rouges et mousqueton au bras [1]. A la première demande que fit
le grand-duc de Berg, du prisonnier, la junte
refusa positivement, donnant pour motif qu'elle
n'avait aucun ordre du roi son maître et seigneur.
Or, tel était le parfait arrangement de ce beau
royaume d'Espagne, qu'il était incertain pour
beaucoup d'Espagnols de savoir quel était le
véritable *maître et seigneur.* Une lettre du roi
Charles IV à son royal frère, le bon Pasqual
Antonio, qui pleurait d'un œil tandis qu'il avait
l'autre à ses vieilles semelles, annonçait *que le
même jour* où il avait abdiqué, contraint par la
violence et par la force, il avait envoyé à l'empereur des Français une protestation des plus
positives : en conséquence il priait son frère
de faire connaître à ses peuples que *leur bon roi*

---

[1] Les gardes-du-corps du roi d'Espagne Charles IV
étaient habillés comme du temps de Philippe V. Il en était
d'eux comme de tout le reste, pas un pas en avant.

allait de nouveau consacrer sa vie entière à leur bonheur.

Pour peu qu'il eût ajouté que le *Manuelito* revenait aussi au pouvoir, toute la nation émigrait elle-même, en Amérique cette fois.

Voici cette protestation faite par le roi Charles IV au moment de l'insurrection même d'Aranjuez :

« Je proteste et déclare que mon décret
» du 19 mars, par lequel j'abdique la couronne
» en faveur de mon fils, est un acte auquel j'ai
» été forcé pour prévenir de plus grands mal-
» heurs et l'effusion du sang de mes sujets bien-
» aimés. Il doit en conséquence être regardé
» comme de nulle valeur.

» Aranjuez, 21 mars 1808. »

» MOI LE ROI. »

Le même jour le roi Charles IV écrivit à l'empereur Napoléon en lui adressant cette protestation et implorant son appui comme *seul capable de faire son bonheur, celui de toute sa famille et de ses fidèles et bien-aimés sujets.*

¹ La longueur de la lettre m'empêche de la transcrire ici dans son entier. Je l'ai sous les yeux en ce moment, et je remarque surtout ce mot : *leur bon roi.* Sans doute il était bon... et si bon que... on connaît le proverbe italien.

E tanto buono che non val niente.

Maintenant, pour parlér avec vérité, qu'on se mette un moment à la place de l'empereur, ainsi appelé à juger entre le père et le fils, dont l'un est un vieillard imbécile et l'autre un méchant fils et un pauvre roi... Du reste la réception que fit l'empereur à Ferdinand lorsque celui-ci était en son pouvoir et qu'il n'était plus besoin de feindre, prouve néanmoins qu'il lui portait une sorte d'intérêt. Mais après les diverses conférences où le père et la mère accablèrent le fils usurpateur de tout le poids de leur dignité paternelle indignement violée et sans nulle réparation, l'empereur ayant vu, selon son expression, qu'il n'y avait aucune grandeur d'âme, nul cœur dans cette poitrine de roi, changea aussitôt de sentiment, et les affaires d'Espagne commencèrent. Voilà du moins ce que dit l'empereur, et moi, qui ai la connaissance de tous ces individus, qui ai de plus le sentiment exprimé par une multitude de personnes employées activement dans ce grand drame, je suis assez portée à le croire.

« *Je puis bien vous donner des nouvelles de Madrid et des aimables femmes auxquelles vous m'avez recommandé, m'écrivait Belliard, mais pour vous parler des affaires, c'est autre chose : il faudrait pour cela que nous vissions autour de nous d'autres autorités que des rois absens, et une reine*

présente qu'on appelle une Junte, et qui, en femme
bien apprise, dit toujours qu'elle ne peut rien faire
sans son mari.»

C'était une vraie cour du roi Pétaud à laquelle
il manquait le maître.

Tandis que le père et le fils se rencontraient
dans le cabinet de l'empereur à Bayonne, et que
les cheveux blancs du vieillard insulté faisaient
plier le genou à l'enfant rebelle, on demandait
à Madrid le plus coupable de tous, le prince de
la Paix. J'ai déjà dit que la junte l'avait refusé,
sous prétexte que le roi n'avait pas donné d'ordre; mais le roi de la junte ravi d'une politesse,
enchanté de ce que le prince de Neufchâtel venait lui demander le mot d'ordre[1] pour le service
de la place de Bayonne, *rendait l'empereur maî-*
tre du sort du prince de la Paix (expressions lit-
térales de Ferdinand), et les délibérations de la
junte devinrent dès lors inutiles. L'infant don
Pasqual Antonio, et le doyen de la junte, don
Gil, délivrèrent l'ordre de le mettre en liberté.

[1] Don Pedro Cevallos écrivait à la junte, en date du
20 avril, de Bayonne, que l'empereur avait envoyé le
prince de Neufchâtel pour recevoir de lui le mot d'ordre
pour le service de la nuit. Ainsi, cette marque futile était,
ainsi que la réception, l'objet d'une lettre, et tous les antécé-
dens n'étaient rien!... Aveuglement!!...

Un officier français attaché à l'état-major du grand-duc de Berg partit donc de Madrid dans la soirée du 25 avril pour se rendre à Villa-Viciosa; il avait avec lui un escadron de dragons français pour servir d'escorte au prisonnier.

Je tiens les détails qu'on va lire d'une personne présente et active dans cette scène d'un drame si étrange.

Le château de Villa-Viciosa¹ est une des demeures royales les plus antiques de l'Espagne. Son architecture est d'un genre remarquable, et inestimable pour sa beauté gothique strictement pure. Ferdinand VI affectionnait particulièrement cette demeure. Il y allait souvent; mais ses successeurs l'ont abandonnée. Ainsi donc, au moment où elle servit d'habitation forcée au prince de la Paix, elle était doublement triste comme prison et comme demeure. Lorsque M. de .... arriva, il fut frappé de l'aspect lugubre de ces longues galeries, de ces voûtes noires et humides, éclairées seulement par *ces hachas*² de cire jaune dont on se sert en

---

¹ Il est à trois lieues de Madrid, sur la route de Cuença; c'est un bel édifice gothique.

² Ce sont d'énormes torches en cire jaune ou blanche, mais plus souvent jaune quand on illumine au dehors surtout. C'est un grand luxe d'en mettre beaucoup aux fenêtres

Espagne, et qui donnent à tout la physionomie d'un sépulcre. A chaque détour de ces longs cloîtres, on voyait des groupes de gardes-du-corps dans la plus grande tenue, occupés avec un soin royal de garder cet homme sur la tête duquel était assumée en cet instant toute la haine de l'Espagne. J'ai déjà dit que c'était le marquis de Castellar qui avait le soin de sa garde. Mais ce que je n'ai pas encore dit , c'est qu'il avait avec lui, pour le même objet, un homme qui rendit son nom bien fameux quelques mois après; c'est don Joseph Palafox, alors brigadier des armées du roi d'Espagne. Lorsqu'il vit arriver, à une heure aussi avancée, un officier du grand-duc, il parut étonné, et apprit avec regret que c'était pour la remise du prisonnier. Une particularité assez singulière, c'est que cet officier avait des sujets de plainte contre Godoï. Il connaissait particulièrement Palafox.

— Il me faut le prisonnier, dit-il à son ami.

L'autre secoua la tête.

— Je crois qu'il dort... dit-il enfin. Il faut le prévenir avec circonspection, car il serait capable de se trouver mal avant d'arriver à la voiture.

et aux balcons; il y a des cercles en fer pour les tenir : il y en a de grosses comme le bras.

XI.   13

M. de L........., qui était brave comme son général, releva sa belle tête avec un sourire inconcevable... Peur !... un homme avoir peur !... C'était pour lui une fable ridicule. Palafox sourit aussi... mais tristement... le noble jeune homme voyait dans chaque verrou tiré pour faire sortir *ce roi manqué*, ce privado, un fléau de plus déchaîné sur sa patrie.

Arrivés au bout d'une longue et sombre voûte, Palafox s'arrêta devant une porte grilléc, aux deux côtés de laquelle étaient des gardes-du-corps en faction, en grande tenue, et comme les premiers qu'avait vus M. de L......... avec leurs bas rouges... leurs grands paremens... le baudrier... mais de plus ceux-ci avaient le mousqueton chargé au bras... En approchant de la porte, Palafox fit du bruit et frappa en appelant... néanmoins, quelques précautions qui furent prises, ce que voulait éviter le gardien pitoyable eut lieu ; le prisonnier étant éveillé à cette heure de la nuit, fit une sorte de cri, et se crut mort... On entra chez lui, et ce fut avec peine qu'au milieu de son trouble on parvint à lui faire comprendre que jamais il n'avait été plus en sûreté que sous la garde et l'honneur d'un officier français et d'un escadron de dragons... Toutefois l'annonce de sa liberté, car enfin c'était *sa liberté*, lui causa une joie qui fut probablement cause du très pitoyable état dans lequel il était... Il voulait partir en chemise... il oubliait son habit... son chapeau... c'était un délire... Puis, il prenait les mains des gardes qui étaient le plus près de lui... il les serrait... il leur recommandait ses intérêts... sa vie...

— Mais, lui disait Palafox, Votre Excellence n'est plus sous notre garde... elle est sous celle de M. de L......... qu'elle n'ait aucune crainte...

Ce fut alors que Godoï, entendant le nom de M. de L... fit un mouvement qui indiquait *la peur*, car, pour écrire comme pour dire le vrai mot... *il avait peur*... Il ramena sur lui son manteau et se disposa à marcher pour sortir d'une prison qu'il avait cru ne quitter que pour aller à l'échafaud, ou, ce qui est plus affreux, aux *presidios d'Afrique* [1].

J'ai pensé souvent qu'on pourrait faire un tableau de cet instant. Les voûtes sombres du château... ces masses de lumière jetées çà et là dans l'ombre, et tombant par jets sur les figures plus ou moins expressives des gardes-du-corps dans leur costume pittoresque... avec leurs bas rouges, le baudrier... tout cet uniforme rappelant

[1] Ce sont nos galères, mais plus horribles encore si cela est possible.

le grand roi dans cette demeure que son descendant abandonnait pour en faire une prison...
puis la noble figure de M. de L... contras-
tant avec son air calme avec le visage boule-
versé de Godoï... cette expression de terreur au
lieu d'un état qui devait être joyeux, ou tout
au plus insouciant... Puis, à côté de lui, don
Joseph Palafox '... avec toute l'auréole qui depuis entoura cette tête patriotique... Don Joseph
était bien... il avait cette beauté qu'on ne trouve
qu'en Espagne... Là ce n'est pas dans la grâce
que nous connaissons, cette grâce de manières
qui est, du reste, bien rare et presque inconnue
à présent parmi nous, qu'il faut chercher la
beauté... Chez les Espagnols, la grâce consis-
tera, dans une femme, à arranger sa mantilla, à
l'ouvrir, à la fermer avec son éventail, marcher
ayant *el cuerpo* plus ou moins *a tras* ', et pour
les hommes dans la façon de porter le manteau, de le jeter sur l'épaule, et dans quelques
provinces, dans l'agilité avec laquelle ils lancent

' C'est le même qui fut se renfermer depuis dans Sarragosse, et qui combattit si long-temps contre mon mari.

' *El cuerpo a tras...* littéralement *le corps en arrière*. Les
Andalouses sont merveilleusement charmantes en raison de
ce *cuerpo a tras*. On les reconnaît à leur démarche, au
Prado.

la navaja. Palafox était un des hommes de Madrid possédant le mieux toutes ces qualités... il était jeune, élégant, et avait un noble cœur. Si ce tableau était confié aux soins d'un artiste comme, par exemple, les frères Scheiffer... ou bien M. de Quesnes, un de ces artistes à l'âme élevée, à l'esprit d'or, à l'imagination poétique, je crois qu'il pourrait en sortir quelque chose de très beau.

Lorsque le prince de la Paix sortit de Villa-Viciosa, il tremblait... il trembla pendant le très court trajet qu'il lui fallut faire pour arriver au camp des Français, que* le grand-duc de Berg avait établi à la Floride, dans la maison de la marquise de ......, située sur la hauteur...Il trembla surtout lorsqu'il passa près de Madrid. Il n'était pas jour encore, et le malheureux se courbait dans la voiture pour n'être pas aperçu d'un paysan passant sur la route... Il tremblait encore lorsqu'il arriva près du grand-duc de Berg.

J'ai dit que lorsque le *Moniteur parlait je me taisais*, pour ne pas faire de répétition ; à moins cependant que je n'eusse entre les mains *des pièces authentiques* contredisant le *Moniteur*, comme cela m'arrivera quelquefois ; le *Moniteur* se tait lorsque les pièces qu'il peut donner ne sont pas selon la volonté de l'empe-

reur... et voilà ce qui est souvent arrivé dans les
guerres d'Espagne et de Russie... Quelquefois
même les Espagnols se contredisent *eux-mêmes*...
étant contemporains et ayant été ministres ensemble. C'est ce que nous avons vu entre don
Pedro Cevallos et don Joseph Azanza et Gonzalo
O'Farrill... Don Pedro Cevallos, en publiant,
en 1814, un exposé de sa conduite, relate des
faits que réfutent quelquefois avec la force
double de deux hommes d'honneur unis ensemble,
le duc de Santa-Fé (Azanza) et O'Farrill.

Ainsi don Pedro Cevallos dit dans son exposé
*que le bailli don Antonio Gil, secrétaire d'Etat
et membre de la junte*, s'opposa *à la remise des
prisonniers.*

Personne ne s'opposa à la remise du prisonnier. Personne n'eut de volonté. L'infant don
Antonio pouvait seul le faire, et il ne le fit pas...
il avait peur... peur comme *toute l'Europe*... Il
est bien facile de parler aujourd'hui que le géant
est tombé... mais alors...

Lorsqu'on mit en délibération dans la junte
si Godoï serait rendu sans un ordre *librement*
émané du roi, sans doute la junte entière, et
le général O'Farrill lui-même et le brave et loyal
Azanza les premiers, témoignèrent une vive ré-
pugnance à délivrer un homme dont le châtiment,

quel qu'il fût, devait contenter l'Espagne; mais il
n'y eut *aucune résistance* formelle; je le répète,
pas même de la part du président, de l'infant don
Antonio... Don Pedro Cevallos a eu dans son
exposé la très mauvaise politique de se disculper
aux dépens des autres [1]. Cette conduite n'est pas
celle que doit tenir un noble Castillan, et envers
qui d'ailleurs ?... Il est difficile de trouver deux
hommes réunissant, comme Azanza et O'Farrill,
des talens remarquables de l'homme d'Etat et les
vertus de l'homme privé... Il faut une extrême
circonspection pour parler d'un individu dans la
position de ceux que je viens de nommer, et puisque je viens de tracer leurs noms, je me dois à
moi-même d'ajouter quelques lignes pour donner
leur biographie.

Don Gonzalo O'Farrill avait plus de trente-six
ans de services militaires, en 1808, au moment
où le roi Ferdinand VII le nomma d'abord
commandant en chef de l'artillerie, puis ministre
de la guerre... Il avait servi à Oran, à Mélilla,
Mahon et Gilbraltar... Il avait voulu servir comme
volontaire lorsque, en 1780, on méditait une
descente en Angleterre... Il parcourut la France...
vit ses écoles, s'instruisit, et rapporta dans sa

---

[1] Page 85, don Pedro dit : *pour rendre hommage à la vérité...*

patrie les trésors de la science... Il fit les campagnes de 93 et 94... fut blessé à Tolosa, à Lecum-
berri... fut quartier-maître général de l'armée
de Catalogne en 1795, remporta plusieurs victoires, fut ensuite chef de l'Ecole militaire d'A-
vila et de celle des Cadets... Toutes les fois qu'une
junte militaire était en exercice il en était le président; et son avancement depuis le grade de
capitaine jusqu'à celui de lieutenant général, s'est
fait en temps de guerre... puis il fut ministre
plénipotentiaire à Berlin... parcourut l'Allemagne, l'Italie, la Suisse, l'Angleterre, récoltant
partout de nouvelles connaissances, et comme
une abeille rapportant tout le miel de sa récolte
à la ruche.

Envoyé près de la reine d'Étrurie, pour la
garder pour ainsi dire, la conduite d'O'Farrill fut
celle d'un Castillan du temps d'Isabelle... Il revint en Espagne peu de jours avant les affaires
d'Aranjuez... Il avait le droit de donner un
avis... On a vu plus haut ce qu'il dit au prince
de la Paix. Ferdinand VII eut au moins le bon
esprit de l'apprécier, et le nomma ministre de
la guerre, en remplacement de Félieu, le 5 avril
1808... Pendant l'ouragan terrible qui gronda
autour du trône chancelant de Ferdinand, O'Farrill eut une admirable conduite, ainsi que don

Joseph Azanza... Il suivit le cours du torrent qui entraînait une barque en dérive... Plus tard il crut que pour le bien du pays il fallait se soumettre à un pouvoir qui alors n'avait aucun doute sur sa force et sa durée : avait-il tort? non.

O'Farrill avait neuf frères... une charmante famille dans laquelle il pouvait vivre heureux... Le bonheur pour lui était dans la retraite, le malheur dans sa vie politique... J'ai une profonde estime pour O'Farrill... Il n'a pas laissé de fortune.

Il est oncle de madame la comtesse Merlin, que nous connaissons tous, à Paris, pour une belle, spirituelle et harmonieuse personne.

« Don Miguel Joseph de Azanza sert *son pays* et son roi depuis 1768, disait-il lui-même en 1814; il a toujours donné des preuves de loyauté... jamais de perfidie... »

Dans sa jeunesse, Azanza parcourut l'Amérique septentrionale, pour la connaître, et *la connaître bien.* Cette volonté de s'éclairer était déjà à cette époque une pensée très remarquable pour un Espagnol... Une autre pensée non moins belle, fut de faire la guerre comme volontaire au siége de Gibraltar... Il fut ensuite chargé d'affaires à Pétersbourg, à Berlin... puis intendant des provinces de Salamanque et de Toro... cor-

régidor... intendant d'armée à Valence et en
Murcie. En 1795, malgré sa jeunesse, il fut
chargé d'emplois tout-à-fait importans, et enfin,
la même année, nommé au ministère de la
guerre. Quelque temps après il fut fait vice-roi,
gouverneur et capitaine général de la Nouvelle-
Espagne... En 1799, appelé au conseil d'État,
et le 21 mars 1808, Ferdinand VII le nomma
ministre des finances... En suivant une route
ainsi bordée de grandeur, on croirait qu'Azanza
est au moins dans un état de fortune qui assure
sa tranquillité... non... l'ingratitude a été le
guerdon octroyé par Ferdinand... et celui qui
fut pendant quarante ans un loyal et fidèle Espagnol, se voit aujourd'hui chassé de sa patrie,
n'ayant pour tout bien qu'une de ces conscien-
ces qui consolent de tout [1].

Voilà quels sont les hommes qui furent par
leurs talens et leurs lumières les plus en état de
conduire l'Espagne, dans ces temps de troubles
et d'orages. L'empereur les connut bientôt dès
que son œil d'aigle les eut fixés... Aussi furent-ils
les ministres de Joseph... Mais n'anticipons pas...
Je m'arrête peut-être un peu long-temps sur cette

[1] Azanza, maintenant duc de Santa-Fé, avait épousé une
femme très riche; sa fortune a été épuisée par son mari
au service de l'État; c'est un fait positif.

époque, mais elle est bien importante pour l'Europe entière, et je suis positivement sûre des documens qui me guident dans ma relation.

Tandis que don Manuel Godoï quittait l'Espagne pour aller tromper l'habileté de l'empereur, qui mit le comble à la fureur et à l'exaspération des Espagnols, en acceptant cet homme tout chargé d'anathème pour traiter avec Duroc, et faire avec lui le traité d'abdication de Charles IV; tandis qu'il allait chercher une nouvelle humiliation, car il allait chercher la vie et la demander avec lâcheté, il se passait dans sa propre famille un de ces évènemens peu connus en raison du peu de renommée personnelle de l'individu, et qui pourtant mérite d'être conservé.

Après les journées d'Aranjuez, tout ce qui appartenait au prince de la Paix se cacha, et prit la fuite pour échapper à la colère du peuple, car, dans sa furie, il confondait l'innocent et le coupable; et sa mère et ses sœurs étaient comprises dans la même proscription [1].

La mère du prince de la Paix, doña Antonia [2], était un de ces êtres dont la nature

---

[1] Le plus coupable de tous, don Eugène Yzquierdo, était revenu en France.

[2] J'ai oublié son nom de famille, mais elle était de la famille de Sotomayor.

tient bien plus de l'ange que de la femme. C'était
une piété toute de foi, de charité... une âme de
sainte enfin. Dans le temps de la prospérité de
son fils, elle faisait du bien, lui demandait des
grâces, et vivait dans ce monde de malheur au
milieu d'un cercle de bénédictions quotidiennes.
Mais elle était modeste, ignorée, ne faisant nul
bruit, et se contentait de savoir qu'elle remplissait son devoir de chrétienne. Ses deux filles,
la comtesse de *Fuente-Blanca* et la marquise de
Branci-Forte, suivaient son exemple, et quittaient
peu leur mère. Après la révolution d'Aranjuez,
doña Antonia quitta la Castille et voulut retourner chez elle à Badajoz; elle partit, et n'emmena
avec elle que la comtesse de Fuente-Blanca [1]. La
première partie du voyage se fit assez paisiblement... mais arrivée à *Talaveyra la Reyna*, la
scène changea, et la mort faillit se venger de
son insuccès d'Aranjuez.

Un des domestiques de doña Antonia eut l'imprudence de la nommer... A ce nom de *Godoï*...
à ce nom que l'exécration publique avait stig-
matisé, le peuple s'émeut... quelques voix blas-
phèment... d'autres les suivent... on parle de
mort... et dans l'espace de quelques minutes la

[1] Son mari était *assistente de Séville*.

maison où logeait doña Antonia est entourée...
les portes brisées... on pénètre dans l'appartement où la respectable femme était en prière...
on l'en arrache... on l'entraîne... la populace,
ivre de fureur, se rue sur elle... on la frappe au
visage... on l'insulte...

Muera... muera... la madre del Godoï... et les
enfans lui jetaient des pierres... les femmes lui
déchiraient ses habits... et les hommes l'entraî-
naient, en la frappant, vers le Tage, dont les eaux
bouillonnantes baignent les murs de la ville...
encore quelques instans et la sainte subissait le
martyre...

Tout-à-coup une femme accourt avec la vitesse
que peut lui permettre le tremblement de tous
ses membres... Elle perce la foule, brave les coups,
les insultes, elle braverait la mort... elle parvient
à la victime, la prend dans ses bras, la couvre de
son corps...

—Malheureux! s'écrie-t-elle, c'est ma mère!...
Et ce cri déchirant qui sort de l'âme d'une fille
au désespoir retentit comme la voix de Dieu au
milieu de ce tumulte d'enfer!...

—Vous voulez la tuer!... poursuit-elle en regardant autour d'elle et jetant sur les assassins de sa
mère des regards de flamme, vous voulez la
tuer!... et que vous a-t-elle fait? répondez...

La foule, interdite par l'arrivée inattendue de la comtesse de Fuente-Blanca, qui était absente de la maison au moment où l'on en avait arraché sa mère, et qui accourait pour la sauver ou mourir avec elle... la populace, toujours impressionnée par une vive allocution, et surtout par l'accent de l'âme, demeura un moment en silence devant cette jeune et belle femme, échevelée, les joues alternativement pâles et pourpres, et tremblante de sa profonde émotion ; mais cet effet fut passager...

— C'est la mère de Godoï, s'écriait-on de toutes parts... c'est la mère de Godoï !... *Al Tajo... al Tajo !...*

— Vous ne la toucherez pas... s'écria la comtesse de Fuente-Blanca. Oh ! mon Dieu, vous *ne toucherez pas* ma mère !... ma mère ! qui fut toujours celle de tous les malheureux de l'Espagne !...

— Ma fille, disait doña Antonia, ma fille, ne vous exposez pas pour moi... si Dieu m'a retiré sa bonté, je ne puis lutter avec la mort... laissez-la venir... elle ne me sera pas amère... car je n'ai aucun reproche à me faire.

Et, la vertueuse femme était en effet comme un de ces êtres privilégiés du ciel, qui passent au travers de nous avec cette résignation au malheur que le ciel seul peut donner... Le peuple fut frappé de ce calme à l'heure extrême et au dernier soupir de la vie. Peu à peu les cris diminuèrent de violence; la furie de la tempête se calma, et au tumulte de mort succéda le silence... quelques voix seulement s'élevèrent encore, et la fille courageuse allait remporter une victoire doublement grande, car elle avait fait taire les cris de la vengeance et de la haine excités par l'esprit de parti... Déjà les mains qui serraient la victime se détachaient d'elle, sa fille pouvait l'entourer de ses bras, lorsqu'une troupe de femmes la lui arracha avec une violence, et de nouveau les cris : —*Al Tajo ! al Tajo !*... se firent entendre et firent frémir le cœur de la fille appelée à voir assassiner sa mère sous ses yeux.

— Vous ne la tuerez pas, s'écria-t-elle avec un redoublement de désespoir... ou vous me tuerez avec elle !...

— Eh bien! quand la sœur paierait aussi pour le frère!... s'écrièrent à leur tour les furies qui entouraient les deux malheureuses femmes.

Mais dans ce moment, la mère, qui avait été silencieuse et résignée sur son propre sort, se réveilla en voyant attaquer son enfant... elle repoussa avec une force surnaturelle tout ce qui la retenait, elle saisit sa fille, l'emporta, pour ainsi dire, avec elle, et regardant le peuple tout rugissant, elle semblait le défier. Le spectacle offert par cette mère et cette fille se défendant alternativement, fit sur la multitude un effet que la force n'aurait jamais produit. .. Les bras levés s'abaissèrent... la foule s'éloigna... on entendit encore des murmures, mais ils étaient sourds et l'injure à peine articulée... Bientôt les deux femmes se trouvèrent isolées de leurs bourreaux... elles s'éloignèrent en se tenant embrassées et se servant de mutuel soutien l'une à l'autre... Quelques voix s'élevèrent encore, mais elles furent aussitôt réprimées par la multitude... elle avait été soumise par une force à laquelle nulle autre ne résiste... par l'accent qui vient de l'âme.

Lorsque, quelques années plus tard, doña Antonia mourut, elle dut alors bien regretter la vie... cette vie qui lui avait été conservée par sa fille !

Quand on lui demandait quelles étaient ses pensées au moment où le peuple la traînait vers le Tage...

—Je priais pour eux, répondit-elle, car ils étaient égarés par la passion.

CHAPITRE VII.

Tandis que l'Espagne, agitée par de nouvelles
discordes, était au moment de voir se rompre

les digues qui contenaient encore la révolte, Paris
était toujours le lieu fantastique où les plaisirs
et les fêtes se renouvelaient à chaque heure avec
de nouvelles joies. La grande-duchesse de Berg
donna une mascarade où il y eut un quadrille
remarquablement joli. Ce quadrille est, à bien
dire, le premier qui puisse avoir le nom *de quadrille*... car celui qui avait été fait pour le mariage de la princesse de Bade n'avait aucune des
conditions requises pour s'appeler ainsi, si ce
n'est que nous étions quatre par quatre et ba-
riolées de rouge, de vert et de bleu. Cette fois-
ci la chose était autrement montée. La grande-
duchesse de Berg se mit bien comme l'autre fois
à la tête du quadrille; mais le costume choisi
fut beaucoup plus joli : c'était celui des paysannes
du Tyrol.

La jupe était fort courte... d'une étoffe de laine
rouge, et pour bordure une large bande gros bleu
sur laquelle étaient brodées des fleurs en laine
de couleur et en or. Le corsage était formé de
langes bretelles en étoffe pourpre comme la jupe,
et bordée d'une ganse en or. Ces bretelles étaient
posées carrément sur un corsage de chemise en
percale très fine et gauffrée à petits plis dans
toute sa hauteur, ainsi que les manches également en percale, et descendant au poignet sur

lequel elles fermaient par un bouton en or
émaillé. Sur la tête nous avions un voile en
mousseline de l'Inde extrêmement fine bordé
d'une broderie en lames d'or. Du reste aucun
bijou... Ce costume était charmant; il était
complété par des bas rouges à coins d'or.

La grande-duchesse avait mis dans son plan
de mascarade, je ne sais pourquoi, qu'il n'y aurait pas d'hommes dans les quadrilles de cette
fête. Nous étions seize paysannes tyroliennes
conduites par leur bailli, et ce vénérable personnage était représentée par mademoiselle Adélaïde
de Lagrange. La grande-duchesse fut néanmoins
trompée dans son calcul, comme on va le voir
tout à l'heure.

La reine de Hollande voulut aussi avoir son
quadrille; mais comme elle était au moment
d'accoucher ¹, elle voulut avoir un costume qui
dissimulât son état fort apparent et peu de mise
dans un bal, et elle choisit celui de vestale. En
avant de la troupe, sérieuse par état, on avait mis
une folie avec sa marotte... On verra qu'on ne rit
pas toujours avec l'emblème de la joie...

La grande-duchesse, par une pensée dont j'i-

---

¹ Elle était si avancée dans sa grossesse, qu'elle accoucha
le 20 avril dans la nuit... C'est du prince Napoléon qui est
actuellement près d'elle.

gnore la raison, ne voulut pas que le quadrille
se rassemblât chez elle, à l'Élysée-Napoléon, où
elle était alors. Ce fut chez moi que le rendez-
vous fut donné, et qu'il fut convenu qu'on se
réunirait avant d'aller à l'Élysée pour voir si
la troupe était complète. La grande-duchesse
donna des ordres à Despréaux, directeur des
ballets de la cour, et en effet, vers neuf heures,
j'eus chez moi, dans la grande galerie du rez-de-
chaussée de mon hôtel, une première représentation du quadrille à laquelle assistèrent ceux de
mes amis qui n'étaient pas invités à la fête de
la grande-duchesse; ils eurent même un incident
sur lequel j'étais loin de compter, et qui les
amusa fort, ainsi que moi.

J'étais donc chargée de rassembler tout le
troupeau masqué, de le rallier, et de prendre
avec lui le chemin de l'Elysée. Une fois rendu
au palais, le quadrille était introduit dans une
chambre particulière où nous devions trouver la
grande-duchesse et son bailli; puis nous faisions notre *entrée*, comme cela se dit en termes
de bal.

Il était dix heures et demie... le moment de
nous rendre au palais approchait; je comptai
mes masques... j'en trouvai quatorze, c'était bien
le nombre voulu; il y avait madame la comtesse

du Châtel, la comtesse Regnauld de Saint-Jean-
d'Angély, la princesse de Wagram, qui n'était pas
encore mariée, ou qui l'était seulement depuis
quelques jours... madame de Colbert... mademoiselle de La Vauguyon, charmante personne aussi
belle que bonne et gracieuse ; elle était venue chez
moi avec sa sœur, madame la princesse de Beauf-
fremont, qui l'avait accompagnée, car elle n'était
pas encore mariée avec M. de Carignan. Son frère
était alors aide-de-camp du grand-duc de Berg,
et en Espagne avec lui... Ensuite il y avait la baronne de Montmonrenci... puis plusieurs autres
dont j'ai oublié les noms... Je crois que la duchesse de Rovigo en était, mais je n'en suis pas
sûre.

Nous allions mettre nos masques, lorsque
M. Cavagnari [1] vint me dire tout bas qu'il y avait
dans la pièce voisine une dame du quadrille
qui, étant arrivée trop tard, n'osait pas entrer si
je n'allais la prendre. Je jetai les yeux autour de
moi, puis sur la liste que m'avait remise la grande-
duchesse, et je vis qu'elle était complète. Cependant comme la princesse de Ponte-Corvo, qui
était du quadrille, ne se trouvait pas là, je pensai

[1] M. Cavagnari était attaché particulièrement au duc. Il
est de Plaisance, et lui avait été recommandé par le duc de
Bassano quand il fut à Parme.

qu'elle ne voulait pas entrer au milieu de tout ce
monde, et je passai dans le salon qui précédait
la galerie... Là, je vis dans le coin le plus reculé
de la pièce, qui du reste était assez peu éclairée,
une femme dont la taille courte et ramassée me
fit d'abord reculer de quelques pas involontairement. Qu'on se figure une personne de cinq pieds
et quelques lignes, mais d'une énorme grosseur,
vêtue exactement comme moi et les autres femmes
du quadrille, mais d'une si singulière tournure,
qu'il n'y avait pas moyen de retenir au moins une
très vive expression d'étonnement. Cependant je
m'approchai du singulier masque, qui se reculait
toujours, et finit par m'attirer dans le coin le
plus extrême de la chambre. Lorsque je fus près
de la personne masquée, je fus encore plus étonnée du grotesque de sa tournure. Il y avait surtout une richesse d'appâts vraiment étonnante,
et puis des hanches... une encolure !...

— Mon Dieu, la drôle de personne ! dis-je en
moi-même.

— A qui ai-je l'honneur de parler? dis-je en
m'avançant vers elle.

Elle ne répondit pas et fit un gros soupir, un soupir qui allait fort bien avec sa personne. Je ne pus
m'empêcher de sourire, et un second soupir plus
profond que le premier, et dont la force fit voltiger

la barbe du masque, répondit à mon sourire...
Cette manière de converser ne pouvait être
longue, ce n'était amusant qu'une fois. Je tendis
la main à la grosse femme, et lui proposai de
passer dans la galerie; mais tout-à-coup la grosse
femme se saisit de ma main, m'attira vivement à
elle, entoura ma taille d'un de ses bras, et relevant
la barbe de son masque, voulut m'embrasser... Je
poussai un cri perçant, et me dégageant par un
coup très peu poli, je fus en un saut auprès de la
cheminée, mis la main sur la sonnette et la tirai
de toutes mes forces... Vraiment, il y avait de
quoi... J'avais senti une barbe rude et épaisse me
frotter le menton... M. Cavagnari rentra au
même instant en éclatant de rire... Mais la grosse
femme riait encore plus fort, et, pour dire la vérité,
je riais aussi, quoique je fusse encore en colère, car j'avais devant moi la figure hétéroclite et démasquée de Son Altesse le prince
Camille Borghèse qui riait de son gros rire en me
répétant en clignant de l'œil :

— *Oh! oh!... Tivouli... Tivouli!* oh! oh!

Pour l'explication de ceci, il faut savoir qu'un
beau jour d'été de l'année précédente Junot
avait jugé à propos d'aller à Tivoli avec une
grande dame, parente du prince Borghèse.
Comme j'avais appris cette course, Junot, pour

la rendre plus naturelle, m'avait dit que le prince
Borghèse était avec eux. Le hasard fit que le
prince Camille vint me voir avec la *grande dame*,
qui, n'ayant pas été prévenue par Junot, qui se
trouvait absent, ne put prévoir ni empêcher la
réponse du prince Borghèse lorsque je lui dis :

— Eh bien! vous êtes-vous bien amusé avant-
hier à Tivoli?

— *Tivouli !...* quel *Tivouli ?* s'écria-t-il tout
étonné, je suis *monté à chival...* et...

Je souris, et changeai aussitôt la conversation...
j'en savais assez !...

Depuis ce jour-là, toutes les fois que le prince
Borghèse se rencontrait avec moi, ce que, soit dit
en passant et sans orgueil, il cherchait fort souvent, et en vérité je ne sais pourquoi, du plus
loin qu'il me voyait, il me criait en riant :

— Oh!... *Tivouli !...* oh! *Tivouli !...* et cela était
même devenu insipide.

Ce soir-là, il ne se fit pas faute de crier son
Tivouli en pirouettant autour de moi, car on
sait qu'il était beau danseur, et en voulant à
toute force m'embrasser... Quant à moi, lorsque
le premier moment de stupéfaction fut passé,
je me mis à rire de bon cœur en voyant ce grotesque personnage... Je le pris ensuite par la
main, et pour échapper à sa poursuite, que je

redoutais fort, je rentrai avec lui dans la galerie
où étaient toutes ces dames... A sa vue, ce fut
un cri de surprise suivi d'un rire fou... Dans le
fait il est difficile de donner une idée de cette
tournure, de cette démarche surtout, et puis à
présent qu'il avait son masque ôté, on pouvait
voir sa barbe bleue, ses favoris noirs, ses cheveux crépus et charbonnés, dont quelques mè-
ches rétives s'échappaient du voile de mousseline
de l'Inde tourné autour de sa tête... Et puis,
au milieu de toutes ces jeunes et gentilles personnes avec un costume semblable, et presque
toutes jolies également, et surtout agréables de
tournure et de manières, voir ce *Sosie* de nous
toutes, qui nous renvoyait notre image si complètement en caricature, il y avait d'abord de
quoi rire, et puis de quoi se fâcher... Quant au
prince, il se croyait charmant; *il papillonnait*
avec une grâce qui m'est revenue dans la mémoire en voyant Paul jouer d'une façon si comique le personnage du prince d'Hénin dans la
spirituelle pièce de *Sophie Arnould* [1]... Je suis

---

[1] Il est difficile de jouer un rôle avec une perfection comique au-delà de mademoiselle Dejazet dans *Sophie Arnould*.
Elle a compris le rôle, et l'a compris de façon à n'être ni en-
deçà ni au-delà. On dit qu'elle a beaucoup d'esprit, cela ne
m'étonne pas. On le comprend d'abord en l'entendant par-

sûre que s'il avait vu le prince Borghèse, ce type aurait prévalu sur le maître d'Almanzor.

Lorsque la première joie fut apaisée et que le prince *féminisé* fut persuadé que je n'avais pas

ler ; c'est un diapazon que la parole : il donne le ton, non pas du poumon qui l'alimente, mais du miroir de la pensée. Si je devenais aveugle, je jugerais bien souvent, et bien souvent sans me tromper, de l'esprit de ceux qu'on me présenterait, à leur accent tout autant qu'à l'arrangement de leurs phrases. Eh bien ! il y a dans la voix de mademoiselle Dejazet un mordant incisif qui produit sur moi cet effet-là. En résumé, elle joue Sophie Arnould dans la perfection. Je suis fâchée que l'auteur ait omis dans sa pièce une particularité assez drôle de la vie de M. d'Hénin, relativement à Sophie Arnould. Un jour le duc de Lauragais va trouver Tronchin, qui alors était à Paris, et lui pose cette question pour une consultation :

Est-il possible de mourir d'ennui ?

Tronchin interpellé sérieusement, demande du temps pour réfléchir, et deux jours après il remet à M. Lauragais une consultation dans laquelle il déclare que l'ennui profond, prolongé, peut produire une maladie *noire*, *mélancolique*, *atrabile*, et qu'enfin l'ennui peut amener LA MORT. Muni de cette consultation, le duc de Lauragais va trouver un huissier, et lui fait faire un exploit, qu'il joint à la consultation, et qui dit que M. le prince d'Hénin pouvant *être homicide*, en faisant mourir les gens d'ennui, il lui est expressément défendu de se présenter chez mademoiselle Arnould. Cet exploit fut en effet signifié. Je voudrais bien en retrouver la copie pour l'envoyer à des gens que je connais.

du tout la fantaisie d'être embrassée par lui, nous prîmes le chemin du palais, nous trouvâmes la grande-duchesse de Berg qui nous attendait dans son appartement intérieur avec la princesse de Ponte-Corvo, et mise, ainsi qu'elle, comme nous toutes. Là, ce furent de nouveaux éclats de rire à la vue de la paysanne tyrolienne que j'avais *recrutée*. Ce fut la grande-duchesse qui dit le mot, et il était fort joli en raison de la tournure grenadière de la paysanne.

Nous fîmes notre entrée avec tous les honneurs des quadrilles dont le privilége est d'interrompre toutes les autres danses. Notre vénérable bailli marchait en avant, avec sa belle baguette blanche, en véritable *alcade*, et il portait sa perruque vraiment magistralement; c'était, comme je l'ai dit, mademoiselle Adélaïde Lagrange.

Comme nous allions sortir de l'appartement intérieur pour rentrer dans la galerie, un petit masque bleu se précipita presque sur moi pour gagner un cabinet où l'on changeait de domino, mais d'une manière mystérieuse... Le petit masque bleu qui ne s'attendait pas à rencontrer si nombreuse foule, laissa échapper une expression fort énergique, et ne fut pas arrêté par nos rangs féminins, car, pour ma part, je fus poussée de côté avec assez de force pour qu'à mon tour je fusse impatientée ; mais le moyen de le dire au petit masque bleu !... c'était l'empereur.

Il voulait *se divertir*, comme il le disait, les jours de ces sortes de saturnales de bonne compagnie, et, pour y parvenir, il se déguisait jusqu'aux dents, et puis il donnait sa ressemblance à quelqu'un qui s'en allait courant le bal pour lui. Par exemple, ce jour-là ce fut Isabey qui fut chargé de remplir son rôle. L'esprit de l'aimable artiste était fait, et plus fait, s'il faut le dire, pour un bal masqué, que ne l'était celui de l'empereur ; mais Napoléon, quoiqu'il fût reconnu à l'instant, n'en aimait pas moins le bal masqué, et s'en amusait bien comme un enfant, et même comme un homme tout jeune de sensations... Ce qui était embarrassant pour cacher entièrement Isabey, c'était ses mains ; ceux qui le connaissent savent qu'il en a d'énormes, et celles de l'empereur étaient charmantes... Pour déguiser cette dissemblance, Isabey eut une idée heureuse : ce fut de mettre sur ses mains, déjà très grandes, de gros gants par-dessous des gants blancs... il était difficile alors de juger s'il y en avait une ou plusieurs paires... Ce qui était constaté, c'était le déguisement des mains ; au reste, Isabey contrefaisait l'empereur à ravir, et même d'une manière inquiétante pour lui, dans une cohue où il était fort possible qu'il arrivât un évènement, et *une méprise était funeste.* C'est un bon et aimable homme qu'Isabey ; chaque fois que je le retrouve, il me rappelle un temps qu'il dégage de toute pensée amère par l'aimable parole qu'il emploie pour me ramener dans le passé. C'est un charme bien rare à rencontrer dans l'esprit que celui qui consiste à éviter une peine ; je le préfère à celui qui procure un plaisir...

Le bal était fort animé, il y avait de jolis costumes, le local était admirable, et la soirée s'écoulait d'une manière douce et si vaguement joyeuse, que l'esprit s'endormait comme bercé par un songe de fée ; j'aime cette indolence de l'âme... elle est le bonheur bien plus qu'on ne le peut croire. Nous errions dans ces vastes salles éclairées par mille bougies, échangeant une parole avec un personnage grotesque, ou bien attirées par une conversation attachante, plus ou moins intéressée, mais jamais avec une peine à combattre... et cependant l'hiver finissait... Tout-à-coup le murmure joyeux du bal, les accords de Julien[1] sont dominés par une parole forte et hautaine.

[1] Fameux ménétrier de ce temps-là. Il était nègre. Je n'ai jamais vu un plus burlesque personnage que Julien. Lors-

— *Je veux qu'elle sorte de chez moi !*

C'était la *grande dame* qui parlait ainsi, et son ordre était formel... Or, pour comprendre ce que je vais dire, il n'est nullement besoin d'avoir vécu dans le temps que je retrace; il suffit d'avoir suivi cette cour impériale dans toutes ses évolutions, et les personnes qui l'ont approchée et qui en ont fait partie, se rappelleront une jolie personne nommée mademoiselle Gu......t, qui fut attachée à l'impératrice avant madame Gazani; elle était ravissante Mlle Gu......t, et la reine Hortense, qui avait toutes les bontés réunies, avait encore celle de trouver un grand plaisir à voir un joli visage près d'elle. Mademoiselle Gu......t en avait donc été distinguée, et dans la composition de son quadrille, elle lui avait donné l'emploi de faire *une Folie* qui précédait les vestales : soit que la grande-duchesse eût ignoré jusqu'alors que mademoiselle Gu......t fît partie du quadrille de la reine, soit qu'elle n'eût connu le sujet de ses griefs contre elle que depuis sa formation, soit enfin qu'elle eût voulu

que, après avoir joué toute une nuit, nous lui faisions jouer encore un grand-père pour clore le bal à cinq ou six heures du matin, il s'endormait sur son violon, puis il reprenait, et il allait ainsi tombant et se relevant comme un magot chinois.

amener mademoiselle Gu......t sur le théâtre d'une scène pénible, toujours est-il que ce fut avec un grand étonnement qu'elle parut apprendre que mademoiselle Gu......t était chez elle, et qu'elle lui fit dire qu'elle la priait d'en sortir. La pauvre fille disait en pleurant que c'était une de ces injustices dont rien ne pouvait excuser la cruauté, pas même la jalousie *d'une femme offensée*; car, puisqu'il faut le dire, c'était l'amour de la grande-duchesse pour le grand-duc qui avait allumé tout ce beau courroux; mademoiselle Gu......t avait attiré son attention, et c'en était assez pour être frappée d'ostracisme, et en vérité c'est bien naturel.

Mais la reine Hortense, qui avait amené la pauvre fille, prenait son parti avec chaleur, et elle avait raison. Tout cela ne produisait qu'une mauvaise comédie, et pour dire le vrai mot, une parodie. J'aurais pu me fâcher aussi contre mademoiselle Gu........t, et même avec assez de raison, mais je ne l'ai pas fait. Il me semblait qu'une sorte d'instinct me disait que la grande-duchesse se rappelant nos relations amicales de la jeunesse, prenait en main ma cause, et me vengeait elle-même.

Quoi qu'il en soit, mademoiselle Gu......t fut

récompensée de sa douceur dans cette cruelle scène, et dédommagée de la pénible position dans laquelle elle l'avait placée. L'impératrice la prit avec elle ; mais s'il faut dire la vérité pour tous, il faut avouer aussi que peu de temps après l'arrivée de l'impératrice à Bayonne, on fut obligé de donner un passeport à Mademoiselle Gu.......t pour revenir à Paris auprès de sa mère et de ses sœurs. Il paraît qu'elle avait beaucoup de penchant pour les hautes dignités ; cela faisait preuve d'une âme grande et d'un cœur élevé.

Je n'ai pas parlé d'une circonstance fort importante cependant dans la vie politique de l'empereur : ce fut la création d'une nouvelle noblesse ; on l'avait déjà prévue à la fondation de la Légion-d'Honneur ; mais l'œuvre ne fut consommée qu'à la création des titres héréditaires avec des dotations et des majorats... Tout nous avait fait présumer que la chose devait être plus prochaine, car la création du duché de Dantzick par droit d'initiative, dès le mois de mai (28) 1807, révélait la volonté de l'empereur... J'étais de service auprès de Madame aux Tuileries, et je l'accompagnais pour le dîner de famille qui avait lieu tous les dimanches. En arrivant dans le salon de service du pavillon de Flore, car Madame se rendait presque toujours chez l'empereur, je vois Savary qui vient à moi :

— Embrassez-moi; j'ai une bonne nouvelle à vous apprendre.

— Dites d'abord votre nouvelle, et puis l'embrassade viendra ensuite si votre nouvelle en vaut la peine.

— Eh bien, c'est que je suis duc!...

— C'est en effet une chose surprenante ; mais pourquoi cela fait-il que je dois vous embrasser ?

— Et je m'appelle le duc de Rovigo, poursuivit-il en marchant dans la chambre, tellement bouffi de sa joie, qu'il aurait pu s'enlever comme un ballon.

— Mais que me fait votre titre et votre nom ridicule? lui dis-je enfin, car il m'impatientait.

— S'il vous avait dit que vous êtes duchesse, me dit Rapp en venant à moi et me prenant les deux mains avec amitié, je suis sûr que vous l'auriez embrassé comme vous allez m'embrasser...

— Et de grand cœur, répondis-je en présentant ma joue à l'excellent homme... et tout enchantée de sa franche et cordiale amitié.

— Et pour Junot? dit-il encore.

XI.   15

— Et pour Junot, je le veux bien. Je vous promets de lui écrire que c'est vous qui le premier m'avez annoncé cette belle nouvelle.

— Et de plus, me dit Rapp, vous avez le plus joli nom *de la troupe...* Vous êtes duchesse d'A-brantès.

Je compris à l'instant que l'empereur avait voulu faire une chose agréable à Junot en le nommant *duc d'Abrantès...* Je fus alors double-ment heureuse de cette nouvelle faveur. Junot m'a dit qu'en effet en apprenant cette grâce que venait de lui faire l'empereur, il avait été ému aux larmes.

Nous descendîmes pour dîner dans le salon qui est au bas de l'escalier du pavillon de Flore. C'était *là* que nous dînions, comme Junot le di-sait un jour en plaisantant, *à l'office.* Notre table était présidée par la dame d'honneur de l'impé-ratrice, alors madame la comtesse de La Roche-foucauld, ou par la dame d'atours ; ou bien, dans l'absence de toutes deux, par la dame du palais de service. Ce jour-là madame de La Rochefou-cauld était à son poste, honneur qu'elle nous faisait assez rarement, pour le dire en passant... Je rappelle cette circonstance, insignifiante en apparence, parce qu'elle se rapporte à tout ce qui se passait dans cette journée.

Je me trouvais assez isolée ce jour-là. Les personnes qui étaient là ne me convenaient pas, soit par leur humeur revêche, soit par leur nullité; aussi j'allais peut-être prendre le parti de m'en aller chez moi, lorsque je vis entrer la maréchale Lannes. Elle était toujours la bienvenue auprès de moi, mais ce jour-là surtout. Nous nous rapprochâmes aussitôt, et nous plaçâmes à table à côté l'une de l'autre.

—Eh bien! lui dis-je, voilà de grandes choses, mais je suis presque sûre qu'elles ne vous touchent guère.

Et c'était vrai. Le goût de toutes ces dignités a pu lui venir dans la suite, mais je la connais, et je la connais pour une personne simple, bonne et parfaitement naturelle.

— Et vous avez bien raison de présumer que tout cela n'est rien pour moi... me répondit-elle. Il y a plus, je suis certaine que Lannes n'en recevra aucune joie... vous connaissez sa façon de penser, elle n'a changé en rien : mais ce n'est pas comme lui que pensent beaucoup de ceux qui entourent l'empereur... Tenez, regardez plutôt!...

Je regardai un peu en face de moi, et je vis le duc de Rovigo, ou de *Ravigote*, comme l'appelaient nos domestiques, tandis qu'ils discutaient entre eux quelle était l'affaire où il avait gagné le nom que lui donnait l'empereur. Je le vis rayonnant... La duchesse de Rovigo était à quelque distance de nous... Je parie, dis-je à madame Lannes, qu'elle en est peu touchée... elle est bonne personne, et peu portée à se donner ce genre de ridicule.

Madame Lannes sourit.

— Et quel nom portez-vous? dis-je après quelques momens de conversation.

— Un charmant... Montebello... C'est avec le vôtre les deux plus agréables de la liste...

Et elle tira de sa ceinture une petite carte sur laquelle étaient écrits les noms de tous les ducs que l'empereur avait créés, ainsi que les majorats qu'il affectait à ces dignités.

Jamais le palais des Tuileries n'avait été témoin d'une agitation ambitieuse plus généralement répandue jusque dans ses moindres détours. Depuis le maréchal jusqu'au simple employé, tous les cœurs battaient dans l'espoir d'obtenir une plume de plus à l'aigrette nobiliaire.... Eh bien! le dirai-je?... c'était une vraie pitié... On n'improvise pas plus une noblesse qu'une révolution.

Nos soirées du dimanche se passaient autrement que les autres aux Tuileries... Nous remontions chez l'empereur pour attendre notre prin-

cesse; et quelquefois lorsque l'empereur était de
bonne humeur et que les dames du palais et les
dames pour accompagner lui plaisaient, il les
faisait entrer... ce fut ce qui arriva ce jour-là...

— Eh bien! *madame la duchesse-gouverneuse*,
me dit-il en m'apercevant, êtes-vous contente
de votre nom? *d'Abrantès!*... et puis Junot doit
aussi en être content... il y aura vu une preuve
de ma satisfaction[1]... Et qu'est-ce qu'on dit de cela
dans *vos* salons du faubourg Saint Germain? ils
doivent être un peu effarouchés de ce renfort que
je leur donne!.. Et se tournant vers l'archichancelier :

—Eh bien ! monsieur l'archichancelier, il est
pourtant de fait que je n'ai rien fait encore qui
soit plus dans le sens de la révolution française
que ce rétablissement des hautes dignités. Les
Français n'ont jamais combattu que pour une
chose : l'égalité devant la loi, et la possibilité d'a-
teindre à tout ce qui se fait dans le gouvernement. Ce qu'on appellera *ma noblesse*, mais qui

[1] J'ai déjà dit que l'empereur avait recommandé à Junot
d'arriver à tout prix à Lisbonne , et que ce fut l'entrée des
troupes françaises à Abrantès qui décida de la réussite de
l'expédition par la hardiesse de Junot.
— Je voulais le nommer duc de Nazareth , me dit l'empereur. Mais on l'aurait appelé *Junot de Nazareth*, comme on
disait Jésus de Nazareth.

n'en est pas une, parce qu'il n'existe pas une noblesse sans prérogative et sans hérédité, et que celle-ci n'a de prérogatives qu'une fortune donnée comme récompense de services civils ou militaires, et d'hérédité qu'autant qu'il plaît au souverain de confirmer le fils ou le neveu successeur; eh bien! ce qu'on appellera *ma noblesse*, c'est, voyez-vous, une de mes plus belles créations.

Il est constant que l'empereur voyait en effet cette addition à l'empire comme belle et utile pour compléter son œuvre. Avait-il raison?... moi, je pense que non. Il fallait se borner aux vingt-quatre grands-officiers de l'empire. Ils étaient les colonnes vivantes de la France et en même temps étayaient la puissance souveraine, quoique le peuple n'en fût pas dépendant. L'empire organisé comme il l'était en 1804 était lui-même une admirable chose, et bien faite pour justifier toute cette vanité de gloire que nous avions comme Français alors. O ma chère patrie, qu'est devenue cette gloire?... cette gloire immortelle !... hélas, elle n'est plus que dans notre souvenir, et

---

¹ On est sous la puissance d'un cauchemar, lorsqu'on voit une sorte de brutalité sauvage qui n'est ni vraie ni raisonnée dans son propos, attaquer cette gloire et la souiller de sa bave impure. On voit aussitôt que c'est une basse et jalouse envie, une époque nulle qui veut être première, et qui vou-

chaque jour amène avec lui la conviction qu'elle n'apparaîtra plus que comme ces météores précédant ou suivant l'orage, et ne donnant d'ailleurs qu'une de ces lueurs passagères et souvent décevantes qui entraînent dans un abîme, bien loin d'en préserver.

C'est une époque curieuse à rappeler que celle que je cite. Que de ridicules à côté de beaux caractères! Que de grandeur unie à de petits travers! C'est ainsi qu'un homme fameux dans les camps oubliait en formant le blason de son écus-

dait faire rentrer sous terre la gloire de l'empire comme on représentait dans une caricature la liberté enfoncée à coups de maillet par un haut personnage. Ceux qui attaquent l'empire dans ses œuvres immenses ne songent pas que le nom français est entouré d'une auréole; il est brillant du reflet des rayons de quinze années de victoires, et que ces mêmes hommes qui font les terribles avec leur grande barbe à la Croquemitaine ne le seraient peut-être que comme *Jourdan de Valence* s'ils avaient en main le pouvoir. Comment sommes-nous connus en Europe depuis notre révolution? C'est surtout par nos victoires d'Italie, d'Égypte, du Rhin, et nos conquêtes depuis 1800. Il ne s'agit pas ici de juger de leur plus ou moins d'équité; parce qu'une femme a fait un mauvais usage de sa beauté, il ne suit pas de là qu'elle n'ait pas été belle. C'est ainsi que perpétuellement on mutile ce qui est réel, pour en faire une sorte de rêve bizarre. Et quelles sont les mains qui démolissent!... Quelles sont les voix qui glapissent!... Justice éternelle!...

son que son sang en formait le champ-de-gueule
et que son père avait conduit la charrue ; il n'en
était que plus estimable, et il ne le voyait pas.
La vanité tourna plus d'une bonne et sage tête
dans ces momens de délire. Je me les rappelle
avec leurs ridicules et les scènes qu'ils provo-
quèrent. En voici une sur mille.

La femme d'un général très connu, dont le
mari venait d'être nommé *comte*, voulut avoir une
livrée dont l'éclat ne le cédât en rien aux livrées
les plus *nobles* du faubourg Saint-Germain. Cette
femme n'était ni sotte ni ignorante cependant,
mais elle tomba, pour son malheur, dans
des mains malignes qui lui firent prendre une
route dans laquelle tout devenait absurde.

On persuada à la nouvelle comtesse que son
mari étant arrivé *là* par la force de son bras ; il
fallait d'abord le transformer en alcide, puis faire
une *mosaïque*, c'est le mot, de tout ce qui pouvait
rappeler un fait d'armes glorieux, attendu, répétait *l'amie, qu'il les a tous pour lui* ! La comtesse,
sans être bien intimement convaincue de la chose,
se laissa pourtant séduire par cette pensée d'une
mosaïque de gloire, et voilà l'écusson qui se fait.
Comme j'ai été assez heureuse pour le tenir dans
mes mains, j'en puis parler, et pourrais même au
besoin en donner un dessin, si je n'avais besoin

de la place que cela prendrait. Mais ce que j'ai
dit en l'appelant *mosaïque* en donne une idée. Il
s'y trouve peut-être cent brimborions ayant nom
blason : c'est une épée en pal, en contre-pal,
puis des tours pour rappeler les villes prises; et
comme dans les états de services du général, dres-
sés par sa femme, il y en avait au moins vingt,
on pense quelle carrière cela aurait fait si les
remparts abattus s'étaient vus relevés dans ces
belles armoiries. Et puis, comme il avait été chargé
de quelques missions, non pas diplomatiques,
mais enfin qu'il avait servi à négocier des avant-
coureurs de paix, la comtesse voulut à toute
force qu'un rameau d'olivier, une plume fussent
côte à côte du sabre et de l'épée. C'était bien comique. Ensuite toute cette bariolure quelle avait
elle-même coloriée, parce qu'elle se mêlait de
peindre, était divisée en quatre compartimens
auxquels on ne peut donner aucun nom de blason, par une large croix sur laquelle était une
belle légende toute nouvellement inventée pour
rappeler saint Louis et les croisades, parce que
le général avait été en Égypte.

Quand cette œuvre fut terminée, la comtesse
la porta elle-même à M. de Ségur, qui eut le
plaisir d'en rire avec moi. Heureusement pour
la pauvre comtesse que M. de Ségur était assez

lié avec elle pour lui parler avec franchise. Il lui fit déchirer le beau vélin tout éclatant d'or, d'azur, de sinople et de gueule, car on pense bien qu'elle s'en était donné de toutes les couleurs, c'est le cas de le dire ; elle nous demanda le secret, et, chose assez rare, il a été gardé, quoiqu'il y eût trois femmes et deux hommes ; il est vrai que dans les femmes il y en avait une intéressée à se taire ; et celle qui avait donné le conseil l'était également. Quant à moi, j'ai toute la gloire de la discrétion. Le complément de l'affaire était bien plus excellent. Ayant entendu dire que les Montmorenci avaient une livrée extraordinaire dont l'origine venait des camps, et avait pour motif un beau fait de gloire, elle s'enquit de la chose, et finit par avoir de la baronne de Mont-morenci elle-même, qui le lui donna sans se douter pourquoi, un dessin de la livrée des Montmorenci - Luxembourg, avec la manche bariolée et d'une couleur différente... Sa livrée devait donc être semblable, à l'exception des deux manches, qui devaient différer entre elles d'une manière plus tranchante que les Luxembourg. Je ne sais si l'empereur fut informé de cette co-médie: je le crois, parce qu'il savait tout.

Je l'éprouvai moi-même à cette époque... J'ai toujours eu une grande religion d'amitié pour les anciennes relations dont ma famille et moi n'avions pas à nous plaindre. Malgré mon changement de position, j'avais conservé une grande affection pour les bonnes religieuses des dames de la Croix qui avaient élevé ma sœur, madame de Géouffre, et en même temps pour l'abbé Remy, qui avait été son confesseur, et s'était réclamé de moi plusieurs fois, comme il aurait pu le faire auprès de Cécile, si elle eût vécu. L'abbé Remy, que j'ai vu cinq ou six fois en ma vie, était un honnête homme, mais parfaitement nul, et certes bien incapable de faire une conspiration ou d'y entrer d'une façon quelconque... Peu de temps avant, mon frère, qui alors était à Marseille, m'avait adressé l'abbé Desmazures, qui avait dès lors le beau talent de prédication qu'il a aujourd'hui pour l'honneur de la foi. Je l'avais accueilli avec la considération qu'il méritait, et que je devais à une personne recommandée par mon frère. J'aurais voulu faire davantage, mais je *n'étais pas seule* dans ma maison, et Junot, après les premières politesses, exigea que cela n'allât pas plus loin... Mais lorsque l'abbé Remy arriva à Paris, et qu'il m'apporta une lettre d'Albert, dans laquelle je vis que le bon prêtre, autrefois directeur de Cécile, avait échappé aux massacres de septembre, je m'empressai de lui faire l'accueil d'une amie, parce que j'aurais fait comprendre à Junot que c'était mal agir que de faire différemment. Il était alors à Lisbonne, et je ne lui écrivis pas relativement à cela, jugeant la chose de trop peu d'importance.

Qu'on juge de ma surprise, lorsqu'un jour je vois arriver Duroc qui était toujours chargé des *exécutions verbales*, et qui vient me dire que j'ai reçu un prêtre factieux qui apportait en France des copies *du bref comminatoire d'excommunication* [1] lancé contre l'empereur par le pape Pie VII!

Je crus d'abord qu'il me parlait grec. Pour moi, un bref, une bulle d'excommunication me paraissaient si extraordinairement fabuleux, que je ne concevais même pas qu'en 1808 on pût parler de pareille chose; cela était cependant; mais ce qui eût été tout aussi étonnant, c'est que j'en eusse connaissance. Je le dis à Duroc, et il n'insista plus... J'appris de lui avec beaucoup de peine que l'abbé Remy, comme l'âne porteur de reliques (je lui demande bien pardon de la comparaison), avait en effet transporté dans une lettre à six ou sept enveloppes le fameux bref

---

[1] L'excommunication ne fut lancée que lors de l'enlèvement du pape de la ville de Rome, par le général Radet.

comminatoire. L'empereur était furieux. « J'avais vu cet homme, je le connaissais depuis long-temps, comment donc se faisait-il que *toujours... toujours...* je fusse liée avec ses ennemis?... »

Je pensai me mettre en colère contre Duroc de sa facilité à me dire de pareilles pauvretés. J'étais ennuyée de cette répétition continuelle pour me dire des mots désagréables... et, pour la première fois depuis que nous nous connais-sions, nous eûmes une querelle des plus vives... Je pouvais bien comprendre que l'empereur, aveuglé par mille rapports de police, de contre-police, s'égarât dans ce labyrinthe où il s'était volontairement engagé ; mais que Duroc, qui me connaissait comme il connaissait sa sœur, pût errer, lui aussi, au travers de ces turpitudes, je ne pouvais le lui pardonner. Duroc était un excellent ami ; mais enfin, lui aussi avait ses dé-fauts, il n'était pas plus patient que moi... Il me répondit une parole vive ; je lui en répliquai une plus amère, il se leva et partit, et le résultat de cette belle scène fut de me faire fondre en larmes, et M. de Narbonne, qui chaque matin venait me voir, entrant dans ce moment, me trouva tout en pleurs.

Il était plus, bien plus que mon ami, le comte Louis de Narbonne... Je l'aimais comme un père,

comme un frère. C'était un être si excellent! On
l'a accusé de légèreté! et quels sont ceux qui l'ont
jugé sous cet aspect? bien certainement des gens
qui ne l'ont pas connu comme moi, comme ses
enfans, comme quelques amis qui existent encore, et peuvent répondre de la fidélité de mon
opinion. Au surplus, comme je suis arrivée à
l'époque où son nom va se retrouver dans presque toutes mes pages, je vais l'entourer d'une
force que mes paroles ne lui donneraient peut-
être pas. M. de Narbonne fut très activement
influent dans les dernières années du règne de
l'empereur. Napoléon l'avait jugé non pas comme
moi, parce que le plus ou moins de sensibilité
lui était assez égal, mais il avait vu dans cette
âme, il avait mesuré la hauteur de son esprit, et il
avait vu également dans le comte Louis de Narbonne un homme d'Etat et un homme sûr...
Il ne faut pas ici que l'on oppose *à des faits*
quelques mots plus ou moins mordans, plus ou
moins spirituels, dits par madame de Staël, qui,
toute bonne qu'elle était, car elle avait d'émi-
nentes et précieuses qualités de cœur, avait cependant un côté de notre nature qui nous fait
ressentir les douleurs du cœur plus profondément qu'une autre. M. de Narbonne l'avait
blessée vivement, et de là un jugement tout-

à-fait erroné sur lui. Un grand personnage, alors fort en crédit lorsque le sien commença, ne put jamais s'accoutumer à la pensée que peut-être cet *ami* qu'il croyait soutenir, apppuyé de sa faveur en cour, deviendrait en peu de temps plus puissant que lui, ce qui serait arrivé, comme je le prouverai, si M. de Narbonne avait été un intrigant ; tout ce qui entourait M. de Talleyrand crut lui faire plaisir en jetant sur M. de Narbonne une foule de mots ayant l'apparence de l'intérêt, et vraiment assassins lorsque le vrai sens en était démêlé. M. de Narbonne avait trop de tact, surtout avec son esprit supérieur, pour faire paraître ce que lui faisait éprouver une semblable conduite. Mais que de fois j'ai reçu ses plaintes sur le mal qu'il en ressentait!... Ce n'était pas de la fausseté de sa part, car il avait le plus noble caractère. Je crois bien également que M. de Talleyrand ignorait ce que disait son entourage ; ces mots si moqueurs qui portent coup et qui blessent... à mort... Oui, je crois qu'il n'en savait rien... Il n'y avait dans tout ce monde que M. d'Hernaude qui fût vraiment l'ami de M. de Narbonne. Il y avait aussi une personne qui avait pour lui plus que de *cette méchante amitié* que je signalais tout à l'heure, c'était madame de

Talleyrand [1]. Je crois bien aussi qu'elle n'a pas *eu la volonté de faire du mal...* mais qu'importe *la volonté* ici?... Il en est des gens qui, en parlant inconsidérément, démolissent toute la vie de quelqu'un, comme ces intendans dont la mauvaise gestion ruine leurs maîtres. Qu'importe qu'ils ne volent pas... si le mal est le même : le maître n'en est pas moins ruiné.

Ainsi donc, pour donner une idée du cœur et du caractère de M. Louis de Narbonne, je vais donner dans ce volume le *fac simile* d'une lettre de lui que je reçus à une époque désastreuse pour moi : je choisis celle-là dans une foule d'autres en anticipant sur les temps, parce qu'elle est écrite à une personne que le sort venait de frapper d'un coup qui paraissait mortel. On verra comment cet homme qui, au dire de ceux qui ne le connaissaient pas, était courtisan *avant tout*, savait parler à une amie malheureuse. Comme cette lettre, pour être placée à son tour ne serait arri-

---

[1] Je ne sais qui a eu intérêt à brouiller madame la princesse de Talleyrand avec M. de Narbonne. Le fait réel, c'est qu'il ne s'est jamais permis que quelques unes de ces plaisanteries qu'un esprit élevé doit toujours pardonner. Il n'y a que la médiocrité qui craigne la critique. Quel est celui de nous dans le monde qui voudrait n'avoir pas un ennemi ?...

vée qu'en 1814, j'ai, je le répète, anticipé sur l'époque, afin qu'on puisse juger M. de Narbonne avec la vraie couleur qu'il appartient de donner à son portrait. Ce que je fais ici n'est pas pour *influencer*... c'est pour *diriger*. C'est un devoir ensuite que je remplis... un devoir filial. M. de Narbonne m'était bien cher... et le soin de sa mémoire m'est aussi important que le serait ce-lui de la mémoire de mon frère. Je veux ensuite donner la preuve en le faisant parler lui-même et se montrant dans l'intimité du cœur, que je ne m'avance pas légèrement en faisant, soit en bien, *soit en mal*, le portrait de tous ceux que je place dans ces Mémoires[1]. Ma palette est char-

[1] Il existe un homme qui est comme le juif errant, sans autre patrie que le pays où il déploie sa tente. Cet homme, que tout Français ne doit pas aimer parce que c'est A LUI, c'est à ses petites haines, ses petites passions personnelles, qu'on doit une grande partie des désastres de 1814; cet homme qui nous hait parce qu'il est un transfuge; cet homme qui nous hait parce que nous sommes une grande nation; cet homme qui nous hait parce que nous sommes toujours dévotieux au culte d'une grande mémoire; cet homme qui nous hait parce qu'un cri général a demandé de replacer au-dessus du bronze victorieux la statue que lui-même osa souiller d'une corde pour l'en faire descendre; cet homme qui nous hait enfin pour les cris de liberté que nous poussâmes en 1830; cet homme plus esclave qu'un eunuque du sérail, dit avec amertume que je *parle légère-*

gée de couleurs fidèles, je ne me sers même
pas d'un faux vernis. Je sais bien que je ne puis
plaire à tout le monde, je sais bien que ceux qui
aujourd'hui trouvent merveilleux de tout démo-
lir (c'est-à-dire de le tenter), prétendent que
je parle de l'empereur avec une prévention trop
forte... et quand cela serait... pourquoi ma prévention serait-elle à rejeter, si l'on admet qu'on
en ait une pour le beau temps de 93 et pour
celui des cours prévôtales qui nous donne, d'a-
près la commission des condamnés politiques,

ment de tout le monde... C'est peut-être parce que j'ai dit que
Catherine II avait eu des favoris? Voyez un peu de quoi va
s'aviser ma bavarde plume... C'est peut-être aussi parce
que j'ai parlé trop véridiquement des victoires d'Austerlitz,
de Friedland et de tant d'autres... Mais que lui importe?...
il n'est pas Russe... il a été Français... peut-être demain
sera-t-il Anglais... Autrichien... Il faut être peu passionné
pour les revers ou pour les gloires, quand on est en mesure de se vendre au plus offrant le lendemain du jour
où l'on se fâche. Cela donne une attitude burlesquement
patriotique qui n'a rien de digne. Ce personnage sait bien
que je ne parle pas *légèrement de tout le monde*, car, ayant
trouvé un papier timbré *avec sa signature*, dans les papiers
de mon oncle, je lui écrivis pour en avoir la *certitude*, bien
que la chose fût de peu de conséquence, et qu'en vérité elle
fût d'un poids bien léger dans une balance, et presque un
zéro dans une addition politique. Au surplus, lorsque j'en
serai à son article, je tâcherai de ne point parler légèrement.

DEUX MILLE CINQ CENTS CONDAMNATIONS prononcées pendant les premières années de la restauration!!... Je peux bien me laisser aller au prestige de nos temps de gloire, et ma pensée peut sans s'humilier fléchir devant celui qui nous donna tant de victoires pour nous en couronner, que nous sommes toujours, grâce à cette radieuse époque, la première nation du monde.

Lorsque M. de Narbonne apprit de moi le sujet de mon chagrin, il me dit que j'étais un enfant, que depuis plus de huit jours il connaissait cette affaire du bref... qu'il savait très bien quel était celui qui avait apporté cette pièce aussi méchamment que stupidement faite ; et qui probablement allait coûter au pape la chaire de saint Pierre, et que si l'abbé Remy avait apporté un exemplaire du bref ce n'était donc qu'un *double*.

J'ignorais complètement cette affaire, et M. de Narbonne fut obligé de me l'expliquer...

Je fus encore un peu moins au fait après qu'il eut parlé pendant une demi-heure... J'ai déjà dit qu'une bulle d'excommunication était pour moi plus extraordinaire que si l'on m'eût dit : «*Frottez votre lampe, et le génie viendra..*» Le mot savant de *comminatoire* que M. de Narbonne fut obligé également de me traduire, me parut bien plus fait que tout le reste pour allumer la colère de l'empereur.

— Mais après tout, répétai-je, pourquoi donc toujours me prendre pour l'unique but de son mécontentement?... Pourquoi toujours me croire coupable de méchantes volontés envers lui?... lui!... le bienfaiteur de Junot!... le héros de notre France!... Mais, au nom du ciel, qu'est-ce donc que ces nouvelles de Rome?... Vous me faites bien de la peine.

Et cela était vrai. Mon éducation avait été toute chrétienne; et si la dissipation forcée de la vie que je menais était cause du peu de soin que j'apportais à remplir mes devoirs religieux comme j'aurais dû le faire, je n'en conservais pas moins au fond de l'âme les principes que m'avait inculqués ma bonne Rosalie!... ma bonne religieuse... *J'étais chrétienne* enfin, et chrétienne avec de la foi et de la volonté religieuse. Ce que M. de Narbonne m'apprit me fit une peine profonde... Hélas! je pus voir en ce moment combien nous sommes coupables en écoutant la voix du monde qui se rit de nous lorsque nous fléchissons le genou devant Dieu!

— Est-ce que par hasard vous seriez dévote? me dit en riant le comte Louis. Oh! pour celui-là, je ne vous le pardonnerais pas...

— Eh ! pourquoi serais-je si coupable ? repris-je avec plus de courage.

— Mais... parce que... parce que cela ne vous irait pas, poursuivit-il en riant plus fort.

— Il faut pourtant que vous me preniez comme je suis, cher ami, lui dis-je en lui donnant la main ; car, si vous appelez cela un travers, je l'ai tout entier. Je ne suis pas *dévote*, je ne suis pas *même pieuse ;* car je suis entraînée par un tourbillon trop vif ; mais je crois fermement, et ne puis supporter qu'une femme porte la main sur l'Arche sainte¹... alors je suis sans indulgence,

---

¹ **Deux** ans plus tard, je me trouvais à Viry, chez la duchesse de R....., avec M. de Narbonne, que j'y avais conduit dans ma calèche. La conversation tomba, je ne sais comment, sur la religion. La maréchale témoigna des opinions tellement extraordinaires que je ne pus m'empêcher de lui répondre vivement, et la discussion devint fort animée. Nous n'étions que nous trois. La duchesse relevait alors d'une maladie qui n'avait jamais été dangereuse, je pense, mais qui demandait du repos dans sa convalescence ; on était en automne, et je la vois encore, *coiffée d'un madras*, car il fallait surtout qu'elle eût la tête couverte, et elle était assise à la droite de la cheminée. Moi, à l'autre côté, et M. de Narbonne, debout, au milieu de nous deux, et allant de l'une à l'autre, avec son charmant esprit, pour adoucir quelques mots un peu aigres peut être qui nous échappaient. Lorsque nous fûmes seuls, dans ma voiture, et en route pour Paris, je lui demandai s'il se rappelait cette soirée où il avait ri

et je deviens ce que je ne suis jamais (du moins
j'en ai la prétention) , je deviens méchante.

de moi, bien qu'elle se fût passée quelques années avant.

—Je l'ai toujours présente, ma chère enfant, me répondit-
il... et même dans un autre sens que vous avez l'air de le
présumer... aussi tout à l'heure vous avez pu voir que je
vous approuvais, car si je n'aime pas les femmes comme
madame de Krudener *, j'aime encore bien moins celles qui
font les *petites Capanées*, et qui en résumé ne sont que des
êtres à la tête folle et au cœur froid.

* Madame la baronne de Krudener est une femme fort spirituelle
que tout Paris a connue en 1804 lorsqu'elle publia son ravissant roman
de Valérie. Elle n'était pas Suédoise comme beaucoup de personnes le
croient, elle était Livonienne, et née à Witingoff. A l'époque où elle
était à Paris, elle n'avait que trente-trois ans, et en paraissait avoir bien
davantage (elle était née en 1771). Sa pâleur et sa maigreur lui donnaient un charme particulier, et, quant à moi, j'avoue que je la trouvais fort agréable ; elle était spirituelle, et devenait bien plus remarquable lorsque dans cette enveloppe pâle et frêle on plaçait une âme
ardente, de hautes et sublimes pensées... une volonté d'aller au travers de ce monde comme missionnaire céleste... comme femme évan-
gélique! Elle épousa M. le baron de Krudener, qui fut envoyé comme
ministre de Russie à Madrid. Mais les troubles politiques qui agitaient
alors toute l'Europe (1796) l'empêchèrent d'y aller ; il fut envoyé à
Copenhague, ou à Stockholm, je ne sais trop lequel des deux, puis à
Berlin, où il mourut. Madame de Krudener a fait plusieurs ouvrages charmans; et lorsque aujourd'hui j'entends vanter des ouvrages bien nuls et
bien froids, seulement échauffés par des peintures déshonnêtes et de la
corruption de cœur qu'on pourrait appeler de la pourriture d'âme, je
ne puis m'empêcher de penser à *Valérie*. Je crois que le libraire qui
l'éditerait de nouveau, en aurait bien ses frais, et au-delà. Comme toutes
ces scènes d'intérieur, de la vie privée, sont ravissantes de détails !...
Quoi de plus charmant que ce bal où Valérie est vêtue simplement
avec une robe de crêpe blanc garnie de mauves bleues, et ses beaux

Mais dites-moi aussi le sujet de cette malheureuse querelle...

C'était la grande affaire des troupes françaises
occupant Rome, et l'occupant de manière à faire
croire qu'Attila ou Marius en avaient escaladé
les murs. On ne trouve aujourd'hui aucune
trace de ces mouvemens terribles dans les journaux du temps. L'empereur les défendait en
France et en Italie. En Espagne, c'était la coutume routinière. Il n'y avait donc que Londres
et une partie de l'Allemagne, encore je ne sais
pas trop quelle province je pourrais désigner, qui
parlaient librement des choses. L'Angleterre,
toujours passionnée, et toujours injuste, il faut
le dire, n'était jamais *exacte* dans ses relations.
Il y perçait à chaque ligne une prévention contre Napoléon et contre la papauté, en dépit du
wighisme le plus prononcé. Il n'y avait là d'ail-

cheveux blonds avec une guirlande semblable à la garniture... et puis
cette jeune femme si pâle qui met du rouge en cachette... et cette pureté
des anges, avec cette passion toute de feu... Oh! cela est beau..., J'aime
bien Valérie.

Madame de Krudener suivit ensuite une route extraordinaire. Elle
laissa aller son esprit au mysticisme le plus exagéré. Elle se fit même
chef d'une secte d'illuminés. Elle courait les campagnes, prêchait
comme saint Jean... enfin n'a pas réussi... voilà son tort le plus réel.
Elle s'était retirée en Suisse; elle en fut renvoyée... Elle se rendit à
Riga et y mourut en 1825. C'est une des femmes les plus remarquables
de notre temps.

leurs ni *Wighs* ni *Torys* à bien dire, et d'un autre
côté le pape, regardé seulement comme souverain par les Torys les plus puritains de l'Angleterre, était alors sous leur protection immédiate...
Ainsi donc il est difficile, à moins de recueillir
dans sa mémoire et dans celle de ses amis tous les
faits relatifs à cette époque intéressante, de présenter des documens certains. C'est là mon
étude... en commençant ces Mémoires je me
suis promis à moi-même d'être *scrupuleusement
historienne*. J'ai *assez vu*, j'espère, et l'on voudra bien m'accorder cela, pour avoir une nombreuse galerie de tableaux à présenter; j'y ai
joint tout ce que mes amis, les frères d'armes de
Junot, ont mis à ma disposition... J'ai exploré
dans une mine bien riche, dans les papiers
même de mon mari?... Sans doute, dans le cours
d'un ouvrage qui comporte quatorze volumes
in-8°, c'est-à-dire cinq mille six cents pages d'impression, il peut certes se trouver quelques erreurs, il est même sûr qu'il s'en trouve. C'est un
des défauts qui, conséquemment, doit découler du
bien de la chose elle-même. Si mes Mémoires
étaient ce qu'on appelle maintenant à si juste
titre *des Mémoires de fabrique*, ceux qui en seraient les auteurs, en allant prendre leurs matériaux dans d'autres livres, ou bien en les inven-

tant lorsqu'il *faut une histoire*, auraient grand soin de bien se tenir en garde contre une réclamation... Quant à moi, ce n'est pas cela ; je raconte ce que *j'ai vu*, entendu. Que je me trompe dans une date, dans une époque, eh ! mon Dieu, qui donc est infaillible ? Nul, sans doute, pas même notre souverain pontife, dont je vais parler à l'instant pour faire adorer son beau et admirable caractère dans ces évènemens importans qui devaient sonner la cloche d'alarme du haut du dôme de Saint-Pierre.

CHAPITRE VIII.

Junot me communique le catéchisme politique espagnol. — On exhorte les Espagnols à *nous courir sus*. — Encore le bref comminatoire. — Prise d'Ancône, de Maurato, d'Urbino, de Camerino. — LE PREMIER RÉSULTAT DE LA CONQUÊTE EST LE CHANGEMENT DE GOUVERNEMENT. — Alexandre Borgia, Jules II, Sixte-Quint, et Pie VII. — Craintes de M. de Narbonne. — Partie de *whist*. — *Machiavélisme*. — Sinistres pressentimens. — Lettres de Junot. — Il envoie sa démission de tous ses emplois. — Lettre de Duroc. — Cruelle anxiété. — Napoléon chez la grande-duchesse de Berg. — Conseil qu'elle me donne. — Audience que m'accorde Napoléon. — Ses bonnes dispositions à mon égard. — Il me promet d'écrire lui-même à Junot pour le consoler. — *Quelle tête !* — L'audience se prolonge jusqu'à onze heures et demie du soir. — Regrets donnés à mes amis. — Lettres de la grande-duchesse de Berg à Junot. — Autre de Duroc.

Toutes les circonstances de l'enlèvement du pape furent peu connues à Paris ; on s'en occupa

légèrement, parce que d'abord nous sommes légers en tout et pour tout, et que l'empereur
voulait ensuite que l'on se mêlât peu de ce qu'il
faisait ou faisait faire ; et toutefois, quel retentissement cette excommunication n'eut-elle pas
dans le monde !... Un jour (j'étais en Espagne)
il faisait un temps admirablement beau, de ces
temps de magie où l'on croit être porté comme
le fut Renaud dans un lieu d'enchantement... Je
jouissais si doucement de la vie, que je ne voyais
aucune peine, aucune crainte, autour de moi,
dans cette contrée aimée du ciel. Junot entra
dans ma chambre, et me trouva sous cette impression toute de délices... Il était sombre, lui...
inquiet... On lisait sur son visage tout une histoire
terrible.

— Qu'as-tu donc ? lui dis-je, tu me fais peur...
Allons, viens ici, et regarde ce beau soleil couchant.

Nous étions alors à Ledesma, et, du sommet
de la montagne où est bâtie la ville, nous plon-
gions sur une vallée sauvage, mais pittoresque et
embaumée... sur ces déserts frappés d'anathème
sans doute par le cultivateur, mais qu'on habite
avec amour... dans lesquels on voudrait vivre.

— Tiens, me dit Junot en jetant sur mes genoux une feuille de papier imprimée en espa-

.gnol... lis... et vois si ce pays est vraiment celui
.des anges.

C'était une copie [1] du terrible catéchisme fait
et répandu alors en Espagne. On y avait joint une
proclamation du fameux don Julian pour exhor-
ter les bons Espagnols à *courir sus* à tous les
Français et *Françaises*, attendu qu'étant envoyés
par un *excommunié*, et lui obéissant, ils étaient
eux-mêmes *excommuniés*.

J'ai placé ce fait à propos du bref comminatoire. Je ne suis pas encore à la guerre d'Espagne.
J'ai voulu seulement faire voir combien cette
bulle du pape avait de retentissement en Europe...
jusque dans les déserts parfumés de la Castille
et de l'Estramadure. Elle faisait entendre sa voix
de mort. Nulle barrière n'était debout devant
sa puissance... En voici quelques fragmens.

«... Depuis long-temps le Saint-Siége a dû sup-
» porter la charge énorme de vos troupes... Depuis
» 1807, elles ont consommé plus de cinq mil-
» lions de piastres [2] !... Vous nous avez dépouillé

---

[1] Je vais en donner incessamment quelques phrases.

[2] Vingt-cinq millions de notre monnaie... Il faut dire que
le pape pouvait se plaindre sans doute, mais au fait le mal est
moins grand qu'il ne le disait, attendu que les dépenses pour
les troupes françaises ont été taxées par des compagnies
étrangères, et n'ont pas été payées... Il faut tout dire
aussi.

» des duchés de Bénévent et de Ponte-Corvo !...
» et vous nous avez constitué prisonnier dans
» notre résidence apostolique, en pesant sur notre
» peuple militairement... Nous en appelons à tous
» les peuples... mais surtout *à vous-même, comme*
» *à un fils consacré et assermenté...* pour réparer les
» dommages et soutenir les droits de l'église ca-
» tholique, etc. [1] »

Deux choses sont remarquables dans ce bref...
L'une, et la plus frappante, c'est qu'une semblable pièce ait pu voir le jour dans le dix-neu-
vième siècle... L'autre, que la colère du pape ait
été d'abord allumée pour la prise de ces deux
duchés de Ponte-Corvo et de Bénévent !... Ainsi
donc l'empereur s'exposait à la vengeance qui pardonne rarement, la vengeance religieuse, pour
deux hommes qui, les premiers, ont sapé sa
puissance, et se sont montrés ses plus cruels ennemis... Il y a là-dedans tout un texte à para-
phraser !

La réponse de Napoléon fut de prendre à l'instant même les provinces d'Ancône, de Macerata,
d'Urbino, de Camerino, et de les annexer au

---

[1] On trouve le bref entier dans les Mémoires du cardinal
Pacca... je le pense du moins... Je ne les connais pas; mais
on m'a dit qu'ils existaient, et ils doivent être bien, parce
qu'il a du talent et qu'il a beaucoup vu.

royaume d'Italie... Le légat du pape quitta Paris,
M. de Champagny, alors ministre des relations
extérieures, mais qui n'était, comme tous les ministres de Napoléon, qu'un premier commis, fit
paraître une sorte d'apologie de la conduite de
la France. Je ne sais si elle fut alors publiée...
Quoi qu'il en soit, je vais en rapporter ici quelques mots... Ils sont assez étranges, non pas pour
le fond, car nous reconnaissons tous cette vérité,
mais pour la forme, surtout en parlant au pape.

« L'empereur, dit le ministre, ne se départira
» jamais de la proposition que l'Italie forme une
» ligue pour en éloigner la guerre. Si le Saint-
» Père y adhère, tout est terminé. S'il s'y refuse,
» il annonce qu'il ne veut aucune paix avec l'em-
» pereur, et QU'IL LUI DÉCLARE LA GUERRE... Le
» premier résultat de la guerre est la conquête,
» ET LE PREMIER RÉSULTAT DE LA CONQUÊTE EST LE
» CHANGEMENT DE GOUVERNEMENT... »

Le pape fit répondre [1] par le cardinal Gabrielli,
alors secrétaire d'État, et oncle du prince Gabrielli, qui depuis devint le gendre de Lucien :

« Par une telle ligue, le Saint-Père ne se char-

---

[1] Cette note est du 19 ou du 20 avril de cette même année...
Un hasard assez particulier m'en a fait trouver une *copie
vraie* et faite sur l'original. Je ne me rappelle plus très bien
la date, mais je suis sûre qu'elle est du mois d'avril 1808.

» gerait pas seulement de l'obligation d'une simple
« dépense, le serviteur de Dieu se placerait dans
« l'obligation égale de soutenir et de faire la
« guerre... Le serviteur du Dieu de paix serait
» donc placé dans un état hostile, qui ne convient
» pas à la mission de paix et à ses devoirs sacrés... »

Ce langage de paix et de mansuétude serait sans
doute ce qu'il devrait être, dit par le chef de l'église
chrétienne... par le vicaire de Jésus-Christ... Mais
si jamais le souverain pontife a soutenu la guerre,
ce ne fut pas dans une circonstance plus honorable que celle où se trouvait Pie VII. Sans doute,
sa mission est toute de paix et de conciliation
parmi les hommes... Mais après Alexandre Borgia, Jules II, Léon X même, Sixte-Quint, et cette
longue suite de pontifes, fourbes et guerroyans,
Pie VII pouvait, sans craindre la colère céleste,
défendre le patrimoine de saint Pierre, ou du
moins le tenter.

Nous eûmes avec M. de Narbonne une très
longue conversation ce même jour. Il était en-
nuyé de sa vie. L'empereur semblait le menacer
en silence, et la conduite du comte Louis était
pourtant tellement bien en accord avec l'honneur
d'un Français, et tout ce que pouvait demander
l'empereur, qu'en vérité je ne comprenais pas les
craintes de mon ancien ami. Il se rencontrait sou-

vent chez moi avec la grande-duchesse de Berg,
et les bonnes manières de M. de Narbonne avaient
frappé la princesse, quoiqu'elle eût auprès d'elle
un homme tout-à-fait bien en ces sortes de ma-
tières d'équité et de formules du monde. Un soir
je me rappelle que la princesse Caroline vint me
voir, et que je lui proposai de faire une partie de
whist [1], ce qu'elle accepta à l'instant fort gracieu-
sement. Comme j'ai été toute ma vie la plus mal-
adroite personne du monde aux cartes, ce fut
mon mari qui me remplaça, et les deux autres
partners furent M. de Sainte-Foix ou M. de Mon-
trond, je ne me rappelle plus lequel des deux.
Mais M. de Narbonne fut positivement l'un
des quatre. La manière dont il conserva son
chapeau frappa la princesse ; et, pour dire vrai,
elle n'était pas commode... Mais l'habitude rendait ici la chose facile, tandis que l'imitation [2]

[1] L'empereur était alors en Pologne, à Varsovie, où il
s'amusait fort bien, tandis qu'il écrivait à l'impératrice Joséphine qu'il s'ennuyait tout seul... C'est alors qu'il a rencontré madame Valeska... M. de Talleyrand était avec lui, et la
partie de *whist* était venue se réfugier chez moi.

[2] Il s'agissait de garder le chapeau sous le bras tandis
qu'on jouait ; rien n'est plus comique que les efforts (presque toujours nuls) tentés par les gens qui sont ignorans de
cette coutume, et tentent pour la première fois de la mettre
en pratique.

en devenait burlesque et presque impossible.
Une remarque à faire , c'est que le chapeau
tricorne du comte Louis fut toujours d'une
importance première pour son sort toutes les fois
qu'il approchait de l'empereur ou de quelqu'un
de sa famille. Le moment venait pour lui où
une pétition plus ou moins bien présentée allait
changer son sort.

Quelques jours se passèrent assez tristement
pour moi ; j'étais inquiète, j'avais des pressentimens sinistres, et pour moi c'est une grande
affaire, car j'y crois. Ils devinrent si forts, qu'un
jour j'envoyai chercher M. de Narbonne pour
le consulter...Je prévoyais un orage... cette colère
de l'empereur contre moi... contre moi qu'il devait savoir n'être pas coupable... cette injustice
m'annonçait une autre injustice, il y avait *du
machiavélisme* dans la conduite des affaires intérieures de la cour impériale. Sans doute je me
sers là d'un grand mot pour une petite chose...
mais je dis la vérité, et cette vérité a été plus ou
moins ressentie par tout ce qui formait *les cours
de la famille* impériale.

Je me couchai très tard ce même soir dont je
viens de parler ; j'avais défendu ma porte. Madame Lallemand était allée à l'Opéra avec madame de Grandsaigne, et madame de Laplanche

XI.   17

Mortière¹, aujourd'hui madame de Mont-Gardé,
et qui alors logeait chez moi en attendant qu'elle
épousât M. Delagrave, aide-de-camp de Junot,
et autrefois aide-de-camp de son mari, le général Laplanche Mortière, lequel avait pris le
parti de mourir dans la campagne de 1806 à
Naples, et M. Delagrave étant également parti
pour l'armée, ce mariage n'eut pas lieu... J'étais
donc restée seule et tout inquiète, car cette
conversation de M. de Narbonne, la visite de
Duroc, m'avaient mis du sombre dans l'âme. J'ai

¹ J'avais alors *dix-sept loges :* une à chaque spectacle, et
je n'y allais presque jamais... C'étaient mes amis qui en pro-
fitaient. Une de mes amies, c'est-à-dire qui aurait dû l'être,
en avait une presque régulièrement tous les jours, sans
compter les places que je lui donnais *à elle personnellement*
ainsi *qu'à ses deux fils*, H....... et L....., dans mes loges
aux quatre grands théâtres ; car ces quatre grandes loges-là
étaient habituellement réservées... Cette personne que je
viens de citer est madame de B......e. Elle était vieille et
avait les goûts on ne peut pas plus jeunes, et je me trouvais heureuse de contenter une ancienne connaissance
de ma mère devenue un vieil enfant. C'était une femme
étonnamment spirituelle, ayant des talens remarquables,
mais pas celui, par exemple, de savoir vieillir ; elle était au
moins de l'âge de ma mère, et ne voulait pas en venir à ce
terrible mot : *Je suis une vieille femme*. Elle avait de cette
originalité *en falbalas* qui est heureusement passée de mode,
et qui est même devenue de mauvais goût... c'était de tout
dire et de tout faire. C'est une manière comme une autre.

toujours été superstitieuse, et dans ma vie j'ai si souvent éprouvé que mes pressentimens ne peuvent me tromper, que maintenant je frémis lorsqu'ils me parlent... Je me couchai tard, et ne m'endormis qu'au jour, accablée de fatigue et les yeux brûlans, car j'avais beaucoup pleuré.

Le lendemain je ne m'éveillai qu'à dix heures. Ma femme de chambre, en ouvrant mes volets, me dit d'un air joyeux qu'il était arrivé des nouvelles de Lisbonne, et elle mit sur mon lit un gros paquet qui avait été apporté par M. Prévost¹, aide-de-camp du duc.

J'avais une extrême impatience d'apprendre des nouvelles de Junot, dont j'étais en peine depuis quelques jours. Je n'avais pas sujet de prendre tant de hâte, et lorsque j'eus à peine lu deux pages de son étrange lettre, je fus tout hors de moi : je vais la transcrire ici dans son entier pour expliquer ce qui doit suivre.

« Aussitôt que tu auras reçu cette lettre, ma » chère Laure, fais sur-le-champ tes préparatifs » de départ, c'est-à-dire fais tout préparer afin » qu'à mon arrivée à Paris rien ne puisse nous

---

¹ Brave et loyal garçon ; le duc l'aimait beaucoup. Je ne sais où il est maintenant, mais là où ces Mémoires le trouveront, je veux qu'ils lui portent l'assurance de mon amitié comme accordée à l'homme vraiment attaché a Junot.

» retarder. Je conçois quel sera ton étonnement,
» et je vais m'expliquer.

» J'ai reçu par la dernière estafette une lettre
» de Duroc qui m'écrit de la part de l'empereur
» que je dois opter entre la place de premier aide-
» de-camp et celle de gouverneur de Paris, at-
» tendu que les deux places ne sont pas compa-
» tibles. S. M. n'a pas dû penser que j'hésiterais
» un seul instant dans le choix qui m'est offert.
» Vivre pour elle, uniquement pour elle, c'est
» depuis longtemps mon vœu le plus cher. Je
» me retrouverai près de l'empereur comme j'y
» étais dans les beaux jours de l'armée d'Italie.
» Qu'il répande ses faveurs sur les hommes qui
» l'entourent, ils sont avides de grâces... de
» grandeurs... je les leur abandonne... que l'em-
» pereur me serre la main au retour d'un de ses
» voyages, ou plutôt qu'il me permette de ne ja-
» mais plus le quitter, et je suis plus heureux que
» je ne l'aurais été sous les lambris dorés que sa
» générosité m'a donnés... Au surplus je souffre
» beaucoup dans ce moment ; mes anciennes dou-
» leurs me reprennent, et ma blessure d'Égypte a
» manqué se rouvrir. Je demande un congé défi-
» nitif que S. M. ne peut me refuser. Je prendrai
» quelques bains de Baréges, et puis je serai en état
» de servir l'empereur partout où il lui plaira de

» me conduire. S'il ne veut pas de moi... eh bien! je
» me retirerai en Bourgogne, dans ma famille,
» avec ma Laure et mes enfans... nous aurons en-
» core d'heureux jours; et, malgré la méchanceté
» des hommes, je pourrai y trouver le repos, car
» j'aurai une conscience pure, et mon âme ne con-
» naît aucun remords.

» Je t'envoie la lettre de Duroc... Ce n'était pas
» lui qui devait se charger d'une semblable com-
» mission... tu le lui diras de ma part...

» Adieu, ma chère Laure. Cette lettre te fera de
» la peine, mais que puis-je te dire, si je ne te confie
» pas mes plus intimes chagrins?... Tu sais que
» l'empereur peut, après toi, m'en causer de bien
» cuisans!... C'est parce que tu connais mon cœur
» qu'il s'ouvre aujourd'hui devant toi... Adieu, ma
» Laure chérie... adieu. Embrasse nos enfans...
» embrasse surtout mon fils... Dans la retraite
» où je compte vivre, vous ferez tous le seul
» bonheur auquel j'aspire désormais.

» LE DUC D'ABRANTÈS [1]. »

Voici la copie de la lettre de Duroc, dont j'ai
l'original entre les mains :

« Mon cher Junot, je suis chargé de la part

[1] Toutes les lettres originales citées dans ces Mémoires seront déposées chez mon Éditeur,

» de Sa Majesté de te dire qu'elle a décidé que
» les deux places d'aide-de-camp et de gouver-
» neur de Paris ne pouvaient être compatibles
» l'une avec l'autre. Elle te fait dire en consé-
» quence que tu dois choisir entre elles deux. Sans
» doute que pour toi le choix n'est pas douteux,
» car l'une est sans aucune attribution, et par là
» sans consistance. Mais je n'ai rien à te dire sur
» ce que tu dois faire dans cette circonstance.
» Cependant je t'engage à bien réfléchir avant
» de re ta réponse, et surtout à ne voir dans
» ce que je suis chargé de te faire savoir de la
» part de l'empereur qu'une *preuve de son atta-*
» *chement pour toi.* Ce sont ses propres paroles.
» Quant à moi, tu ne dois jamais douter de mes
» sentimens pour toi, mon cher Junot, et j'espère
» que tu ne me fais pas l'injure de ne pas me
» mettre en tête de tes meilleurs amis.

» Adieu, mon cher général; crois, je te prie,
» à tout mon attachement.

» DUROC. »

Paris, le 10 février.

Le premier moment qui suivit la lecture de
ces lettres fut pour moi tout de stupeur. Je ne
savais pas me retrouver au milieu de ce labyrinthe... Mon Dieu! me dis-je enfin et comme

frappée d'une idée soudaine... mon Dieu, et si l'empereur allait dire *oui*.

Et dans le fait, j'étais inquiète de l'état de la pensée de l'empereur, au moment où il recevrait la lettre de Junot. Il pouvait se faire qu'il fût dans une telle disposition d'esprit, qu'il acceptât la démission offerte ; et si Junot était résigné à s'aller renfermer dans Montbard, j'avoue que je n'avais pas du tout la même philosophie à cette époque-là... Je compris qu'il fallait agir dans cette circonstance avec prudence, et pourtant célérité. Je regardai à ma pendule... Dix heures moins un quart !... une idée claire et rapide vint traverser ma pensée... Je sonnai de manière à casser dix sonnettes.

— Qu'on s'informe si M. Prevost est encore à l'hôtel ! criai-je à Joséphine, vieille femme de chambre de ma mère qui m'avait élevée tout enfant !

— Oh ! madame, il est parti pour les Tuileries aussitôt qu'il a vu que madame n'était pas réveillée.

Je fus découragée par cette réponse, cependant il fallait prendre un parti.

— Eh bien ! dépêche-toi à l'instant, donne-moi une robe, et dis qu'on mette les chevaux.

En dix minutes, je fus habillée et dans ma voiture.

— A l'Élysée, dis-je à mon chasseur.

Il était dix heures et demie... en entrant dans la cour du palais, je vis une voiture sans armoiries à la livrée de l'empereur.

—Serait-ce lui? me dis-je... et sans entrer dans le salon de service, je tournai du côté des petits appartemens, et demandai à madame Dupont, la première femme de chambre de la princesse, si je pouvais la voir un seul moment... Je ne m'étais pas trompée, l'empereur était avec elle... c'était ce qu'il me fallait : mais le moyen de troubler le tête-à-tête fraternel...

— Ils se promènent dans le jardin, me dit madame Dupont, qui était une bonne et excellente personne; si vous voulez, madame, je ferai remettre à Son Altesse un mot que vous écririez ici ?...

Madame Dupont me donna une plume et du papier, et j'écrivis à la princesse Caroline que je lui demandais la faveur de quelques minutes d'entretien immédiat, pour un objet de la plus haute importance pour moi... On porta le billet à la princesse.

— Oh! oh! dit l'empereur, vous recevez des

billets de bonne heure! qu'est-ce que c'est que
cela?

Il prit le billet des mains de sa sœur sans plus
de façons, et le lut d'un coup d'œil, car il n'y
avait que trois lignes.

—Comment, diable! elle est déjà levée, madame
Junot?... elle a la puce à l'oreille de bon matin...
Allons, je vous laisse bavarder ensemble... moi
je m'en retourne aux Tuileries, pour déjeûner.
Adieu! madame Caroline...

Et embrassant sa sœur, il s'en fut avec une
physionomie toujours riante; ce que je pus voir
parfaitement du petit salon où j'attendais.

La princesse me fit appeler sur-le-champ. Je
dois dire que dans cette matinée elle fut parfaite
pour moi. Je retrouvai en elle l'amie de ma jeunesse et une amie de cœur... je n'ai pas oublié
sa conduite pendant toute cette journée.

— Mon Dieu! qu'avez-vous? me dit-elle en
venant à moi et en me prenant les mains. Comme
vous êtes pâle!... Est-il donc arrivé quelque
malheur à Junot?

Et elle-même devint très pâle.

Quand je souffre et qu'une voix amie vient
me plaindre, alors les larmes que l'orgueil, la
force d'âme peut-être ont contenues, coulent en
abondance; ce fut ce qui m'arriva. Je ne pus

répondre à la princesse que par des sanglots, et je lui remis sans parler la lettre de mon mari.

— Mon Dieu! quelle terrible tête! s'écria-t-elle... qui sait comment l'empereur va prendre cette affaire?

— Et voilà ce que je crains! m'écriai-je à mon tour... mais, madame, il vous a sans doute écrit, Junot? que vous dit-il?...

— Je n'ai pas reçu un mot de lui, me répondit-elle d'un ton fort simple... et pourtant je ne la crus pas... je n'ai pas eu de lettre de lui depuis trois estaffettes.

Dans le même instant un valet de chambre remit à la princesse un gros paquet, sur lequel je reconnus l'écriture de Junot... La princesse avait dit la vérité. M. Prevost n'était venu à l'Élysée qu'après avoir été aux Tuileries, et voyant l'empereur prendre le chemin de l'Élysée, il avait jugé convenable et avec raison de ne faire son message que lorsque la princesse serait libre...Du reste, la lettre de Junot ne contenait que ce qui était dans la mienne, du moins quant à son affaire des deux places...

— Mais que faire? dis-je enfin.

— Écoutez, me dit la princesse: il est évident que l'empereur n'est pas de mauvaise humeur... il a ri, il a plaisanté pendant tout le temps de sa visite, qui a été assez long. Si la lettre de Junot lui avait donné de l'humeur, il l'aurait témoigné, et il m'en aurait parlé surtout, tandis qu'il ne m'a rien dit de tout cela...

— Mais que faire?... répétai-je.

— Lui demander une audience...

— C'était bien mon projet... mais me l'accordera-t-il?...

— Ceci est la pierre de touche, me dit la princesse. S'il vous accorde l'audience, c'est qu'il n'a pas d'humeur... s'il la refuse...

— Croyez-vous qu'il la refuse? lui demandai-je en pressant ses ravissantes petites mains dans les miennes...

— Non, me dit-elle avec un accent d'amitié persuasif, non, je ne le pense pas... et puis, si cela arrivait... comptez sur moi... comptez sur Madame... Mais quelle tête a ce Junot!... quelle tête !...

Je la quittai fort rassurée, sans avoir cependant aucune raison de l'être. Je rentrai chez moi, et j'écrivis à l'heure même au chambellan de service pour demander une audience à Sa Majesté. Il était alors midi. Le chambellan me répondit avant deux heures que l'empereur me recevrait *le soir même à neuf heures.*

Je fis un saut de joie. Non seulement l'au-

dience était accordée, mais elle l'était avec un
empressement qui était de bon augure. Je fis
aussitôt demander M. Prevost; il vint à l'instant,
car il ne s'était pas couché, voulant me voir avant
d'aller dormir, et il venait de faire six cents lieues
à francs étriers ! !...

Je le questionnai sur ce que je présumais
qu'il pouvait savoir, mais aux premiers mots je
m'aperçus qu'il n'était informé de rien. Le duc
avait reçu une estafette comme il en recevait
toutes les semaines, et le lendemain de l'arrivée
de cette estafette, lui, M. Prevost, était parti de
Lisbonne, s'embarquant à la place du Commerce,
et venant prendre à Aldea Galega un de ces
bons bidets d'Espagne avec lesquels on court la
poste comme dans son lit, et le quinzième jour
il était arrivé à Paris... Mais ce que j'appris de
lui parce que son attachement pour son général
le rendait clairvoyant, c'est que Junot était profondément affecté.

— Lorsque monseigneur m'a fait entrer dans
son cabinet pour me donner mes dépêches, il était
pâle, me dit Prevost, et cela m'a fait un mal...

Et lui aussi me faisait bien mal !... Je voyais
Junot, dont je connaissais l'extrême susceptibilité
d'âme, seul, sans amis vrais pour panser une
blessure aussi vive, et lui faire entendre des pa-

roles qui endorment les douleurs... Il avait bien
des intrigues là-bas... mais pas de liaison... et son
esprit *seul* était occupé. Ce n'était pas une tête
comme celle de madame F.. qui pouvait comprendre un cœur comme le sien.

Je passai la journée à me recueillir pour l'entrevue du soir. Il était évident que l'empereur
connaissait le but de ma démarche, et qu'il ne la
désapprouvait pas... puisqu'il consentait à traiter
avec moi une question *quelle qu'elle fût*, c'est
qu'il m'en jugeait capable, et je devais lui
faire voir qu'en effet je pouvais le comprendre.
Mais qu'allait-il me dire?... Peut-être il approu-
verait la retraite de Junot, tout en lui conser-
vant son amitié... Les princes sont avares de faveurs comme de sentiment, me disais-je tandis
que mes chevaux m'emportaient rapidemment
vers les Tuileries... S'il allait... Allons donc,
c'est impossible !...

— Allons, chère amie... du courage! Et une
main amie pressait la mienne, et M. de Narbonne était là devant moi, et je pleurai presque de mon attendrissement...

— Comment donc êtes-vous là? lui dis-je enfin
après l'avoir embrassé, je vous croyais à Combreux?

Et en effet il était à Combreux, chez madame

de Jaucourt[1], lorsque le mati n je lui avais écrit
un mot pour le prier de venir chez moi. Plus tard,
le sachant à Combreux , je lui écrivis une lettre
qui devait partir le lendemain , lorsque le soir il
revint à Paris... il lut mes lettres chez moi , je
venais de partir pour les Tuileries , et il ne trouva
que le bon abbé Junot, à qui j'avais raconté toute
mon affaire et demandé des consolations, et qui
à son tour connaissant ma confiance en M. de
Narbonne, lui dit en deux mots ce qui m'arrivait.
M. de Narbonne remonta dans le cabriolet d'E-
meric de Fesensac, je crois, qui l'avait amené, et
poussa le cheval à toute course pour me devancer
aux Tuileries. Il voulait me voir un seul moment
pour me dire quelques unes de ces bonnes paroles
d'amitié qui font tant de bien.

Cette démarche de M. de Narbonne est toujours demeurée dans le souvenir le plus profond de tout ce que mon âme a d'aimant et de
tendre... Je le fis monter dans ma voiture et
lui expliquai ma position en deux mots. Il me
confirma dans l'opinion que l'empereur n'avait
aucun ressentiment contre Junot, puisque l'audience m'était accordée si promptement. Il ajouta

---

[1] Autrefois madame de La Châtre , l'une des meilleures ,
les plus spirituelles, les plus aimables femmes que j'aie rencontrées.

quelques mots pour ma règle de conduite, et, comme l'horloge du palais sonnait le troisième quart de huit heures, je descendis de ma voiture, car l'empereur était exact aux heures données, quand elles ne se rencontraient pas avec une revue ou bien avec le conseil d'Etat...

C'est une immense chose dans ma vie que cette conversation avec Napoléon; elle est d'autant plus grave que ses résultats furent bien importans dans l'existence de Junot; elle devint décolorée de ce prisme radieux qui l'avait éclairée jusque là. Son bonheur fut séparé de celui de l'homme prestigieux et providentiel qui disposait de nos destinées comme un magicien réglait celles des êtres soumis à sa baguette. J'ai bien souvent, depuis cette journée qui est demeurée inculquée dans ma pensée rêveuse, rappelé à moi toutes les paroles, les gestes, de cet homme étonnant qui dominait toujours nos volontés et nous contraignait à suivre son pas.

Arrivée dans le salon de service où se tenaient les aides-de-camp et les officiers civils de la maison de l'empereur, je demandai à la première personne qui se trouva dans mon chemin, si l'empereur était seul : on me dit que oui... J'étais si troublée que je ne puis me rappeler, et je ne l'aurais pas pu davantage le lendemain,

qui était dans le salon de service, une seule personne exceptée... Je fus m'asseoir dans le grand
fauteuil rouge qui était auprès de la cheminée,
et là, tout entière à mes pensées, je me laissai
aller à une profonde rêverie qui était encore
entretenue par l'obscurité de cette immense pièce
à peine éclairée par quelques bougies. Je ne disais
donc rien, et mes *compagnons* étaient tout aussi
silencieux que moi, lorsque mon nom prononcé
à demi-voix me fit lever la tête, et je vis Duroc
devant moi.

— Etes-vous toujours fâchée?... me dit-il en
souriant.

J'avais déjà oublié la querelle que nous
avions eue quelques jours avant, et, lui tendant la
main, je lui demandai pourquoi.

— A la bonne heure, continua-t-il sur le même
ton... d'autant mieux, reprit-il plus sérieusement,
que vous devez tout oublier pour ne vous occuper
que de la conversation que vous allez avoir avec
l'empereur...

— Mon Dieu ! m'écriai-je, qu'avons-nous donc
à craindre ?

— Je ne pense pas que vous en ayez sujet, me
dit-il... Au reste, l'empereur ne m'a pas parlé de
la lettre qu'il a reçue de Junot... mais je crains,
d'après le style de celle que m'a écrite votre

mari, que la lettre de l'empereur ne soit de nature à le fâcher... mais ne vous inquiétez pas d'avance, et surtout soyez parfaitement maîtresse de vous... Vous savez que c'est de là que dépend peut-être le succès de votre conférence... Croyez-vous qu'il ait été capable de donner vraiment sa démission de toutes ses places ?

— Je n'en doute pas un instant.

— Quelle tête!... mon Dieu ! quelle tête!...

Et Duroc se promena devant la cheminée le front tout soucieux... Excellent ami!... il souffrait en ce moment de l'imprudence du frère d'armes dont la gloire et la faveur ne lui étaient pas gênantes, car jamais il ne fut envieux... On voyait qu'il éprouvait de l'inquiétude, et que cette inquiétude était fondée... Qu'on juge avec quelle sollicitude je suivais chacun de ses mouvemens!... Duroc était, pour nous qui connaissions sa position auprès de l'empereur, un miroir le réfléchissant en partie... Dans ce moment la pendule sonna neuf heures et demie...

— Savez-vous si l'empereur est prévenu que vous êtes là ? me demanda-t-il tout bas.

Je fis signe que oui... Dans le moment même l'empereur sonna, et je fus introduite.

Cette entrevue était peut-être la vingtième que j'avais ainsi avec l'empereur, seule avec lui;

mais jamais je n'avais éprouvé l'agitation que je
ressentais. Mes jambes tremblaient sous moi...
ma vue était trouble, et je me sentais vraiment
mal. Il s'agissait du sort de Junot, de celui de
mes enfans, et alors j'en avais déjà trois.

L'empereur était debout, contre son bureau...
Au moment où j'entrai il toussait beaucoup. Ce
fut presque une quinte. Quand il eut fini, il me
fit une inclinaison de tête gracieuse en souriant
de ce sourire qui éclairait son beau visage et le
rendait presque divin.

Les paroles nous sont données pour exprimer
ce que nous sentons ; mais ici je n'en puis trouver pour rendre la rapidité du changement qui
se fit en moi. Je respirai à l'instant plus librement, ma vue s'éclaircit, j'avançai d'un pas déli-
béré; et lorsqu'après avoir incliné la tête en souriant l'empereur me dit :

— Eh bien ! madame Junot, que me voulez-
vous donc?...

Ce fut en souriant de même, et avec tout
l'exercice libre et entier de mes facultés, que je
répondis :

— Votre Majesté le sait bien.

— Mais encore ?...

— Si elle voulait m'épargner la peine de le
dire!..

— Non, non, je suis bien aise de voir comment vous vous y prenez pour réparer un tort...

— Comment cela, sire..? Votre Majesté croit-elle donc que dans cette affaire ce soit Junot qui ait tort?

— Et qui donc l'aurait?

— Mais vous, sire...

— Moi!...

— Sans aucun doute.

— Pardieu, je voudrais bien que vous me fissiez voir cela!...

— Croyez-vous donc, sire, que ce ne soit pas un grand tort que de blesser profondément un cœur dévoué?... une âme ardente qui n'a qu'une pensée... un but, celui de vous plaire... de vous aimer... c'est un tort, et un grand tort.

— Hum!... pas mal... *mais ce sont des mots, tout cela...*

Il se promena quelque temps, puis revint à moi. Dans ce peu d'instans sa physionomie s'était montée au plus haut degré du sérieux, mais sans aucune nuance de sévérité. Il se plaça dans son fauteuil, et me faisant signe de m'asseoir, il me dit avec cet accent de gravité que je ne lui avais jamais entendu prendre avec moi:

— Madame Junot, retenez bien ce que je vais

vous dire., et vous l'écrirez à Junot. Faites bien
attention à mes paroles, car je n'en dis jamais
d'oiseuses.

J'ai fait écrire à Junot par Duroc qu'il fallait
qu'il choisît entre la place de premier aide-de-
camp et celle de gouverneur de Paris. Surtout
comme cette dernière existe aujourd'hui avec de
grandes, d'immenses prérogatives militaires, il
ne convient pas que *l'un de mes successeurs* puisse
prendre avantage sur l'exemple donné pendant
mon règne, que les deux puissent être réunies...
Me comprenez-vous bien ?

— Parfaitement, sire.

— J'ai eu le projet pendant quelque temps de
créer la place de mon premier aide-de-camp avec
de grands priviléges et de grands avantages,
mais j'ai reconnu à cela trop d'inconvéniens. Je
l'avais promise à Junot le jour de la bataille
d'Austerlitz... il me le rappelle dans sa lettre... il
a raison, les promesses du champ de bataille doivent être sacrées... Mais ce que je lui promettais,
c'était de faire son bien, et je l'ai fait... je le fais
encore en lui donnant la place de gouverneur de
Paris... qu'il garde celle-là et laisse l'autre... il est
impossible que l'homme qui peut à toute heure
entrer sous ma tente ou dans mon palais avec le
nom de mon aide-de-camp, soit en même temps

gouverneur de Paris et commande à soixante mille hommes.

Puis se levant, et continuant à parler comme s'il se répondait à lui-même :

— Non, cela ne se doit pas... c'est impossible...

— Mais Votre Majesté est trop sûre de Junot pour...

— Voilà bien les femmes!... interrompit-il avec humeur. Ne me comprenez-vous pas?... Qui vous parle ici de la fidélité de Junot?... Je n'en doute parbleu pas... Je vous ai dit que je ne veux pas laisser un exemple dont puisse s'autoriser mon successeur... Ensuite, qu'est-ce qué c'est, au fait, que cette place de premier aide-de-camp? une *niaiserie sentimentale de Junot*... Il ne fait jamais de service auprès de moi, parce que cela ne serait ni convenable, ni possible même... Junot est grand-officier de l'empire; et parce qu'il porte une pelisse de hussard, ce n'est pas une raison pour se faire mettre aux arrêts comme au temps où il était colonel de Berchini, et manquait son service parce qu'il était amoureux de mademoiselle Louise... Avez-vous connu mademoiselle Louise?

— Non, sire... Et je me mis à rire d'un de ces rires qui sont contagieux... L'empereur rit aussi... mais c'était chez lui une impression fugitive que

celle de la gaieté. Il se remit aussitôt, et me demanda pourquoi j'avais ri.

— Sire, parce que Votre Majesté prétendait tout
à l'heure que jamais elle ne disait une parole
oiseuse.

Il sourit avec raillerie, et levant légèrement les
épaules :

— Allons donc... n'allez-vous pas me faire croire
que vous êtes jalouse ?

— Jalouse !...

— Ma foi ! pourquoi pas ?... vous autres femmes
vous l'êtes toutes comme des tigresses.

Et il souriait de nouveau, mais sans moquerie,
et prenant lentement son tabac, il fut se rasseoir,
et me faisant signe d'en faire autant, il reprit :

— Je vous ai bien expliqué mes motifs pour
avoir fait écrire à Junot ce que Duroc lui a dit
de ma part. Je suis *reconnaissant comme ami* qu'il
ait choisi et gardé sa place d'aide-de-camp : cela
ne m'étonne pas... Mais *moi*, comme ami et comme
souverain, je dois veiller sur lui et sur son sort.
Je ne fais donc aucune attention à ce qu'il m'a
écrit ce matin, et il demeure toujours gouverneur
de Paris. C'est *inamovible* une place comme celle-
là... oui, quand on est gouverneur de Paris c'est
pour toujours... Quelle tête il a ce Junot !... il est

encore comme à vingt ans!... il m'a écrit une
lettre !

Et l'empereur levait ses deux mains en remuant
la tête.

— Vous dit-il ce qu'il m'écrit ?

— Il ne se le permettrait pas, sire... mais j'ai
pu deviner par le style de ma lettre tout ce qu'il
y avait de souffrance en lui.

L'empereur fit quelques pas vers son bureau,
et cherchant parmi plusieurs papiers, il en prit
un sur lequel je reconnus l'écriture de Junot... Il
le parcourut des yeux, et je vis une impression
bienveillante se répandre sur ses traits habituellement sévères.

— Tenez, dit-il en me présentant la lettre de
Junot... lisez cela, et dites-moi si votre mari vous
écrit des lettres comme celle-ci.

Junot écrivait bien, et je puis même dire remarquablement bien; on en pourra juger, au reste,
par ce que je ferai connaître plus tard de sa correspondance... mais l'empereur avait raison. Il y
avait dans cette lettre qu'il venait de me donner
un talent qui ne venait pas de l'esprit, mais bien
de l'âme, et d'une âme brûlante. Chaque mot pei-
gnait une sensation. On ne pouvait repousser la
plainte exhalée dans chaque ligne, parce que l'on
sentait qu'elle était vraie... Quel cœur !... quels

trésors d'honneur, de bonté, de loyauté, étaient
renfermés dans cet homme!... Que de noblesse
dans sa plainte! Comme il était digne, et cependant comme il disait bien sa blessure!... je remis la lettre sur le bureau sans dire une parole...
J'en voulais à l'empereur pour le mal qu'il lui
avait fait. Il me devina:

— Vous n'êtes pas contente, madame Lau-
rette... me dit-il en me pinçant l'oreille; mais aussi
pourquoi Junot est-il sentimental comme une
jeune fille allemande [1]?... Que diable! on a de la
raison... Je ne veux pas qu'il soit triste... écrivez-
le-lui de ma part, en lui expliquant bien ce que
je vous ai dit. Vous ne l'avez pas oublié?

— Non, sire... Mais si Votre Majesté veut me
permettre de lui demander une grâce, elle me
rendra bien heureuse en me l'accordant.

— Que voulez-vous?

— Sire, je remplirai vos ordres en écrivant à
Junot... mais Votre Majesté a pu voir combien il
souffrait en lui écrivant cette lettre. Ce n'est pas
une explication toute stérile de ma part qui peut
réparer le mal que vous lui avez fait... Il faut que

---

[1] Je n'ai jamais oublié cette comparaison. Pourquoi donc
prenait-il les Allemandes pour plus sentimentales que les
Anglaises?

ce soit vous, sire, qui mettiez le baume sur la plaie que vous avez faite.

L'empereur me regarda avec une ineffable douceur... et me souriant en remuant la tête comme pour m'approuver :

— Eh bien ! je lui écrirai.

— Bien sûr, sire ?

— Bien sûr.

— Votre Majesté l'oubliera.

— Non, je ne l'oublierai pas...

Et il ajouta avec un tout autre accent :

— Je vous en donne ma parole.

Et puis, comme si de nouveau une pensée se fût offerte à lui, il reprit avec cette sorte de demi-enjouement qu'on lui connaissait :

— Ah çà ! il m'*aime donc bien,* ce pauvre Junot ?

Cette question faite de cette manière me surprit tellement, que je ne pus m'empêcher de sourire en le regardant. Je savais ensuite que sa *marote*, si l'on peut se servir de cette expression, était d'être aimé, et aimé pour lui-même. Quant à cela, Junot lui avait donné de telles preuves d'attachement, que son doute ne pouvait même être excité. Mais il aimait probablement à en recevoir de nouvelles assurances, car, après sa question, il retourna à la chaise qui était près de lui, s'appuyant sur le dossier, mit son menton dans

le creux de sa main droite, et me regardant fixément, il me dit :

— Oui, il m'aime donc beaucoup ?... il m'aime
donc plus que vous enfin ?

— Plus que moi... non sire... mais bien plus
qu'aucune maîtresse, par exemple.

— Comment, il ne serait pas jaloux de moi ?

— J'en suis convaincue, sire... Votre Majesté
le sait bien.

Je le regardai avec un air assez significatif
pour lui rappeler un ancien souvenir, et je nom-
mai doucement Toulon. Sa physionomie ne
changea guère, seulement il y eut comme une
expression joyeuse dans son regard.

— Oh! oh! en êtes-vous donc à ce degré de
confiance, que Junot vous raconte sa vie passée
quand vos deux têtes sont sur l'oreiller ?... Qu'il
parle pour lui... c'est bien... mais qu'il ne se mêle
pas de mes affaires.

Il y avait de la plaisanterie dans son accent,
aussi ne fus-je pas le moins du monde alarmée
de la phrase... Ce que je lui rappelais d'ailleurs
avait rapport à une histoire assez simple. Junot
était amoureux, lors des affaires de Toulon, et
amoureux à soupirer et faire sentinelle en chan-
tant au milieu de la nuit sous les fenêtres de sa
belle. Napoléon vit la jeune fille et parut en être

épris ; ce fut assez pour que Junot se retirât tout aussitôt[1]. Il en souffrit beaucoup et ne le dit jamais. Je connaissais cette petite aventure ; et comme la mémoire de l'empereur était extraordinairement susceptible d'être réveillée par un seul mot, j'étais bien sûre d'être comprise. Toutefois il ne suivait pas sa pensée, qui avait été renouvelée ; et me regardant avec son œil si clair et si perçant, il me dit :

— Il m'aime, dites-vous... je le crois... mais cet attachement, comme celui de tous les hommes, est subordonné aux grandes chances du jeu de la vie... Il est ambitieux... il aime la gloire... il aime tous ces hochets avec lesquels on mène la multitude avec un fil de soie... il est comme tous les autres... Il est homme enfin...

Ses traits s'étaient à l'instant même obscurcis ; il avait repoussé la chaise, et marchait dans la chambre en ayant les deux mains croisées derrière son dos... Je fus *choquée*, parce que *pour lui* Junot n'avait pas été comme tous les autres lors-

---

[1] Je lui demandai, en l'écoutant me raconter cette histoire avec le feu qu'il mettait toujours à ses descriptions :

—Et si la jeune fille t'avait aimé, qu'aurais-tu fait ?

—Belle question !... Je l'aurais d'abord quittée ; et puis si elle s'était entêtée à m'aimer... ma foi !... JE L'AURAIS TUÉE.

Ceci est d'autant plus remarquable, que Junot n'avait pas un caractère à le faire *par complaisance*.

qu'en 94 et 95 il partageait avec lui les écono-
mies maternelles...

— Sire, lui dis-je avec assez d'aigreur, la mémoire de Votre Majesté n'est pas fidèle... et qu'elle
me permette de lui faire observer que celle de
son cœur *surtout* doit lui dire que Junot fut toujours pour elle le frère le plus dévoué... Qu'elle
veuille bien se rappeler Marseille... Madame ne
l'a jamais oublié.

Je ne sais où je prenais mon audace, mais dans
un pareil moment je crois que rien n'eût été frein
pour mes paroles... Quant à lui, il me lança un
regard qui aurait écrasé tout autre... il leva ensuite les épaules et reprit :

— En admettant que Junot m'aime plus *que
toutes choses au monde*, comme vous le dites dans
votre jargon de salon, je vous dis, moi, qu'il ne
m'aime pas davantage qu'une haute ambition satisfaite... et vous-même il vous sacrifierait à elle.

— Et moi, sire, j'ai l'honneur d'affirmer à
Votre Majesté qu'elle méconnaît le caractère de
Junot... qu'elle calomnie son noble cœur... Il vous
aime, sire, plus que toutes les dignités que vous
pouvez donner, plus que votre couronne... plus
que moi peut-être... car c'était l'amour-propre
qui me faisait dire le contraire tout à l'heure...
plus que ses enfans peut-être !...

Et pénétrée de la vérité de ce sentiment si profond qui faisait la vie de Junot et qui n'était pas apprécié... je fondis en larmes.

J'ai bien regretté depuis ne n'avoir pas vu Napoléon dans ce moment-là ; mais mon émotion était bien trop vive pour que mon œil pût suivre son regard... néanmoins j'ai pu présumer ce qu'il était par le mot qui suivit :

— Eh bien !... c'est du romanesque !...

Je ne l'ai jamais dit à Junot... il lui aurait brisé le cœur.

Cependant la vérité, quand elle vient *de là*, a un accent qui est irrésistible : Napoléon y fut soumis. Il vint à moi, me prit la main, me pinça le bout de tous mes doigts, faveur que je ne lui ai vu faire que cette fois-là, et me frappant légèrement les joues :

— Allons, allons, calmez-vous... et surtout taisez-vous... Ces diables de femmes, il faut toujours qu'elles pleurent... c'est une infirmité qu'elles ont... Eh bien ! je suis sûr que votre mère ne pleurait pas... elle avait une mauvaise tête, mais c'était une maîtresse femme...

Il se promena pendant quelques instants en silence... Il y avait de la solennité dans ce calme qui enveloppait pour ainsi dire cette petite chambre, où était le maître du monde avec une jeune femme pleurant devant lui pour qu'il accordât, non pas des gouvernemens de royaumes, des commandemens d'armées, de riches dotations, mais un peu de croyance au plus pur, au plus profond sentiment d'attachement dont un homme ait été l'objet.

Cinq minutes s'écoulèrent dans le silence le plus profond de sa part et de la mienne. Depuis une demi-heure il faisait un temps affreux, une de ces tempêtes de l'équinoxe dont nous approchions alors... Le vent sifflait dans ces longs corridors du palais, et formait comme de sourds gémissemens qui semblaient répondre à des demandes inquiètes... J'avais le cœur gros de larmes, et j'aurais beaucoup donné pour la permission de m'éloigner. Dans le moment la pendule sonna onze heures!... il y avait une heure et demie que j'étais dans le cabinet de l'empereur!... En entendant le timbre résonner au milieu du silence, Napoléon tressaillit... il s'arrêta, et me dit avec une expression assez singulière, attendu qu'il disait très mal les vers :

> *Il vento sbuffa.*
> *La Pioggia precipitasi* [1] *, etc.*

[1] Chant du barde dans *la note* d'Ossian... Toute la suite est admirablement belle. L'empereur, qui aimait déjà beau-

— Quel temps il fait!... heureusement que nous ne sommes pas au bivouac... Ce pauvre Junot a eu de terribles momens à supporter en Portugal dans son voyage... On dit qu'elles sont de force à inonder les chemins dans une nuit ces pluies du Portugal... est-ce vrai?

Et le voilà me questionnant sur le climat du Portugal, et sur les habitans, et sur leur caractère, et sur le marquis d'Alorva, et sur M. d'Araujo, et sur le nonce, qui, après avoir bien fait sa cour aux Français, et particulièrement au duc

coup Ossian, avait un grand goût pour cette traduction de Cesarotti, tout en la dechirant à belles dents, comme il le faisait quelquefois ; l'abbé Cesarotti ; ami intime de Macpherson, a fait cette traduction sous ses yeux, et l'on peut dire qu'il y a des morceaux qui ne se trouvent pas dans l'original, ou bien qui lui sont supérieurs. Cesarotti a prouvé, dans cet ouvrage, qu'on pouvait faire plier la langue italienne à toutes les accentuations, quelque dramatiquement énergiques qu'elles soient. Avec lui et avec Alfieri, la langue italienne moderne n'est plus molle et efféminée comme dans Métastase et Guarini; on y trouve de *ce dantesque*, de ce mordant que nous aussi nous avions perdu, et que Victor Hugo nous a rendu.

Dans cette pièce que je viens de citer, il y a une poésie imitative, admirablement belle, surtout au moment où le poète parle de la pluie et de la tempête; et ajoute :

I cani ululano !...

Ce dernier mot est d'un grand effet.

d'Abrantès, venait de quitter Lisbonne en fugitif... Et puis, après avoir bien tiré de moi tout ce
qu'il en pouvait tirer, en me questionnant sur ce
qui avait quelque rapport aux affaires présentes
de la Péninsule, il se tourna vers moi, et me
souriant avec une grâce charmante :

— Je vous dis bonsoir, mais je ne vous sou-
haite pas une bonne nuit, car je suis sûr que
vous écrirez à Junot avant de vous coucher..
Me trompé-je?...

— Non sûrement, sire!... m'écriai-je toute
charmée de sa bonne et gracieuse manière. L'estafette de demain portera à Junot l'expression de
tout ce que la bonté de Votre Majesté m'a fait
ressentir dans cette soirée,... il sera bien heureux!... Mais, sire, Votre Majesté m'a promis un
trésor de consolation pour son plus fidèle serviteur... Certainement il a eu tort de prendre autant d'alarmes de la lettre du maréchal Duroc;
mais enfin, il en souffre, sire, et il en souffre
depuis long-temps... Lorsque ma lettre arrivera
à Lisbonne, il y aura six semaines que celle de
Duroc lui aura été remise... Je suis sûre qu'une
seule ligne de Votre Majesté, cette ligne promise
ferait plus pour lui que toutes mes pages, quelque tendresse que j'y mette.

— Je vous ai promis d'écrire...

— Sire, vous l'oublierez...

— Non... je vous ai donné ma parole.

Je ne pouvais plus insister après ce dernier mot. Je saluai et me disposais à sortir, lorsqu'il me retint encore en me disant :

— Surtout, répétez-lui bien pour quelle raison j'en agis ainsi... Dites-lui que je n'ai jamais eu la pensée de confier le gouvernement de Paris qu'à lui. Hulin est un bon homme ; mais il est bon pour ce qu'il fait, et non pour autre chose... Junot est un garçon d'esprit, mais sa tête va trop vite... Adieu, madame Junot... Je lui dirai qu'il a ici un bon chargé d'affaires... Bonsoir... *A propos*, et comment se porte mon filleul ?... vous n'avez que lui de garçon, je crois ?...

Je m'inclinai.

— Ce n'est pas bien... il faut en avoir beaucoup... Je veux voir mon trône entouré des fils de mes amis, et Junot est un de ceux que j'estime le plus parmi eux, et que j'aime le plus tendrement... dites-le-lui bien.

Lorsque je sortis du cabinet de l'empereur, le service tout entier me regardait avec des yeux passablement curieux. Une heure et demie d'entretien avec Napoléon ! à cette époque !... Que pouvais-je avoir à lui dire ?... que pouvait-il avoir à me dire ?... Je vis tout cela écrit sur les visages

XI.   19

qui s'inclinaient devant moi... hélas! peut-être
bien plus bas qu'à mon arrivée...

Comme je descendais l'escalier du pavillon de
Flore, je rencontrai Duroc qui montait pour
savoir comment tout s'était passé. L'excellent
homme avait dit à l'huissier du salon de service
de l'envoyer prévenir aussitôt que je sortirais du
cabinet de l'empereur. Il fut comblé en apprenant tout ce que je lui contai. Il l'avait présumé
en voyant la conférence se prolonger à l'infini.

— Allons, me dit-il, vous allez bien dormir et
moi aussi... car vous saurez que ce malheureux
Junot m'a fait beaucoup de peine... Il m'a écrit
une lettre tout-à-fait déraisonnable. Mais sans
lui dire directement ce que je vous dis ici, parlez-lui de la peine qu'il ne faut jamais causer
légèrement à ses amis... Bonsoir et bonne nuit.

Nous étions arrivés tout en causant auprès de
ma voiture; Duroc me donnait la main pour y
monter, lorsque je demeurai toute surprise d'y
voir M. de Narbonne, qui m'avait attendue pour
savoir le résultat de l'entretien impérial... Aussitôt
qu'il aperçut le maréchal Duroc, il descendit de
voiture pour le saluer, car Duroc était de ces
hommes que tous les partis considéraient, et il
lui expliqua comment il était inquiet de ma visite à l'empereur.

— Car sa confiance en moi, monsieur le maréchal, lui dit-il en me montrant, est d'une si douce et si honorable étendue, que je connais toutes ses peines, et j'avoue qu'elles me sont aussi amères que si elles me venaient d'une de mes filles... Etes-vous contente? poursuivit-il.

Je lui racontai en deux mots ce qui s'était passé. Duroc était toujours là... En me voyant ainsi entourée d'amis vrais et dévoués, je ne pus retenir de ces larmes qui sont un don du ciel, une faveur de Dieu... hélas! que sont-ils devenus ces amis ?... qu'est-ce donc que ce bonheur dont je jouissais tant, et que mon cœur était si bien fait pour goûter?... quelle est la réponse à cette question :

— Que sont-ils devenus?

— Morts!... tous morts!... voilà la parole lugubre qui retentit autour de moi, lorsque j'interroge tous mes souvenirs de cœur... oh ! que peut dire celui qui est aimé, entouré de ses amis ! .. quelle peine peut-il opposer à d'éternelles séparations... à une absence qui n'aura plus de retour!...

En rentrant chez moi, quoiqu'il fût tard, je montai dans l'appartement de mes enfans. J'étais bien sûre de trouver la bonne de mes filles et la nourrice de mon fils veillant auprès d'eux. Je

les baisai tous trois avec un sentiment de bonheur qui faisait gonfler mon cœur de joie. J'allais rendre leur père heureux... j'allais lui dire
de n'avoir aucun doute sur l'attachement de celui auquel son sort le liait par un attrait si fort,
que rien ne pouvait l'en détacher. Et alors il fallait bien qu'il en fût aimé... car s'il en eût été
autrement, c'était une vie bouleversée... du malheur pour du bonheur.

Avant de me coucher, j'écrivis à Junot toute
ma conversation avec l'empereur. Je n'omis aucun détail, *un seul mot excepté*. Je dis tout ce
qu'il m'avait expliqué avec une scrupuleuse exac-
titude. Comme Junot fut heureux en recevant
ma lettre ! Sa réponse est folle et joyeuse comme
celle d'un enfant de quinze ans.

Le lendemain matin, je me rendis chez la
grande-duchesse pour lui raconter aussi tous mes
succès. Elle avait été si excellente pour moi la
veille, qu'en vérité je lui devais ma première
visite. Je lui dis que M. Prevost partait le lendemain pour Lisbonne, et qu'elle serait tout-à-fait
bonne si elle voulait écrire à Junot, pour le gronder, ainsi que je l'avais fait, et que Duroc devait
aussi le faire. Elle fut également contente de ce
que je lui rapportai de la conversation que j'a-
vais eue avec l'empereur.

— Savez-vous, me dit-elle, que vous êtes peut-être la seule femme qui puisse dire qu'elle est demeurée une heure et demie avec l'empereur sans qu'il y ait eu des raisons autrement que sérieuses? ajouta-t-elle en riant... car il n'y en a pas eu d'autres, n'est-il pas vrai?...

Et elle riait toujours plus fort.

— Si cela était, lui répondis-je sur le même ton, je n'en parlerais pas. Je ne dirais pas non plus que ce n'est pas vrai... je garderais le silence... c'est, je crois, le meilleur moyen de jouer son rôle en pareille occasion... au surplus je crois que l'empereur doit le rendre bien difficile ce rôle-là.

— Lequel?... me demanda la grande-duchesse, qui pendant tout ce temps m'avait regardé avec une extrême attention et n'en faisait nullement à ce que je lui disais.

— *Celui de favorite...* Je remarquais cela, l'autre jour chez Votre Altesse Impériale... au moment où la rumeur, occasionée par *l'arrestation* de mademoiselle Gui......t, suspendit tous les entretiens secrets et publics. J'étais fort près de l'empereur, mais du véritable empereur, et non pas d'Isabey; il causait avec une femme que j'avais reconnue à sa démarche seule. Je ne voulais pas écouter ce qu'elle lui disait, ni ce que

l'empereur lui répondait ; je n'aime pas les écou-
tages aux portes. Mais au milieu d'un bal masqué, c'est une autre chose ; et puis l'empereur
était si content de sa ruse, si bien persuadé qu'on
prenait Isabey pour lui, que j'étais tentée de le
punir ; et précisément au moment où j'en avais
le désir, le voilà qui vient se mettre auprès de
moi ; et que croyez-vous qu'il disait à sa compagne ? que son amour pour elle était subordonné
à une seule action... et cette action consistait
dans *un acte de pouvoir...*

— Je ne veux pas qu'on me nomme le petit
Louis XIV, disait-il, je ne veux pas qu'une femme
m'expose à me voir devant les regards du monde
comme un être faible et sans cœur.

— Et c'est précisément le cœur qu'il faut laisser parler, lui répondit *spirituellement* sa compagne, ou pour mieux dire sa camarade, à quoi
il répondit à mon extrême joie :

— Prrrrr !... le cœur !... vous voilà bien, vous...
comme toutes les autres... dans vos rêveries im-
béciles... le cœur !... que diable savez-vous ce que
c'est votre cœur ?... c'est une portion de vous-
même où passe une grosse veine dans laquelle le
sang va plus vite quand vous courez... Eh bien !
qu'est-ce que cela !...

Il se leva, donna le bras à sa camarade dont la

taille cambrée aurait fait reconnaître l'empereur quand il n'aurait pas été lui-même reconnaissable par son dandinement cadencé, et ils s'en furent voir ce que c'était que les larmes et le désespoir de la jolie folie... Ils revinrent à l'instant :

— Voyez, disait l'empereur, ce que c'est que vos arrangemens romanesques! Voilà une pauvre fille qui a cru à la parole doucereuse de ce beau fils de Murat... elle est peut-être dans le cas de s'aller noyer.—Heim !... qu'est-ce que vous dites?

Il se pencha, et j'entendis quelques sanglots. L'empereur les entendit probablement comme moi, car, se levant aussitôt, il dit au masque pleurant :

—Ma chère, je n'aime pas à voir pleurer Joséphine, elle que j'aime plus que toutes les femmes... C'est vous dire que vous perdez votre temps... Adieu, je viens au bal masqué pour m'amuser.

Et tout aussitôt il se leva et se perdit dans la foule, où Rapp et Duroc le rejoignirent.

La grande-duchesse se mit à rire.

— Est-ce que vous connaissez l'histoire tout entière de cette petite Gui.....t? me demanda-t-elle.

— Pas un mot.

— Comment! sa mère ne vous a pas proposé

d'aller faire danser ses filles avec un tambour de
basque dans votre salon ?

— Non , madame ; et pour dire la vérité, des
femmes qui dansent avec un tambour de basque
cela sent un peu la Bohémienne.

— Aussi ne valent-elles guère mieux. Il y a
dans cette famille une mère et trois filles dont
l'une est toute jeune, mais dont les deux autres
sont grandes et tout élevées je vous assure... mais
comme la chose est à présent de toute nullité,
je vous dirai que le général Junot allait très souvent chez ces dames. Elles sont vos voisines, et
demeurent sur le boulevard de la Madeleine.
L'une des deux sœurs est excessivement jolie...
l'autre l'est moins , mais elle est fort spirituelle;
quant à la plus petite , c'est encore une enfant...
Voilà l'histoire de cette famille; vous voyez que
j'avais *mes raisons* en vous demandant si vous
aviez vu danser mademoiselle Gui.....t?

— Votre Altesse Impériale me permet-elle de
lui demander à mon tour pourquoi, elle si bonne
et surtout si bienveillante¹ chez elle elle, a été
si rigoureuse pour mademoiselle Gui.....t?...

¹ C'était la vérité. La grande-duchesse de Berg faisait les
honneurs de chez elle comme une princesse, et en même
temps comme une femme charmante. Elle n'a pas d'abord
été ainsi ; mais ensuite elle fut à merveille.

La princesse Caroline a une de ces figures dont l'expression est d'une extrême mobilité, et cette mobilité est d'autant plus visible que la transparence de sa peau est admirablement parfaite et que la circulation du sang est si rapide, que le changement de teinte sur ses joues est d'un effet miraculeux. Au moment où je lui parlai de mademoiselle Gui.....t, sa physionomie changea subitement deux ou trois fois... et avec quelque hésitation elle me dit que le grand-duc s'était beaucoup occupé d'elle, et qu'en raison de cette circonstance elle avait trouvé que mademoiselle Gui.....t était fort impertinente de se présenter chez elle. Et moi, bien que je fisse l'ignorante, j'en savais assez pour trouver que mademoiselle Gui.....t avait *doublement tort...* Pour en finir avec elle, lorsque je parlai de tout cela à M. de Narbonne, qui avait des relations avec la mère de ces jeunes filles qui était à moitié Anglaise, il se prit à rire comme un joyeux jeune homme, lorsque j'en fus à l'incident de l'empereur... je ne compris pas alors... Cette gaieté ne me fut expliquée que quelques semaines plus tard, lorsque mademoiselle Gui...t revint de Bayonne, où l'impératrice l'avait emmenée comme lectrice.

Je reçus le lendemain la lettre de la princesse Caroline pour Junot. Comme elle était cachetée

je ne la vis pas alors ; mais après la mort de mon
mari je l'ai retrouvée dans ses papiers. La voici,
seulement transcrite, elle sera plus tard en *fac
simile.* C'est de l'écriture de madame Michel, lectrice de la princesse. La signature de la princesse
est assez remarquable pour la conserver. On
verra qu'elle ne dérogeait pas à la louable coutume des Bonaparte, d'être complètement illisi-
ble.., Cette lettre est bien remarquable et vraiment digne d'attention.

A Paris, le 27 février 1808.

« Madame Junot vient de me faire dire, mon-
» sieur le gouverneur, que votre aide-de-camp
» part ce soir ; j'avais le projet de vous écrire une
» longue lettre, mais une légère indisposition qui
» me retient au lit m'empêche de vous écrire moi-
» même. Savez-vous que vous avez bien affligé *la
» femme qui vous aime le plus au monde?* Et vous,
» qui cent fois m'avez répété combien *votre amour
» pour elle* était grand, comment avez-vous pu
» vous résoudre à l'affliger ainsi?... *Si vous aviez
» vu ses larmes!...* vous réfléchiriez davantage
» avant de faire de pareilles imprudences. Croyez-
» vous qu'elle sera plus heureuse quand vous
» vous retirerez disgracié?... croyez-vous que ce
» soit un moyen pour rendre vos enfans plus

» heureux ?... Malade on non, je vous conseille
» de souffrir encore, de supporter *son éloigne-*
» *ment* avec plus de patience. Après la campagne
» vous aurez le plaisir de la revoir heureuse et
» contente en vous voyant... vous embrasserez
» vos enfans; au lieu que si vous reveniez mal-
» heureux, vous le seriez l'un et l'autre pour tou-
» jours; vous souffririez mutuellement de voir
» vos enfans malheureux. Si votre santé n'est point
» bonne soignez-la, et servez plutôt jusqu'à votre
» dernier soupir, afin qu'on ne puisse pas dire que
» *l'amour pour votre femme*, ou le mécontente-
» ment de l'empereur aient pu vous faire quit-
» ter une carrière aussi brillante. Plus vous res-
» tez avec peine là-bas, plus l'empereur vous
» saura gré du sacrifice, et plus vous vous assu-
» rerez pour l'avenir un bonheur parfait. Mais je
» devais vous gronder, car mon intérêt pour
» vous me guide toujours, et je vais encore entrer
» dans des détails... Vous n'ignorez pas que l'em-
» pereur a toujours dit qu'il lui était impossible
» de faire la place de son premier aide-de-camp
» comme il en avait eu un instant le projet, qu'il
» y trouvait beaucoup d'inconvénient. Ayant donc
» changé d'idées, comme cette place existe au-
» jourd'hui elle ne peut plus vous convenir.
» Vous pensez peut-être que vous l'aimez comme

» elle est, mais alors elle sera sans attributions,
» et par la même raison sans considération ; l'em-
» pereur vous laisse le commandement de Paris ;
» deux places réunies ne sont point compatibles.
» Vous avez bien fait de préférer de garder celle
» d'aide-de-camp et de l'écrire à l'empereur ; mais
» lui, qui a toujours beaucoup de bontés pour
» vous, vous a donné la meilleure. Vous êtes bien
» vif et vous ne vous en rapportez pas assez aux
» personnes qui vous aiment et qui vous portent
» intérêt. J'ai demandé pour vous plusieurs grâ-
» ces à l'empereur, en me les accordant il y a mis
» mille bontés : celle de la place de votre père ¹...
» et de nommer votre fils ²... Il ne cesse aussi de
» dire qu'il est bien content de vous ; il traite ma-
» dame Junot à merveille, et dans tous les cer-
» cles il lui adresse un mot agréable... et c'est
» dans ce même moment que vous vous condui-
» sez avec si peu de prudence ! Vous savez com-

¹ Après la mort de ma belle-mère, mon beau-père, qui
alors était conservateur des eaux-et-forêts à Dijon, ne put
supporter la maison où il avait vécu si heureux, et ne voulut
plus rester à Dijon ; il donna sa démission, mais demanda
que sa place fût donnée à son gendre, M. Maldan... Ce que
l'empereur accorda.

² Elle fit d'abord la demande ; et lorsque je fis la démarche
officielle, je trouvai l'empereur disposé, ce qui n'était pas
aisé pour un second enfant, ainsi que je l'ai dit.

» bien j'aime madame Junot et votre petite famille
» et l'intérêt que je porte à tous?... Madame Ju-
» not me dit qu'un de vos amis, M. Magnien,
» devait arriver; je me réserve de vous gron-
» der par lui, car je n'ai pas le temps aujour-
d'hui.

» Le grand-duc est parti il y a huit juurs; il a
» reçu toutes les commissions *qu'il vous avait*
» prié de faire. Elles sont très bien faites et je vous
» *en remercie beaucoup*, ainsi que de vos soins
» pour M. Lafont [1]. Le prince se joint à moi,
» car il n'a pas eu le temps de vous écrire avant
» son départ. Adieu, monsieur le gouverneur, re-
» cevez l'assurance de ma haute considération.

» CAROLINE. »

Quelques jours après, l'estaffette de Lisbonne,
établie directement toutes les semaines, emporta une autre lettre adressée à Junot par un
véritable ami; c'était du maréchal Duroc, ou,
pour parler plus juste, *du grand-maréchal*, mais
nous l'appelions le maréchal Duroc. Je mets
aussi cette lettre en *fac simile*, parce que je suis
bien aise de faire juger de la vérité de l'amitié de

---

[1] Monsieur Lafont était un neveu de Murat, fils d'une
de ses sœurs.

Duroc pour Junot; et l'on pourrait croire que,
n'ayant *que le fait* présent, je l'entoure au gré
de mon imagination.

« J'ai remis ta lettre à l'empereur, mon cher
» général, il ne l'a pas lu devant moi et ne m'en
» a pas parlé, mais madame Junot qui a pu le voir
» et s'entretenir avec lui, te dira sûrement que tu
» as cherché ou cru trouver, dans ce qu'il m'a
» chargé de t'écrire, des choses désagréables pour
» toi qui ne pouvaient pas y être.

» Sa Majesté a expliqué à madame Junot comment elle croyait qu'il était incompatible
» pour la même personne d'occuper en même
» temps la place de gouverneur de Paris et d'aide-
» de-camp... mais elle a pu se convaincre aussi
» que Sa Majesté n'avait pas eu la pensée de

> Il est assez difficile de toujours mettre des fac simile
pour pièces à l'appui. Cependant je ne parle guère que d'a-
près cette sorte de matériaux lorsque mes propres souvenirs
me manquent; quelquefois, lorsque la date n'y est pas, je puis
errer, mais seulement d'une façon légère. Ainsi dans cette
fameuse erreur de la bataille d'Eylau, erreur que j'ai com-
mise d'après une lettre de Berthier qui n'était pas habituellement très clair dans ses narrations *amicales*, le fait *réel* de
la scène de Lannes à l'empereur eut lieu en effet, mais quelques
semaines plus tard. Ce fut toujours dans la campagne : le
jour de la bataille ce fut Augereau, lui-même, qui fit cette
scène à l'empereur. Comme cette circonstance est importante, je la rapporterai plus loin tout à l'heure.

J'ai remis ta lettre à Monseigneur, votre
frère général, il m'a dit par le devant
moi et ne m'a a pas parlé mais
mad. Junot qui a pu le voir et
s'entretenir avec lui ... tu as a présent
ce tu as cherché ou cru trouvé
dans ce qu'il m'a chargé de t'écrire
ne chose desagreable pour toi qui
pouvoient pas y être.

S. M. a expliqué à mad. Junot
... voyoit qu'il étoit incompatible
... la même personne d'occuper en
même tems le plan de gouvernem ...
aen et d'aide de ... camp mais elle
... pu se convaincre auss. que S. M.
... pas eu la pensée de te faire
... la plan de gouvernem pour

t'a donné une autre idée lui a même
indiqué que tu devais faire de préférence
le choix de celle-ci comme la meilleure
et qui a pu autre avantage pouvoir
te donner lieu de confiance que tu
crois exclusivement attaché à la
les sentiments de l'empereur pour toi
n'ont pas changé et tout prouve le
quelques moments de mon ou de mauvaise
humeur que tu as pu avoir ont pu
te faire penser une chose aussi désa...
mais tu dois écarter cette pensée et
ne pas te rendre malheureux.

on parle beaucoup de notre départ
pour l'Espagne les équipages sont
partis mais pour le reste il n'y
a pas encore d'ordre.

le carnaval est fini et heureusement
pour eux qui ont envie de dormir
le bal et les fêtes se succédaient sans
interruption. la dernière a été un
très joli bal masqué chez la grande
duchesse où l'on fut beaucoup amusé.
... mon cher ... à tout
mon attachement

Duroc

le 9. mars 1808.

» te faire quitter la place de gouverneur de Paris
» pour la donner à un autre ; elle lui a même
» indiqué que tu devais faire de préférence le
» choix de celle-là comme la meilleure, et qui,
» à ses autres avantages, pouvait te donner ceux
» de confiance que tu crois exclusivement atta-
» chés à l'autre. Les sentimens de l'empereur
» pour toi n'ont pas changé, et tout prouve cela.
» Quelques momens de noir ou de mauvaise hu-
» meur que tu as pu avoir ont pu te faire penser
» une chose aussi désagréable. Mais tu devais
» écarter cette pensée, et ne pas te rendre mal-
» heureux.

» On parle beaucoup de notre départ pour
» l'Espagne ; des équipages sont partis, mais pour
» le reste il n'y a pas d'ordre.

» Le carnaval est fini, et heureusement pour
» ceux qui ont envie de dormir. Les bals et les
» fêtes se succédaient sans interruption. La der-
» nière a été un très joli bal masqué chez la
» grande-duchesse, où l'on s'est beaucoup amusé.

» Crois, mon cher Junot, à tout mon attache-
» ment.

» DUROC.

» Ce 3 mars 1808. »

Duroc avait été vivement peiné de la lettre que
Junot lui avait écrite. Lorsqu'il était atteint par

un soupçon, il n'y avait aucun frein, et dès lors
la bride était lâchée à des mots qui blessaient
fortement les amis qui les recevaient. Ceux qui,
comme Duroc, le connaissaient entièrement, ne
lui en voulaient pas, parce qu'ils savaient que le
malheureux souffrait cruellement. Ainsi, par
exemple, il crut cette fois que l'empereur voulait le punir des bruits qui avaient couru sur lui
et sur la princesse Caroline, et qu'il lui ôtait le
gouvernement de Paris, la plus belle place de
l'empire à cette époque, avec les attributions immenses qui y étaient attachées. Ce n'était pas la
perte de la place, non, je puis l'affirmer. Je ne
fais pas là du *romanesque*, ce serait stupide; mais
je suis *très certaine* que c'était la pensée d'une
punition, et puis il s'était mis dans l'idée également que Duroc devait avoir le gouvernement
de Paris...

« De tous ceux qui entourent l'empereur *il
» en est le plus digne*, m'écrivait-il; je n'en con-
» nais *qu'un seul* qui puisse lui disputer la prio-
» rité, dans ce cas c'est *Marmont...* Marmont
» que j'aime comme mon frère, et mon frère d'ar-
» mes tout à la fois... Eh bien! je lui verrais
» même avec joie le gouvernement de Paris, parce
» que, me dirais-je, l'empereur est au moins
» gardé par un fidèle ami... Duroc est à mes yeux

» dans la même catégorie... mais il est près de
» l'empereur; et cette nomination... Enfin cela
» m'afflige... et m'afflige du fond de l'âme... etc. »

Lorsque j'eus avec Duroc une explication
plus longue encore que celle que j'avais eue avec
l'empereur, il me dit, avec un accent vraiment
navré, combien Junot l'avait affligé, et combien
ce doute de sa part était d'ailleurs déraisonnable.

« Junot et quelques autres, me dit-il, me mé-
» connaissent, et méconnaissent également ma
» position... L'empereur me disgracierait s'il me
» nommait maréchal de France. **Que** ferais-je
» éloigné de lui?... Sans doute c'est **un** grand
» honneur; mais mon attachement à sa personne
» comment pourrait-il ne pas être horriblement
» froissé par cet éloignement? J'aime l'empereur
» comme Junot l'aime... Eh bien! ne vient-
» il pas de choisir la place de premier aide-de-
» camp au lieu de celle de gouverneur de Paris?
» Pourquoi donc me juge-t-il autrement que lui?...
» Et puis ensuite, n'est-il pas mon ami?... mon
» ami de cœur!... Notre fraternité d'armes date
» de trop loin pour être ainsi oubliée devant un
» brevet... »

Duroc fut long-temps affecté profondément
de cette histoire. J'eus beaucoup de peine à effacer l'impression produite par la lettre de Junot,

d'autant qu'il avait évité d'avoir une explication avec lui... L'amitié est bien autrement suscepti- ble que l'amour... En amour, un serrement de main, une douce parole, un doux regard, et la peine est effacée... Mais en amitié, ah! que les plaies sont lentes à se cicatriser!... Et plus la blessure est faite avec étourderie, et plus cette sorte de rancune du cœur est implacable. J'ai, du reste, le caractère, je crois pouvoir le dire, noble et généreux, et principalement oublieux des injures... Mais cette conduite, je ne l'observe qu'envers les gens du monde... Ils sont pour si peu dans l'arrangement de mon bonheur, que je ne m'occupe guère de ce qu'ils peuvent dire ou faire relativement à ma personne et à ma façon de vivre, sujet de pâture dont le susdit monde est prodigieusement friand. Pour la foule, je suis donc égale d'humeur, et même indulgente; point susceptible, point exigeante, point difficile à vi- vre enfin... Mais après cela mettez-moi en pré- sence de gens que j'aimerai, pour qui mon ami- tié sera profonde et vraie, et cette femme, douce, égale, indifférente à des égards, à des devoirs même rendus, cette femme devient tout aussitôt un être dont l'apparence est méchante; j'exigerai, je demanderai avec d'autant plus d'in- sistance que je sens que je puis beaucoup donner.

J'ai tant de dévouement pour ceux que j'aime!...
Aussi que de larmes quand ils me blessent!...
Que de déchiremens lorsque je vois, dans un
cœur de femme, par exemple, que jusque là j'ai
dû croire aimant, qui doit l'être, quand je n'y
trouve qu'une froide sécheresse, un égoïsme
complet, un amour de soi-même qui ravale la
créature au niveau de la brute, surtout quand
cette créature est une femme, dont la mission
toute divine lui impose la loi d'une entière abnégation d'elle-même... Quand on rencontre une
telle déception là où l'on avait placé de ces doux
rêves dont l'accomplissement devait mettre du
baume sur tant de plaies encore saignantes!...
dont la réalisation devait faire la joie de vos
vieux jours!... Mon Dieu, il n'est alors que votre
voix qui soit puissante dans sa consolation, et
qui puisse donner de grandes grâces au milieu
d'amères tribulations.

Après celles que je viens de signaler, les
peines les plus douloureuses me sont venues
de la main de la mort. Que d'amis j'ai per-
dus!... Non pas que le nombre en fût grand...
on n'a pas autour de soi une foule de cœurs dévoués et parfaits; de ces cœurs qui reflètent le
vôtre dans toutes ses douleurs et dans toutes ses
joies pour adoucir les unes et pour doubler les

autres. J'ai joui pleinement de ce bonheur; mais comme si l'infortune sentait le besoin de se multiplier, au moment où le malheur banal de la perte de ma fortune, de ma position sociale me frappait comme *femme veuve* de l'un des *capitaines d'Alexandre*, j'ai perdu dans la même année *tous ceux* dont la voix consolatrice devait me faire entendre des paroles de paix et de bonté, au lieu de ces accens d'une envie satisfaite, heureuse de retourner le poignard dans la plaie, de doubler votre malheur en vous répétant que *vous seule l'avez causé*. Accumulant le blâme sur une mémoire qui devait vous être sacrée, y ajoutant la calomnie et vous faisant regarder comme un bonheur au milieu de cet entourage infernal de ne pas être par lui jugée criminelle quand vous n'êtes coupable que de trop de bontés, que des titres sacrés réclamés par la nature vous *imposaient comme lois*, ou tout au moins comme devoir...

J'ai déjà parlé souvent du comte Louis de Narbonne. Comme son nom se trouvera maintenant à presque toutes les pages de ce livre, et qu'il s'y trouvera comme celui d'un ami parfait, je veux le faire parler lui-même avant le temps. C'est en lisant une lettre de lui, écrite au moment de mon plus grand malheur, de la mort de mon mari, que l'on pourra le juger, et voir si c'était un homme léger et mauvais de cœur... il était *courtisan avant tout*, disent ses ennemis.. .Eh bien! alors il était bien courageux de lutter avec l'empereur dans un pareil moment... où je n'étais plus qu'une pauvre veuve... l'écorce de l'orange dont le jus avait été exprimé... On verra cette lettre dans le chapitre suivant. M. le comte de Narbonne est un homme assez important comme personnage historique pour que je regarde comme un devoir sacré de le faire connaître comme il doit être connu.

CHAPITRE IX.

L'empereur à Bayonne. — Le *balancier* et le *pan de murailles*.
— Marac. — Le duc de Santa-Fé. — O'Farril. — La junte.
— Murat à Madrid. — Révolte de Burgos et de Tolède.—
L'Infant don Antonio. — Murat au bal. — Jé né vous dis
qué ça. — Lettre de l'infant don Antonio à Murat. — Mar-
tial Thomas et *la poule d'eau*. — Lettre de Ferdinand VII.
— Le 2 mai. — Fusillade. — Bonne foi de Ferdinand. —
Ordres de Felieu. — Junot en Portugal. — Évariste de
Castro. — Charles IV à Bayonne. — Fautes de l'empe-
reur. — L'infant don Antonio et la *Vallée de Josaphat*.
— Junot et les cotons. — Le duc de Valmy. — le général
Thiébault et le général Taviel. — Adresse des Portugais à
l'empereur. — Caricature.

L'empereur partit pour Bayonne... c'est ici
que commence une tragédie bien importante
dans toutes ses péripéties!... Que de fortes influences exercées dans l'extrémité de l'Europe,
par la seule commotion de la secousse donnée

par la main puissante et colossale de Napoléon!.;.
Cette secousse une foi reçue, le balancier du
temps ne s'arrêta plus dans sa marche de destruction pour faire crouler l'édifice que son génie vraiment édificateur avait élevé. Chaque jour
en vit tomber un pan de muraille, et bientôt
Napoléon, créateur, ne fut plus, aux yeux de ce
monde qui l'adorait à genoux, qu'un homme
digne de tant de blâme, car il était malheureux...

On connaît tous les détails des différentes en-
trevues de tous les souverains de France et d'Espagne dans cette ville de Bayonne, *je dis les souverains*, car l'Espagne en comptait *deux*, et tout
cet *imbroglio* de la protestation de Charles IV
n'avait servi, au fait, qu'à mettre le feu à tout
ce qui était déjà en chemin de perdition... Quant
aux affaires du 2 et du 3 mai, c'est une question
de trop grave importance pour la passer comme
inaperçue. Les journaux français en ont beaucoup parlé, mais ont-ils dit la vérité ? Le Moniteur la disait-il toujours d'ailleurs ? Je ne le crois
pas. Au surplus, voici quelles sont les diverses
opinions résumées en un raisonnement parfait

---

¹ Bayonne ou Marac, c'est la même chose.

selon moi, d'après la connaissance que j'ai des hommes et du pays. C'est de O'Farril et du duc de Santa-Fé que je tire mes documens pour donner cette solution.

Les premières querelles qui s'élevèrent entre le grand-duc et la junte laissée à Madrid par Ferdinand, eurent pour cause l'abdication de Charles IV, contre laquelle celui-ci voulait revenir, ce que la junte prétendait n'être pas habile à décider. Charles IV prétendait que sa renonciation à la couronne lui aurait été arrachée par force, et cette conduite était aussi peu digne que politique, car l'Espagne, lasse du joug du prince de la Paix, ne voulait plus *de privado* de sa couleur ni de sa trempe. Le pauvre infant don Antonio ne cessait de faire des *hélas !* et de lever les mains au ciel, lorsque son frère lui écrivait des lettres comme celle qu'il reçut de l'Escurial [1] en date du 17 avril; mais ce fut bien autre chose quand on apprit que plusieurs Français avaient été assassinés à Burgos et à Tolède. Le grand-duc manifesta alors dans ses rapports avec la junte une aigreur qui devenait terrible dans ses résultats, parce qu'elle amenait une rupture entre les deux

---

[1] Je l'ai citée antérieurement à ceci.

autorités qui devaient vivre en harmonie. Murat ne dissimula plus ; il s'exprima avec hauteur, et déclara qu'il s'opposait à tout rassemblement séditieux, tels qu'il y en avait chaque jour dans Madrid même, et demandait vengeance et satisfaction de ce qui venait de se passer à Tolède et à Burgos. Sa lettre à l'infant don Antonio est maintenant sous mes yeux, je vais en rapporter plusieurs fragmens.

Le grand-duc de Berg à S. A. R. l'infant don Antonio, président de la junte, à Madrid.

« Monsieur et cousin ,

» Je viens d'être informé qu'il y a eu des émeu-
» tes populaires à Burgos et à Tolède, et *que la*
» *populace, soutenue par nos ennemis communs, et*
» *par des misérables qui ne vivent que de crimes et*
» *de pillage,* s'est livrée à de grands désordres. A
» Burgos, l'intendant de la province a failli être
» victime de son zèle ; il a dû la vie à un Fran-
» çais, qui l'a arraché couvert de blessures des
» mains de ces forcenés. Son crime, à leurs yeux,
» était la probité avec laquelle il remplissait ses
» devoirs. Le général Merle s'est vu forcé de dis-
» siper ce rassemblement à *coups de fusil.* Les plus

» mutins sont restés sur le champ de bataille, le
» reste a pris la fuite. Cette mesure a rétabli la
» tranquillité et arrêté la fureur populaire, attisée
» par le désir de piller et d'incendier les maisons
» des plus riches propriétaires.

» A Tolède, on a tout récemment commis
» quelques pillages : on a brûlé plusieurs mai-
» sons, et pour la seconde fois la force armée es-
» pagnole a laissé le champ libre à la fureur po-
» pulaire.

» ... Je le déclare à Votre Altesse Royale, l'Es-
» pagne ne peut rester plus long-temps livrée à
» une semblable anarchie : l'armée que je *com-*
» *mande ne peut, sans se déshonorer, laisser com-*
» *mettre de pareils attentats...* Je dois sûreté et
» protection à tous les bons Espagnols ; je le
» dois surtout à la bonne ville de Madrid, qui
» s'est acquis des droits éternels à notre recon-
» naissance par l'enthousiasme qu'elle a témoi-
» gné, et par la bonne réception que nous lui
» devons depuis notre entrée dans ses murs...

» ... Je dois vous dire enfin, pour la dernière
» fois, que je ne puis permettre aucun rassemble-
» ment. Je ne verrai que des séditieux, *ennemis*
» *de la France et de l'Espagne*, dans les individus
» qui oseraient encore se réunir ou répandre l'a-
» larme... Hâtez-vous donc d'annoncer à la ca-

»pitale et à l'Espagne *ma généreuse résolution.*
»Et, si vous ne vous trouvez pas assez fort pour
»répondre de la tranquillité publique, je m'en
»chargerai plus *directement...*

»... Les bons Espagnols n'auront pu se dispen-
»ser de voir *dans l'attitude tranquille que j'ai*
»*constamment gardée,* combien l'armée est loin
»de se laisser entraîner par de perfides sugges-
»tions, et que nous n'avons jamais confondu la
»partie saine de la nation avec de misérables in-
»trigans.

»Sur ce, je prie Dieu, Monsieur et cousin,
»qu'il vous ait en sa sainte et digne garde.

»Joachim.

»Madrid, 23 avril 1808. »

Cette lettre est curieuse à commenter; elle
donne pleinement l'idée de ce qu'était Murat. Il
pouvait être le plus vaillant des hommes, et
certes il l'était en effet... mais hors du champ
de bataille... Quelles expressions contradictoi-
res se trouvent entassées dans cette singulière
production!... il y en a qui sont tellement bizarres, même, qu'on ne sait comment un secrétaire a pu les écrire sans observation. Comment, il dit *que le général Merle s'est vu obligé*
de disperser le rassemblement de Burgos à coups de

fusil, *que les plus mutins sont demeurés* SUR LE CHAMP DE BATAILLE, et trois lignes plus bas il dit, comme par une amère dérision ou par une égale sottise :

Les bons Espagnols n'auront pu se dispenser de voir l'attitude tranquille que j'ai gardée, etc..

En vérité, on croit rêver de voir un pays comme l'Espagne dans des circonstances aussi importantes, être livrée à des incapacités aussi complètes... et lorsqu'il faisait ainsi *le matamore*, l'Espagne arborait le drapeau de la révolte au haut des lances de ses contrebandiers, et pourtant il écrivait à l'empereur *que tout était calme* [1]. J'ai trouvé dans les papiers de Junot, qui alors était à Lisbonne, une lettre du grand-duc de Berg, tout entière de sa main, qui est également curieuse dans les raisonnemens qu'elle contient. Elle avait pour objet de complimenter Junot sur son titre de duc d'Abrantès. Je vais la transcrire ici, d'autant plus qu'elle renferme des détails assez curieux sur Dupont. A quoi a tenu le salut de l'Espagne?... Peut-être ce que je dis est-il exagéré... mais j'attribue les événemens

[1] C'est le pendant de la jolie caricature représentant M. Casimir Périer à la tribune, disant : *Messieurs, tout est calme autour de nous*, et les différentes révoltes au nombre de sept *étaient autour de lui*.

malheureux de la Péninsule à l'épouvantable affaire de Baylen. Je puis m'abuser d'ailleurs, et
juger avec partialité, parce que les malheurs de
Junot, lors de la descente des Anglais, ont été
doublés et triplés même, par l'infériorité du
nombre de troupes; ce qui n'eût pas été si le
grand-duc lui eût envoyé les régimens qu'il demandait......... Voici sa lettre :

« MONSIEUR LE DUC,

» Voulez-vous recevoir mon compliment sur
» le nouveau titre qui vient de vous être *déféré*
» par l'empereur? C'est la juste récompense de
» vos services, et vous trouverez dans cette dis-
» tinction un nouveau témoignage de l'attache-
» ment de Sa Majesté; vous connaissez celui que
» je vous porte, et vous ne devez pas douter de la
» part que je prendrai toujours à ce qui pourra
» vous arriver d'heureux.
   » J'ai reçu votre lettre du 5 avril, et celle qui
» m'a été remise par Vanberchem[1]. Il est possible

---

[1] C'est le même baron Vanberchem, ami de Junot et le
mien, dont j'ai déjà parlé dans mes Mémoires; il avait fait les
campagnes d'Italie, et était fort lié avec Murat comme avec
Junot, voilà pourquoi le grand-duc en parle avec autant de
familiarité.

que l'empereur ait des vues particulières sur les
» corps de Solano et de Galice. Cependant je
» vous adresse un ordre, au moyen duquel vous
» pourrez, si vous le désirez, les appeler en Por-
» tugal. Je suis bien fâché de ne pouvoir pas dis-
» poser des régimens du général Dupont, que
» vous désirez pour faire occuper Oporto. La
» première division de ce corps et sa cavalerie
» occupent déjà Aranjuez, et occuperont dans
» deux jours Tolède. Ses autres divisions suivent
» ce mouvement, qui paraît avoir une destina-
» tion ultérieure sur le midi de l'Espagne ; mais
» je vois dans l'occupation de Tolède, par le gé-
» néral Dupont, un moyen *sûr* de contenir So-
» lano, qui n'osera certainement bouger quoiqu'il
» se trouve encore à une grande distance de lui.
» Dans ce cas il vous sera facile d'envoyer à
» Oporto les troupes que vous deviez envoyer à
» Elvas, pour observer celles de Galice. Au reste,
» il me sera peut-être plus possible de vous par-
» ler plus clairement dans huit jours...

» Nous continuons à jouir de la plus grande
» tranquillité. Le prince des Asturies est parti de-
» puis trois jours pour Bayonne.

» J'avais offert secours et assistance au roi

---

¹ Il était alors, je crois, du côté de **Talaveyra da Reyna,**
ou bien de **Truxillo.**

» Charles IV ; l'empereur a approuvé ma con-
» duite. Il paraît que les Espagnols verraient avec
» plaisir ce bon roi remonter sur le trône. *En un*
» *mot l'Espagne attend tout de la protection de*
» *l'empereur; on l'attend comme le Messie.*

   » Vous devriez recommander à tous vos cour-
» riers de ne pas passer par Madrid sans me voir,
» car je me propose de vous écrire plus régulière-
» ment. Vous me feriez plaisir si vous vouliez
» m'écrire un mot de temps en temps.

   • *Sur ce*, monsieur le duc, je prie Dieu qu'il
• vous ait en sa digne et sainte garde.

                              « JOACHIM. »

   Madrid, le 13 avril 1808.

   J'espère qu'on a remarqué, *l'Espagne qui dé-*
sire le bon roi Charles IV, et puis, *qui attend l'em-*
pereur comme le Messie... qui espère tout de sa
protection!... Et dire, écrire cela le 13 avril, encore !... A cette époque l'aveuglement n'était plus
possible à moins d'une cécité volontaire. La résistance de la junte et des ministres pour la cause
la plus légère devait servir d'avertissement; mais
que pouvait-on demander à un homme qui, lorsque l'Espagne était déjà en feu... que Madrid
avait encore la rue d'Alcala teinte de sang espagnol et les allées de son Prado embarrassées de

cadavres, disait à quelqu'un qui lui parlait de ce qu'on pouvait craindre à Madrid, et cela avec son accent gascon ou périgourdin qu'on ne peut malheureusement pas rendre :

— Bath!... mon cher, jé leur donnérai un bal... j'y dansérai... (et là-dessus il faisait un battement de la jambe droite), jé né vous dis que ça...

La phrase n'aurait aucun mérite si elle était faite; *elle est littérale.*

Voici une pièce importante que l'on ne mit pas dans le *Moniteur* à cette époque, c'est la réponse de l'infant don Antonio à la lettre que lui écrivit le grand-duc de Berg en date du 23 avril. cette pièce est d'autant plus curieuse qu'elle explique avec une sorte de naïveté l'état moral de l'Espagne. En voici quelques fragmens.

L'infant don Antonio commence par dire au grand-duc, que les renseignemens qui lui sont parvenus lui ont donné la preuve qu'à Burgos l'émeute populaire avait été causée par l'arrestation d'un courrier espagnol par des troupes françaises. Il remercie le grand-duc de l'asile donné à l'intendant par les Français, et il ajoute ces paroles remarquables :

« Cependant, si la prudence des chefs des soldats français eût pu empêcher l'effusion du sang qui a coulé, de quelle responsabilité ne se sont-ils pas chargés, au milieu d'un peuple qui les a reçus comme DES AMIS ET COMME DES FRÈRES?...

» Quant à l'affaire de Tolède, je suis instruit des motifs qui l'ont occasionée. L'intendant de cette ville, sur l'attestation des témoins les plus impartiaux, rapporte quel jour, en quelle occasion, l'adjudant-général français, *Martial-Thomas* [1], a publié avec la plus vive satisfaction qu'il savait d'*office* que l'empereur des Français était résolu à remettre Charles IV sur le trône, et que le roi régnant avait déclaré ne l'avoir occupé que par *interim* et pour éviter l'effusion du sang.

M. Martial-Thomas a ajouté que son général en chef lui communiquait ces nouvelles afin qu'il les rendît publiques...

» Quoique l'empereur n'ait pas reconnu mon souverain, et se soit même montré résolu à replacer son auguste père sur le trône, Votre Altesse Impériale ne sentira pas moins que la déclaration expresse et publique de Sa Majesté Impé-

---

[1] C'est ce même officier qui répondait au général d'Hautpoul, qui lui demandait avec un air de suffisance, pourquoi il ne se nommait pas THOMAS LE MARTIAL au lieu de Martial Thomas.

— Mon général, par la même raison qu'on vous appelle d'Hautpoul au lieu de Poule-d'Eau. Le général d'Hautpoul n'en était pas moins un très brave homme...

XI.   21

riale n'étant pas connue, et n'ayant même pas
été signifiée par le seul organe qui pouvait la trans-
mettre à la nation espagnole, c'est-à-dire, son
lieutenant en Espagne ; les démarches sponta-
nées de plusieurs de ces généraux, et la publication d'une déclaration si inattendue, sont sub-
versives de l'ordre public et destructives du parfait accord qui existe entre les *deux nations... ac-*
cord auquel ajoutent un si grand prix la gloire de
l'empereur et la confiance qu'a inspirée à la nation
entière le désir qu'il a manifesté de voir notre sou-
verain.

» Lorsque les détails des évènemens de Burgos
et de Tolède me seront parvenus, je porterai
sur eux un examen sévère. Jusque là, Votre
Altesse Impériale est minutieusement informée
des moindres disgrâces et différens survenus
entre ses troupes et les habitans. La liste en est
si peu considérable, que je suis persuadé que
d'après l'expérience qu'elle a du commandement,
Votre Altesse Impériale en sera elle-même étonnée...

» Votre Altesse Impériale est trop juste appré-
ciateur de la vérité pour ne pas reconnaître
dans toute son étendue la sincérité de ce rapport, lorsqu'elle saura que depuis quatre ou

cinq ans ¹, les deux Castilles ont perdu, par les
épidémies et les suites de la guerre avec l'Angleterre, plus d'un tiers de leur population, et
en proportion les mules, les bœufs, les chevaux
et autres animaux employés aux transports... et
qu'à cette époque, encore récente, on fut obligé
d'y introduire plus de cent quatre-vingt mille fa-
negas de froment et d'autres grains.

» Le suprême conseil de Castille... a renouvelé
hier les peines établies... contre les séditieux,
ceux qui affichent des placards ou répandent des
pamphlets... Il défend également les réunions
populaires les plus innocentes, telles que celle
d'avant-hier.

» Le même conseil se plaint des inquiétudes et
DES DÉSASTRES qu'ont pu occasioner, lorsque le
peuple était tranquille, les procédés de quelques
généraux français...

» La junte du gouvernement embrasse avec
confiance les sentimens du conseil, et a de plus,
en sa faveur, l'avantage d'avoir connu de plus
près les intentions droites et bienveillantes de

---

¹ Ce fut en 1804 que la fièvre jaune fit de terribles ravages
dans l'Andalousie et dans une partie de l'Estramadure. L'infant don Antonio était fort habile de rappeler cette circonstance.

Votre Altesse Impériale, et la discipline admirable de ses troupes.

» J'ai l'honneur , etc. »

Cette lettre, qui jamais ne fut écrite par l'infant don Antonio , est un vrai modèle de digne attitude. Elle est sans nul doute d'O'Farrill, ou du duc de Santa-Fé (d'Azanza) : mais n'importe son auteur, elle est belle et courageuse, et fait voir qu'à cette époque les Espagnols n'étaient *pas dévoués* à Napoléon comme le lui disaient les flatteurs, mais que la nation espagnole n'eut pas les premiers torts, et que sa conduite ne fut dans aucun temps digne de blâme. Plût au ciel qu'en 1814 nous aussi nous eussions eu cet amour national qui fait faire à lui seul des miracles !...

La junte et les ministres écrivirent à Bayonne pour prévenir Ferdinand de ce qui s'était passé. Ferdinand répondit à l'infant don Antonio, la lettre que voici. Le courrier qui la portait à Madrid fut enlevé, et don Antonio n'eut pas cette lettre : lorsque deux ans plus tard ou voulut dire en France que Ferdinand VII n'avait jamais été de bonne foi, alors on la publia. Et en effet, Ferdinand parlait d'une façon et il agissait d'une autre ; cette lettre est de Bayonne, et en date du 28 avril.

Ferdinand VII à son oncle l'infant don Antonio,
président de la junte à Madrid.

« Mon cher Antonio, j'ai reçu ta lettre du 24,
» et j'ai lu la copie de la lettre de Murat et ta
» réponse. *Celle-ci est très bien :* je n'ai jamais
» douté de ta prudence et de ton attachement à
» ma personne, et ne sais comment t'en récom-
» penser.

» MOI, LE ROI.

» Bayonne, le 28 avril 1808. »

Le 1er mai, le grand-duc de Berg se présenta
au palais pour demander à l'infant don Antonio
de faire partir pour Bayonne la reine d'Étrurie
et l'infant don François de Paule. La reine d'É-
trurie avait un grand attachement pour l'empereur, et surtout pour Murat, et ne demandait
pas mieux que de partir. Murat n'en éprouva
pas moins un refus de la junte... et de l'infant
don Antonio... Il se fâcha et dit que si la junte
persistait dans cette conduite, il déclarait dans la
nuit le gouvernement militaire en permanence,
et proclamait Charles IV [1]. Et quant au départ

---

[1] Tous ces détails sont parfaitement authentiques. Ils

de la reine et de son jeune frère, il emploierait *la force* si l'on se refusait encore à les lui remettre... La junte fut constamment courageuse et digne, plus que le conseil de Castille, qui s'amusait à enrichir ses archives de procès-verbaux, de manifestes, etc., etc., tandis que la junte et même son pauvre président étaient sur la brèche et combattaient vaillamment...

La nuit du 1ᵉʳ au 2 mai, la séance de la junte fut terrible; on prévoyait les malheurs que le jour allait amener, et on tremblait. O'Farrill, comme ministre de la guerre et homme habile autant que bon Espagnol, déclara tout en frémissant de colère, qu'il était impossible d'opposer une *résistance armée* sans exposer Madrid à une ruine totale...

—...Gardons nos épées, dit-il avec un noble élan; et si l'on veut nous contraindre à quelque action déshonorante, prouvons aux Français *qu'un homme vaut un homme*. Défendons-nous alors... et sachons mourir, mourir sur nos chaises curules comme les vieux pères conscrits de Rome...

viennent directement de M. O'Farrill et d'Azanza, tous deux hommes de cœur et d'honneur, et d'un remarquable talent. La junte se conduisit aussi très bien, mais Ferdinand VII ne fut peut-être pas assez soigneux de lui donner des ordres plus directs et plus positifs.

C'étaient deux nobles créatures que O'Farrill et Azanza... Tandis que la junte délibérait ainsi dans cette nuit orageuse, un homme déguisé se présente au milieu de l'assemblée. C'était un envoyé de Ferdinand VII, expédié de Bayonne par lui-même, pour dire à la junte ce qu'il aurait dû voir depuis long-temps. C'est que l'empereur des Français voulait prendre l'Espagne, et lui donner en échange le royaume d'Étrurie.

— *Encore trop grand*, avait dit Napoléon, *pour une pareille tête...*

Cet envoyé de Ferdinand était un membre du conseil de Navarre, et s'appelait *don Justo Maria de Ibar Navarro*. S'il existe toujours, comme c'est probable, il doit confirmer la vérité de mes détails.

Quelle position pour des hommes dépositaires d'une autorité contestée, quoique légitime dans le fait, mais tellement attaquée, que, pour la soutenir, il fallait avoir l'arme au bras et tirer l'épée!... Et cependant la conclusion du message de don Justo de Navarro fut une *recommandation expresse* du roi Ferdinand de maintenir le bon accord entre les Espagnols et les Français, chose presque impossible depuis la délivrance du prince de la Paix. Maintenant, à cette relation dont je garantis la véracité, j'ajouterai un fait que je puis certifier en ayant les preuves dans mon portefeuille. Il est à l'appui de la bonne foi de Ferdinand VII envers l'empereur.

Le prince de la Paix, lorsqu'il était encore à la tête des affaires, et qu'il écrivait à Junot de belles lettres remplies de protestations de dévouement, n'en envoyait pas moins des ordres secrets au marquis del Soccorro (le général Solano), pour qu'il n'eût que l'apparence de l'obéissance envers le général Junot qui l'attendait lui et ses troupes ; mais pour qu'en réalité il revînt avec elles sur Madrid *immédiatement* après la révolution du 17 mars ; Ferdinand VII, apprenant par les nouveaux ministres l'état positif des choses, voulut montrer sa bonne foi à l'empereur. Ferdinand a pu être faible, mais il faut rendre justice à ses bonnes actions. En conséquence, il faut que l'on sache que, le 19 mars, des ordres signés et expédiés par le ministre de la *guerre*, *Felieu*, enjoignaient *au marquis ael Soccorro* de retourner vers Lisbonne et d'agir ainsi qu'il le devait, c'est-à-dire :

N° 1. «..... La volonté de Sa Majesté est, qu'*en toutes circonstances*, vous agissiez de concert avec le général français Junot, etc., etc. (le 19 mars 1808.)

N° 2. «..... D'attendre les ordres du général Junot, et d'exécuter *ponctuellement* ce qui lui serait ordonné, et je vous transmets *cet ordre en vous recommandant sa ponctuelle exécution.* »

N° 3. «.... C'est un ordre au commandant d'armes de Talaveyra de la Reyna pour faire rétrograder les troupes qui seraient déjà arrivées sur son territoire (22 mars.) »

N° 4. « .... Au commandant d'armes de Tolède pour le même objet. »

N° 6. «.... Ordre envoyé *par courrier extraordinaire* au commandant général d'Andalousie, pour qu'il fasse également rentrer en Portugal, sous les ordres du général Junot, les troupes espagnoles qui avaient été rappelées (22 mars). »

Sous les n°³ 7 et 8, je trouve, en date du 25 mars, des ordres semblables et tous signés FELIEU. C'est lui qui fut chargé du ministère de la guerre pendant quelques jours, O'Farrill n'en prit la direction que dans les premiers jours d'avril.

C'est ici le lieu de faire observer qu'en montant sur le trône, Ferdinand VII fut entouré d'hommes généralement estimés : *O'Farrill*,

Azanza, *Jovellanos* et tout le reste du ministère.
On peut même ajouter que la maison du roi était
composée de manière à soutenir le royaume,
quelque attaqué qu'il fût ; mais le prince de la
Paix en signant le traité de Fontainebleau avait
trop bien assuré la ruine de l'Espagne !... surtout lorsque, après avoir été inhabile, il crut
qu'il pourrait sauver l'Espagne et lui par une
perfidie, il fut grossièrement trompé. Peut-être
trouve-t-il que j'ai tort, et que sa conservation
valait bien un mensonge ; mais cinq cent mille
Français, un million d'Espagnols peut - être,
dont les ossemens blanchissent dans les champs
de l'Espagne et du Portugal, se dressent devant
lui, et lui demandent compte de leur sang !...
Non seulement il fit le malheur de sa patrie en
signant le traité de Fontainebleau, mais il l'ac-
complit en assurant à la nation espagnole que
la France *était son alliée*, lorsqu'il savait le
contraire. Si les Espagnols avaient connu dès
le 1ᵉʳ mars qu'ils étaient trahis, vendus par Is-
quierdo, sur qui il pouvait rejeter la faute d'ailleurs, ils se seraient levés en masse pour défendre
leur droit *de souveraineté du peuple*.

Voilà la barrière dont le prince de la Paix
devait entourer Charles IV... Mais pour cela il

fallait des avantages bien simples, et qu'il n'avait même pas.

J'ai cru de mon devoir de présenter ce que je viens de dire relativement à Ferdinand VII. Je ne prétends pas le faire meilleur qu'il n'est... mais en trouvant des faits qui présentent sa conduite sous un jour plus favorable envers la France, j'ai jugé qu'il était juste de le faire. Quelqu'un qui peut le savoir m'a affirmé que Ferdinand VII *ne m'aimait pas*... Je ne sais pourquoi... car en vérité j'étais bien attendrie sur son sort lorsque je lui fus présentée en 1805 ainsi qu'à la princesse. Quant à elle, je répète qu'*elle fut toujours très bonne pour moi*.

Une immense faute de Ferdinand et de ses conseils, fut de ne pas donner à don Justo Navarro des ordres plus positifs pour la junte que ceux qu'il lui porta, au péril de sa liberté. Les précautions qu'il était forcé de prendre étaient-elles seules des avertissemens sinistres? Déjà la junte qui avait compris le danger de l'Espagne, avait dans le plus profond secret envoyé à Bayonne auprès de Ferdinand, deux hommes de confiance; l'un était don Evariste Perez de Castro, chef de bureau de la première secrétairerie d'État; je le connais personnellement. C'est un

homme remarquable comme *homme de parti ;*
l'autre, qui fut arrêté à la frontière, était don Joseph de Zayas... don Evariste put seul parvenir
auprès de Ferdinand, le 4 mai... et déjà tout était
accompli.

La reine d'Etrurie était partie ; mais il restait
l'infant don François, que Murat voulait avoir.
Le 2 mai au matin, la cour du palais était pleine
de femmes attirées par la curiosité et une sorte
d'inquiétude. Au milieu de cette foule agitée,
vint tout-à-coup s'offrir un aide-de-camp du
grand-duc... On crut qu'il venait enlever le
jeune prince, et le tumulte commença d'une
manière inquiétante. L'aide-de-camp fit l'imprudence d'appeler une patrouille qui passait,
pour rétablir l'ordre... Ne saura-t-on jamais
que toutes les fois que le peuple se rassemble,
il ne faut pas lui opposer autre chose que la loi !...
il faudrait en faire une qui commanderait de
mettre les armes en faisceaux, peuple comme
soldats, et si le peuple contrevenait à la loi, alors
il serait temps de déchirer la cartouche... L'appel imprudent de cet officier du grand-duc mit
l'alarme dans toutes les rues avoisinant le palais.
En moins d'une demi-heure la fusillade se fait
entendre sur tous les points de la ville... les sol-

dats français, leurs officiers, courent aux armes, les Espagnols se rendent à leurs casernes... mais que pouvait la garnison de Madrid ?... elle était à peine composée de 3,000 hommes et les Français en avait 25,000 dans Madrid même, ou à la Floride, et 10,000 du côté d'Aranjuez et de Tolède, tandis que les défilés de l'Escurial vers le Guadarrama et Sommo-Sierra étaient maintenant occupés par nos troupes... tout annonçait une affreuse catastrophe et nul moyen de salut.

Ce fut alors qu'Azanza et O'Farrill firent voir qu'ils étaient des hommes de cœur. Ils parcoururent à pied les rues pour apaiser le tumulte et réprimer la révolte qui poussait déjà son cri sinistre de carnage ; mais quelque aimés qu'ils fussent du peuple, leur voix fut méconnue ; on criait que les deux infans *étaient enlevés*, et la fureur du peuple ne reconnaissait aucun frein. Les deux ministres, coururent alors chez le grand-duc.

— Monseigneur, lui dirent-ils, devant un tel danger disparaissent tous les sujets qui ont pu mettre une mésintelligence passagère entre nous. Ils s'agit de sauver Madrid, et de le sauver à l'heure même, car déjà le sang coule.

Murat était alors sur les hauteurs de Saint-

Vincent, à la tête de ses troupes. Il s'obstinait à
voir dans l'insurrection un plan concerté, il
n'en était rien. Seulement l'irritation était depuis long-temps dans le sang espagnol; une circonstance avait suffi pour la faire éclater : c'est
l'histoire de nos journées de 1830. Sans doute on
n'improvise pas une révolution, mais je crois
encore moins qu'une révolution est le résultat
d'une intrigue partielle. Une révolution est opé-
rée par les masses, et des masses ne conspirent
pas, elles se meuvent quant elles sont lasses de
souffrances, et surtout d'humiliations. Que les
gouvernemens retiennent bien cette phrase; je
la répète, parce que je suis convaincue de sa
vérité : *les masses se révoltent lorsqu'elles sont
lasses de souffrance et d'humiliation!...*

Pour parvenir plus vite auprès du grand-duc,
Azanza et O'Farrill étaient montés sur les chevaux de deux gardes-du-corps qui étaient de
service au palais. Ils affirmèrent au grand-duc
qu'ils répondaient de faire cesser le tumulte s'il
voulait leur donner un général français pour les
accompagner. Le grand-duc leur donna le général Harispe. C'était le meilleur choix qu'il
pût faire de toutes manières. Aussitôt les deux
ministres et le général Harispe se rendirent à la
porte du conseil de Castille pour lui demander

son assistance; le conseil de Castille fit une proclamation *et fit dire aux autres conseils* de parcourir les rues pour faire cesser le feu et empêcher le pillage qui déjà avait commencé. Les autorités se partagèrent en deux troupes auxquelles
se joignirent des officiers français. Cette dernière mesure était la plus urgente.

Le général O'Farrill[1], en entrant dans la rue
d'Alcala, remarqua un groupe nombreux d'où
partaient des cris de détresse. Il y courut, et
trouva des marchands des Asturies et de Catalogne qu'on allait fusiller, parce que, disait le
capitaine français qui commandait la compagnie de voltigeurs qui les entourait, ces co-
quins-là ont des fusils, et ils s'entêtent à ne pas
vouloir me dire ce qu'ils ont à faire de vingt fusils
dans leur domicile. Ils sont vingt... que diable!...
c'est donc un fusil par homme; à *genoux, bri-
gands*, et finissons...

Le général O'Farrill eut beaucoup de peine à
faire comprendre à ce capitaine que ces mar-

---

[1] La belle conduite d'Ofarrill, mais surtout d'Azanza, rappelle celle que tint M. le comte de Montalivet lors du procès des ministres. Cette conduite aussi ferme que courageuse
sera relatée dans l'appendice qu'il y aura pour les journées
de 1830, ainsi qu'un beau trait *à la Plutarque* dont son père
est l'auteur.

chands asturiens et catalans sont autorisés, par
leur profession, à avoir, dans leur domicile et
sur eux, des armes à feu... Le général Harispe,
qui arrivait en ce moment, certifia la vérité du
fait, et fit relâcher ces malheureux aux ac-
clamations joyeuses de la multitude... Ce n'est
pas à moi à accuser mes compatriotes, mais les
suites de cette journée furent terribles... La
nuit qui la suivit surtout, cette nuit qui vit les
eaux si claires des fontaines du Prado se rougir
du sang espagnol; cette nuit fut horrible, car, je
le dis en frémissant... ce sang était innocent...

Maintenant les évènemens marchent avec rapidité. Charles IV, aussi confiant que Montezuma,
se rend à Bayonne; il *comparait*, avec son fils,
devant le tribunal suprême de Napoléon... Ferdinand lui rend sa couronne, et tout aussitôt
le vieux monarque abdique en faveur de l'empereur des Français. C'est ici qu'à son tour celui-ci commence cette série de fautes dont
se compose la campagne tout entière de la Péninsule. La première est d'avoir non seulement
sauvé le prince de la Paix, mais de l'employer
ici comme *ministre du roi* Charles IV!! Un
homme déchu non seulement de la faveur royale,
mais de sa position comme homme d'Etat, puisque Ferdinand VII lui avait retiré toutes ses

charges jusqu'à la plus inférieure, et qu'il n'était plus *que Godoï comme devant ;* ce fut une maladresse ; ce ne fut pas la seule... Immédiatement après les affaires du 2 mai, la junte ne tint plus ses séances que pour tromper Murat et sortir de ses mains. L'empereur, qui se doutait de son intention, avait déjà demandé à Bayonne les membres les plus influens de la junte ; Azanza et O'Farrill le furent également pour rendre compte, l'un des finances, l'autre de la guerre. Pendant ce temps, ce qui restait de la junte, donnant de fausses paroles, envoyait *en lieu sûr* quelqu'un chargé de la remplacer en cas de violence, et muni de pouvoirs pour en établir une autre. C'était don Gil Philippe de Taboada, *alcade de Corte...* Tout était, du reste, subordonné aux ordres qu'on devait recevoir de Ferdinand. On trouve de plus dans les déclarations du duc de Santa-Fé et d'O'Farrill la preuve que Napoléon était complètement abusé sur l'état de l'Espagne, puisque l'un d'eux nous dit (et il devait le savoir, étant ministre de la guerre) : « *Malgré les ordres réitérés de ne fournir aucun prétexte pour exciter la guerre avec la France, nous préparâmes en silence les moyens de la soutenir avec avantage.* »

La seconde faute capitale est d'avoir fait ab-

XI.   22

diquer Ferdinand VII. Il fallait lui donner une
femme comme il en voulait une, de la main de
l'empereur... le remettre sur le trône d'Espagne,
le diriger, ce qui eût été la chose la plus facile, et tout allait bien. J'ai fait voir que Ferdinand VII était de bonne foi, puisque j'ai
trouvé dans les papiers de mon mari ses ordres
transmis aux troupes espagnoles par Felieu,
ministre de la guerre... Lorsque plus tard le
marquis del Soccoro (Solano) mit Junot en position de le désarmer lui et ses troupes, c'était
le résultat du mauvais esprit inspiré au peuple
espagnol par cette foule de juntes qui vinrent inonder l'Espagne de leurs mille intrigues, et de leur
esprit infernal. L'état des choses était bien différent, à partir du 19 mars, ou bien du 4 mai, à
Bayonne.

L'infant don Antonio quitta Madrid le 4 mai
au matin pour se rendre à Bayonne, où l'appelait
un ordre du roi d'Espagne... Maintenant il faut
dire que TOUS étaient en vérité frappés d'aveuglement. Comment! après tout ce qui s'était
passé, Ferdinand ne devait-il pas demander à son
oncle de tâcher de gagner l'Andalousie, ou bien
les Asturies, ou bien la Catalogne, enfin un des
lieux les plus propices à l'établissement d'un
nouveau gouvernement, et là en établir un qui

remplaçât celui qui s'écroulait ! Au lieu de cela, tous les otages furent livrés... Don Antonio le sentait si bien, malgré son peu d'esprit, qu'en partant de Madrid il écrivit le billet ci-joint, que j'ai été à même de pouvoir copier, au bailli don Gil, Francisco Lemus, ministre de la marine et doyen de la junte ; on sait que l'infant don Antonio présidait la junte.

> « *Au seigneur Gil.*

« Je fais savoir à la junte, pour sa règle, que » je suis parti pour Bayonne *par ordre du roi*, et je » préviens ladite junte qu'elle ait à se maintenir » sur le même pied que si j'étais au milieu d'elle. » Dieu nous soit en aide !... Adieu, messieurs, jus- » qu'à la vallée de Josaphat.

> «ANTONIO PASQUAL. »

Il écrivait cela, et il partait !... Je vous dis que *tous... tous*, avaient le cerveau malade...

Puis vint l'abdication de Ferdinand et sa lettre conçue en termes ambigus, et bien capable de mettre le feu aux quatre coins de l'Espagne ; aussi on se tua, à la vérité, mais on se tua *pour s'égor-* *ger*, et cela sans un *vrai but* tendant à faire fleurir la paix de tout ce sang qui inondait les chemins de l'Espagne... Du reste, avant la publication des traités de Bayonne, plusieurs communes du royaume s'étaient déjà prononcées. Séville, Badajoz et Oviedo s'étaient soulevés aussitôt après les affaires du 2 mai... Palafox, après avoir escorté Godoï jusqu'à Bayonne, s'étant trouvé en congé, en avait profité pour se rendre à Sarragosse... Il est probable, quoiqu'on ne le sache pas, que Ferdinand put lui parler et lui transmit des ordres; mais il n'importe...la conduite de Palafox est une belle conduite...

Tandis que l'Espagne préparait dans le silence qui précède la tempête celle qui devait nous submerger, Junot s'établissait à Lisbonne, et faisait, ainsi que le disait l'empereur, *vraiment de la bonne besogne.* Toutes les affaires de la Péninsule sont tellement inhérentes à celle de la France à dater du jour où Ferdinand a abdiqué en faveur de Joseph, qu'il est, je crois, bien important que ceux qui peuvent ainsi que moi donner des aperçus clairs et positifs sur ce qui s'est passé dans les deux conquêtes, le fassent sans restriction.

En arrivant à Lisbonne, Junot trouva deux empêchemens à la marche de toute espèce de gouvernement. L'un était *la junte* du gouvernement, l'autre était un embargo sur le coton, mis par ordre de l'empereur, qui, ainsi qu'on

peut le croire, n'avait pas laissé échapper une
si belle occasion de rendre témoignage de sa té-
nacité au système continental. Tous les cotons
avaient été confisqués, le commerce était ruiné;
il y avait une stagnation complète dans les
moindres affaires, et la place commerciale de
Lisbonne, naguère une des plus florissantes de
l'Europe, était en peu d'heures devenue la plus
misérable.

De toutes les qualités de l'esprit de Junot, une
des plus remarquables était une lucidité, une
promptitude de conception que lui ont reconnu
tous ceux qui ont travaillé avec lui. Le duc de
Valmy, le général Thiébault, le général Taviel,
le général Fouché, peuvent, ainsi que le général
Boyer, rendre témoignage de ce que j'avance,
et le peuvent également par leur propre supériorité. Je n'en appelle jamais à la médiocrité,
elle est ou envieuse... ou incapable. Ceux dont je
n'invoquerai pas le nom, c'est que je les juge
nuls.

Junot communiqua à l'empereur tous les
embarras dont sa route était hérissée. L'empereur les comprit à l'instant. L'estafette rapporta pour réponse l'abolition de la junte; la
création *d'un gouvernement entier...* complet,
avec des ministres, et donnant à Junot le nom et

le titre de gouverneur général du Portugal avec six cent mille francs de traitement annuel¹ il conservait le titre et la place de gouverneur de Paris. Ce temps fut le plus beau de sa vie. L'empereur réparait grandement la peine qu'il lui avait faite quelques semaines auparavant.

Aussitôt que Junot fut gouverneur général, il travailla avec assiduité à l'amélioration du pays. Il écrivit à l'empereur les lettres les plus pressantes pour obtenir de lui la levée du séquestre sur le coton. Cette mesure était urgente selon lui, et en effet, comment voulez-vous exiger un tribut de gens à qui vous *prenez tout*? Rien n'est plus nécessaire qu'une logique claire et concluante dans des affaires de cette nature.

Les magasins de la compagnie des Indes à Lisbonne étaient encombrés de ce coton venu des deux Amériques, et dont la nouvelle expédition par mer était interdite au commerce portugais. Le lui permettre par terre était une risée...

¹ Comme Junot était pour ainsi dire vice-roi du Portugal, il était tenu à une grande représentation qui devait nécessairement absorber une grande partie de ses appointemens. Ceci est dit pour répondre à des observations malveillantes et sottes qui ont été faites par des gens auxquels on pourrait dire: qu'est ce que cela vous fait que je ne sois plus heureuse?.. vous en êtes contens même... Silence donc! silence!

Enfin la permission tant sollicitée parvint à Junot!... Elle lui fut remise le soir, le duc fit appeler aussitôt M. Fissont, son secrétaire particulier, qui est aujourd'hui secrétaire général de l'Intendance civile à Alger, et se trouve là comme il fut toujours, un brave et digne garçon... et puis M. Magnien, un ancien ami de collége... tous deux se disposaient à écrire sous la dictée du duc les termes du décret qui devait le lendemain lever l'embargo sur les cotons et rendre la joie à plusieurs milliers de familles... lorsque M. Magnien s'arrêtant tout-à-coup, regarda le duc, et parut vouloir lui parler.

— Eh bien! lui dit Junot, pourquoi n'écrivez-vous pas? qu'attendez-vous?

— J'attends que tu fasses une seule réflexion pour assurer enfin ta fortune et celle de tes enfans.

— Comment cela?...

— Voilà l'embargo qui va être levé demain matin, ce soir il est encore temps... Le coton vaut ce soir trente sous la livre, demain à midi il vaudra cinq francs sur la place de la Bourse. Charge-moi d'en acheter pour cinq cent mille francs, je te compte demain soir quatre millions de bénéfice, et cela sans bourse déliée...

Junot ne répondit d'abord rien... Une parti-

cularité bizarre de son caractère physique et
moral... c'est que son premier mouvement était
toujours silencieux... le sang lui portait d'abord
a la tête, et puis les mots suivaient le silence...
Il arrêta sur M. Magnien son beau regard si loyal
et si honorable... et le toisant avec une sorte
d'expression que je ne sais comment nommer,
il lui dit :

— Mais à qui nous adresserions-nous pour
acheter ce coton?

— Au premier venu, répondit Magnien...
Qu'importe le négociant dans cette affaire.

— Eh! sans doute, dit Junot, dont l'impression toujours plus forte arrivait à la colère, sans
que l'autre le comprît... Il est en effet bien indifférent de jeter son dévolu sur l'un plutôt que
sur l'autre pour un acte d'aussi belle loyauté.

M. Magnien avait des yeux très gros et très
ronds ; il les ouvrit un peu plus que de coutume
en entendant les dernières paroles de Junot.

— Oui, dit celui-ci en parlant avec une violence croissante; oui, je vous dis, monsieur,
qu'il est fort indifférent de prendre celui-ci ou
celui-là pour *le voler*, car je serais *un voleur*, entendez-vous bien!... un voleur!... oui monsieur,
un voleur!...

— Je ne vois pas comment cela serait, répliqua M. Magnien, dont les yeux s'ouvraient et s'arrondissaient à chaque parole de Junot...

— Comment, monsieur! vous ne comprenez pas qu'un homme à qui je prends trois millions dans sa caisse est un homme *volé !* et alors, que suis-je, moi ?... un voleur...

— Mais comment cela se peut-il, encore une fois?

— Mais au nom du grand diable d'enfer, comment n'entendez-vous pas qu'un homme à qui j'aurai acheté son coton ce soir un franc cinquante centimes, ne l'aura plus dans ses magasins demain à midi pour le vendre cinq francs, et même six, d'après ce que vous dites, ce que je suis ravi d'apprendre... Ou bien, si le malheureux n'a pas eu le temps de faire sortir les balles de coton de ses magasins, ce sera pour me maudire, moi et mon administration.

— Mais, dit M. Magnien à voix basse, il ne le saura pas... le secret sera gardé, et religieusement gardé...

Junot l'entendit cependant, et s'élançant auprès de lui, il le regarda avec des yeux tellement flamboyans, que l'*ami de collége* crut être auprès de son plus terrible ennemi.

— Magnien, remercie notre vieille amitié, et surtout ta bêtise; c'est elle qui sans doute t'a in-

spiré ce beau projet dont j'aurais tort de me fâcher ; car, en y réfléchissant bien, je ne puis croire
que *toi* qui, depuis deux mois, es témoin de
mon anxiété, et de tout ce que ma sollicitude
pour le commerce de Lisbonne me fait souffrir,
tu viennes me parler de *voler* ce même commerce ;
car, encore une fois, c'est la même chose. Tais-
toi, poursuivit-il ; tais-toi... écris, et ne me parle
plus de cela.

Junot était violemment ému... il ne dit plus
rien, mais il prit à l'instant même une résolution. Il dicta à M. Fissont et à M. Magnien le
décret tel qu'il voulait qu'il fût conçu, puis appelant l'aide-de-camp de service, il lui donna
l'ordre d'aller à l'heure même chez l'imprimeur
du gouvernement (l'aide-de-camp ne connaissait pas le contenu du paquet qu'il portait), de
le faire imprimer sous ses yeux, et puis de suite
le faire afficher dans tous les quartiers de la
ville, quelque heure qu'il fût. L'ordre était sévère, et *donné militairement.*

Cette circonstance, telle que je viens de la
rapporter, n'aura rien de surprenant pour ceux
qui connaissent Junot ; aussi pour moi n'a-t-elle
rien d'extraordinaire. Je l'ai rapportée pour la
mettre en regard avec les discours de plusieurs
Portugais qui se sont permis des mensonges

aussi infâmes dans leur fausseté qu'insensés dans leur malice... Je les méprise, sans doute ; mais, tout en les méprisant, je dois cependant les réfuter, et je ne puis mieux le faire que par des faits tels que ceux-ci.

Pendant que je suis *encore à Lisbonne*, il faut que je cite quelques phrases de l'adresse qui fut faite à l'empereur pour lui demander un roi de sa famille. Je ne sais si l'empereur voulut la rendre publique ; mais en voici quelques fragmens :

« Les Portugais se regardant comme réellement » originaires Français, et descendans des premiers » conquérans de ce beau pays en 1139, reconnais- » sant qu'ils doivent à la France, leur *mère-patrie*, » le bénéfice de l'indépendance en 1640, ne peu- » vent s'empêcher de s'adresser, avec respect et » reconnaissance, au plus grand des souvérains, » et à l'homme incomparable qui leur offre sa » protection, en les regardant comme ses enfans.

» Le grand et immortel Napoléon a voulu nous » communiquer ses intentions par nos députés... » Il ne veut que notre bonheur... Notre députa- » tion doit en conséquence confirmer auprès de » Sa Majesté Impériale et Royale l'unanimité de » nos vœux, et dire :

» SIRE,

» Nous souhaitons être plus que nous ne fûmes
quand nous ouvrîmes les mers à l'univers entier.

» Nous voulons une constitution et un roi
constitutionnel.

» Nous voulons que ce roi soit un prince du sang
de votre famille impériale et royale.

» Nos vœux se limitent à avoir une constitution égale à celle que Votre Majesté Impériale et
Royale a bien voulu donner au grand-duché de
Varsovie, avec une simple altération sur le mode
des élections des représentans, *qui, en Portugal,
pourront être élus par les municipalités, pour aller
d'accord avec nos anciens usages.*

» Qu'il y ait un ministre particulièrement
chargé de l'instruction publique;

» Qu'il y ait libre exercice des cultes;

» Que l'ordre judiciaire soit indépendant;

» Que la répartition des impôts soit faite avec
justice;

» Que les jugemens soient publics. » (Cette demande prouve qu'ils ne l'étaient pas tous.)

Je pourrais ajouter beaucoup d'autres choses
remarquables dans cette adresse, qui fut faite
pour être emportée par les Portugais que Junot

désigna comme devant quitter le Portugal. Ils
étaient au nombre de douze, le grand-inquisi-
teur était en tête.

Le comte Sabugal,

Le marquis d'Alorna,

Le comte d'Alva,

Le comte Penafiel,

Le comte d'Aponte,

Le marquis d'Abrantès,

Le comte de Lima, etc., etc.

Il faut parler ici d'une caricature que Junot
rapporta de Lisbonne, et qui fut appliquée sur
les murs du palais de Ben-Posta et de Quelus.
Cette caricature n'est pas bien faite; elle n'est
pas même gravée, mais elle est d'une originalité
assez remarquable pour que j'en donne une
idée.

C'est une longue bande de papier sur laquelle
on a dessiné à la plume des personnages grotes-
quement faits. Le prince du Brésil est au milieu
représenté par un homme ayant un gros ventre,
des jambes mal faites et *une tête de taureau*. Si on
se rappelle ce que j'en ai dit dans mon huitième
volume, on verra que sa nation elle-même le
considère comme moi. A sa bouche répond une

banderole à la manière anglaise sur laquelle est
écrite en portugais cette belle devise :

Comaō hum corno levo 200 *milhoës* [1].

A gauche, on voit une femme éplorée, avec une
jambe de bois ; au-dessous d'elle est écrit le mot :
Nacao[2] ;—devant elle sont quatre têtes, qui toutes
parlent au moyen d'une banderole. L'une dit :
Omeu soldo[3] ; — l'autre : *Osmeus ordendelos* [4]!—
La troisième tête dit : *Omen dinheiro*[5] ; et la dernière : *Asmai temas* [6] ! — Quant à la nation, qui
porte la parole au nom de tous, elle fait un discours fort éloquent : — *Ouvi cruel... a voz de
vassos filhos : He delles nao he vosse oy levais sois
hum ladrao. Fiedo pobres mui lamentos* [7] , *ah!...*
Venaient ensuite une file de capucins, des moines
et de petits *lobatos* , au-dessous desquels on

[1] Comme un ... il emporte 200 millions.
[2] Nation.
[3] Ma solde ! (l'armée).
[4] Mes appointemens ! (les employés).
[5] Mon salaire ! (les ouvriers).
[6] Ma pension ! (les veuves et les orphelins).
[7] Entends, cruel, la voix de tes enfans. Ce que tu enlèves
n'est pas à toi. Tu es un voleur. Nous restons pauvres et af-
famés!...

avait écrit en portugais également... *Lobatos* et *froiles*. — Et puis c'était le ministère composé de trois personnes que le peuple détestait, ou pour mieux dire c'était le conseil privé du prince, c'est-à-dire le marquis *de Bellas*[1], *Jose*[2] *Egidio* et *Thomas Antonio*. A l'autre bout de la feuille, à droite, était une figure en bonnet de coton, avec une fontange, pour montrer qu'elle n'en perdait pas une heure de sommeil et faisait les choses tout à son aise : c'était l'Angleterre ; sa banderole disait : *Vamos!... vamos*[3] ; — et derrière les ministres était écrit dans tous les sens : — d'abord : *Secolho, caos 200 milhoes de Londres, nao sahem*[4]. — *Bella occaziao poer*[5]... *nos credores*[6] *nao lhe satisfaces, que se regalem comos frencceze*[7];

[1] Marquis de Bellas, faisant les fonctions de chancelier.

[2] Secrétaire intime du cabinet du prince du Brésil, et faisant les fonctions de ministre de l'intérieur.

[3] Faisant les fonctions de ministre des finances. Puis Joaquim Guilhermo, premier commis de l'intérieur qui est resté à Lisbonne.

[4] Allons ! allons !...

[5] Si nous tenons les deux cents millions de Londres, ils ne sortiront pas.

[6] Belle occasion pour... nous *moquer* de nos créanciers. On ne peut traduire le mot malpropre qui se trouve dans la pièce originale.

[7] Ne leur donnez aucune satisfaction, qu'ils se régalent avec les Français.

Et puis en haut de la feuille : — *Todos una voce* [1].

Et au bas :

A Nacaõ mais fiel, mais valeroza et menas rezoluta [2].

Cette caricature [3], faite à la main et assez mal, comme je l'ai dit, fut affichée non seulement aux portes des deux palais, mais encore dans les différens quartiers de la ville... L'exemplaire que j'en ai ici est vraiment burlesque... Le fait est que le prince régent, en abandonnant ainsi la nation portugaise, prouvait à la fois son peu de courage et son peu de cœur... la partie saine de la nation le sentit parfaitement bien.

La conduite de Junot était bien différente. Il montrait chaque jour à ses administrés combien il était déterminé à faire pour eux tout ce qu'il pourrait faire. Bandeïra, homme millionnaire et l'un des commerçans les plus actifs de Lisbonne, fut chargé par Junot de l'approvisionnement de la ville. C'était une affaire importante. Aussitôt

[1] Tous une seule voix.

[2] La nation la plus valeureuse, la plus fidèle et la moins résolue.

[3] Il a été impossible, en raison du peu de temps, de faire graver cette caricature ; elle sera jointe à la seconde édition aux autres *fac simile* Elle n'est, au reste, curieuse que par les détails que j'ai donnés.

qu'il fut plus tranquille de ce côté, il s'occupa de l'agriculture et fit tout ce qu'il put
pour l'améliorer ; le repos et le bien-être du
pays y étaient intéressés ; et il était vivement se-
condé par des hommes habiles ; il s'occupa également du dessèchement des marais, du défri-
chement des terres, de l'entretien des bestiaux,
car, avec ces soins d'administration intérieure, le
Portugal était assuré pour ses besoins, et peu
d'années suffisaient pour ne laisser aucune inquiétude pour la viande et le pain, subsistances
premières; c'est ainsi que, voulant utiliser la présence de l'armée dans le Portugal, Junot fit reconnaître à Coïmbre des mines de charbon ;
d'autres mines furent aussi reconnues à Moïra.

Cette junte ou commission du gouvernement
dont j'ai déjà parlé fut donc abolie, et Junot,
seule autorité, prit les rênes de l'État sous le nom
de gouverneur-général.

La cérémonie de son installation, fut faite avec
autant de solennité que l'objet en avait été tenu
secret. Toute la commission du gouvernement
fut convoquée au palais de l'Inquisition, grand
et sombre édifice, situé sur la place du Roscio
Junot, sans leur faire savoir d'avance quel
était l'objet de cette convocation extraordinaire,
s'y rendit à cheval suivi de tout son état-major et

XI.   25

de toutes les personnes qu'il avait choisies pour
ses ministres [1]. Il prononça un discours, noble,
ferme, concis, et qui expliquait les ordres qu'il
avait reçus et qu'il exécutait; il prononça ensuite
la dissolution de la junte du gouvernement, et
proclama la nouvelle organisation et le nouveau
ministère.

Il fit une chose tout à la fois politique et de
bon goût. Il nomma deux ministres pour chaque
département; en voici la liste : pour les finances, MM. Hermann et Pedro de Mello ; pour la
guerre et pour la marine, M. Luuyt et M. de
Sampajo; M. de Viennot de Vaublanc, ministre
de l'intérieur ; M. de Lagarde, aujourd'hui conseiller d'état, eut le ministère de la police ; il venait alors de Florence; c'est un aimable et excellent homme... Le principal de Castro fut ministre des cultes et de la justice.

Tous ces changemens, qui étaient d'une haute
importance, furent accueillis par le Portugal
avec une tranquillité parfaite, et bientôt il en recueillit les fruits... Quant à Junot, il avait sa récompense dans le résultat positif qu'il entre-
voyait dans l'avenir... il était si heureux de pen-

---

[1] « Savez-vous, me dit l'empereur, qu'il est là-bas *comme*
» *un roi ?* Junot... *Savez-vous bien qu'il a ses ministres ?...* »

ser qu'un royaume entier allait être régénéré par ses soins! Il avait non seulement la volonté, mais les moyens de faire le bien. Pour détruire tant de beaux rêves il ne fallut qu'un jour!...

L'empereur était toujours à Bayonne. Il avait conclu les deux traités de Ferdinand et de Charles IV... Joseph était rappelé de Naples, et le trône d'Espagne lui était donné. Charles IV avait Compiègne, et Ferdinand VII le château de Navarre. Charles IV avait *une liste civile* de trente millions de réaux [1]. Ferdinand, toujours sous la dénomination de prince des Asturies, car il est à remarquer que jamais l'empereur ne lui a donné d'autre titre, avait *une rente* apanagère seulement de quatre cent mille francs, pour en jouir lui et ses descendans; et sa descendance venant à manquer, elle était reversible sur la tête de son frère et de son oncle. De plus, l'empereur lui reconnaissait une autre rente de six cent mille francs sur le trésor de France. Mais, en cas de mort, elle n'était reversible que sur la tête de la princesse des Asturies.

[1] Sept millions cinq cent mille francs de notre monnaie. Ils ne furent jamais payés, et cela dès le premier semestre, si ce n'est pourtant toutes les fois que le colonel *Cailhé de Geisnes*, attaché à Charles IV, s'adressait *directement* à l'empereur. Alors il ordonnait de payer un à-compte... Cela eut lieu trois fois...

Tout cela fit un singulier effet à Paris, et pour
dire la vérité, nous qui sommes si légers, nous
fûmes surpris de cette dégringolade de rois...
Déjà le prince et la reine de Portugal avaient
donné l'exemple, et la famille d'Espagne suivait
avec une incroyable vitesse. Hélas! le temps approchait où les chutes royales devaient nous devenir familières.

Mais ce qui, dans la société du faubourg
Saint-Germain, donna un singulier retentissement à cette abdication de deux Bourbons, ce
fut l'aventure de madame de Chevreuse. Nous
sommes si éminemment futiles, que l'exil de
madame de Chevreuse fut une chose plus importante, dont on parla bien autrement long-
temps que de la retraite forcée de ce bon et vertueux Charles IV.

Madame de Chevreuse était une de ces personnes bizarres qui aiment mieux qu'on dise du
mal d'elles que de n'en rien dire du tout. Elle
avait été comme contrainte à prendre sa place
de dame du palais, et depuis, son esprit passablement mordant avait trouvé son compte à
se railler de l'homme qui ne se laissait guère
railler par personne. Cette attitude lui parais-
sant plaisante et devant faire effet, elle la
garda sans aucun motif arrêté. Je suis fâchée

de n'avoir pas sur madame de Chevreuse une opinion aussi révérencieuse que bien des gens, mais j'avoue que je ne sais pas m'incliner devant les caractères de sa nature ; une tête sans cervelle, un besoin de célébrité qu'elle acheta de sa vie, du reste ; car cette rage de faire parler d'elle, en ne demeurant jamais six mois dans le même lieu, a été une des causes de sa mort. Sans doute le malheur est toujours respectable, mais c'est parce que j'ai été long-temps et très long-temps, moi aussi, malheureuse, que je puis bien avoir le droit de juger une telle attitude. Celle de madame de Chevreuse n'eut aucune dignité. Sans doute elle a été fort à plaindre, mais elle a elle-même bien irrité ses douleurs [1].

Lorsque la reine d'Espagne dut aller à Compiègne, l'empereur fit donner l'ordre à deux dames du palais d'aller prendre le service au château de Compiègne d'abord. Madame de Chevreuse fut spécialement désignée par lui. Voulait-il l'acquérir par ce qu'on appelle justement *droit de honte ?*... je le croirais assez en songeant à ses opinions politiques. Madame de Chevreuse avait reçu de Napoléon une consis-

---

[1] Son mari qu'elle a fort accusé, et que ses amis raillaient inconcevablement, était au contraire excellent pour elle. Seulement il ne partageait pas ses folies.

tance que jamais elle ne se serait donnée elle-
même, malgré les cinq cent mille livres de ren-
tes de son mari. J'ai connu madame de Chevreuse,
et je l'ai connue quand elle avait quinze ans; je
n'ai vu en elle qu'une personne plus que légère,
et de plus fort ordinaire; je ne veux pour preuve
de ce que j'avance, que sa conduite dans son
exil. Sans doute un exil est une des douleurs de
la vie les plus douloureuses, mais il est moyen
de l'adoucir, comme il est moyen de la doubler.
Madame de Chevreuse a choisi le second.

  Elle répondit qu'elle ne voulait pas aller à
Compiègne, on réitera l'ordre... elle s'obstina à
refuser, et cette fois elle ajouta, qu'on avait bien
pu faire d'elle une esclave, mais qu'on n'en ferait *pas une geôlière*... Le mot est bien ; ce n'est
pas *lui* que je trouve mal, mais il est hors de propos. Madame de Chevreuse, plus elle avait dans
son esprit mauvaise opinion de l'empereur,
moins elle devait l'irriter, et par là exposer sa
famille, son mari, ses enfans, à la haine et
la vengeance d'un homme qu'elle paraissait
croire capable de TOUT... Ce qui est réel ici,
c'est une grande imprudence... Ensuite j'avoue
qu'il y a en elle une chose que je ne puis lui
pardonner, c'est qu'elle avait pour ami l'homme
le plus bête et le plus *ridiculisé* de Paris... Quoi

qu'il en soit, elle a été malheureuse; c'est une vérité. J'ai dit, je crois, dans un de mes précédens volumes, ce que la crainte de laisser après elle la certitude qu'elle était rousse lui fit faire une heure avant sa mort [1].

[1] Elle fit couper ses cheveux, puis elle se fit raser, après avoir eu soin de faire brûler devant elle les cheveux qu'on venait de lui couper.

CHAPITRE X.

Ferdinand VII à Valençay. — Charles IV à Compiègne. —
Le Montmorency *geôlier*. — Soulèvement de l'Aragon. —
Le marquis de Lazan. — Le maréchal Soult *roi de Portu-
gal*. — Junte provinciale à Séville. — Nouvelle constitu-
tion espagnole. — Signatures dont elle fut revêtue. — *Louis
de* Bourbon, archevêque de Tolède, y appose aussi la
sienne. — Sa lettre à l'empereur. — Murat roi de Naples.
— Froide réception de Joseph à Madrid. — Il se retire à
Vittoria. — Affaire de Baylen. — Capitulation. — Madame
Sébastiani tuée à Constantinople. — Portrait.

L'œuvre du malheur de l'Espagne était accom-
plie; Ferdinand VII avait quitté Bayonne pour
aller habiter la prison de Valençay qu'il ne devait
quitter que six ans plus tard, et Charles IV se
rendit à Compiègne, où le gouverneur du château, moins difficile que madame de Chevreuse,
le reçut, et même le garda : on sait que c'était le
comte de Laval-Montmorency.

Deux jours après l'empereur reçut une adresse

de la junte suprême séante à Bayonne, dans laquelle cette *sérénissime princesse* demandait le roi Joseph, frère de l'empereur Napoléon, pour régner sur les Espagnes. Le conseil de Castille et la municipalité de Madrid exprimèrent le même vœu. Malgré ce qu'on a pu dire à cet égard, jamais les démarches n'ont été ni volontaires, ni même générales; et lorsque les troupes françaises n'étaient pas dans une ville, alors l'opinion se manifestait. Encore devant elles le silence des Espagnols était-il énergique. Il y a une grande différence entre l'Espagne et le Portugal; à cet égard il ne faut pas s'y tromper. Dès le 23 mai, Valence et Séville étaient déjà révoltées, et le 27, jour de Saint-Ferdinand, l'Aragon tout entier se souleva. La junte envoya le marquis de Lazan, frère de Palafox, pour recommander à celui-ci de maintenir tout en paix : le mal était déjà fait. Mais, comme je l'ai dit plus haut, j'ai des raisons pour être sûre que Palafox avait reçu des instructions secrètes à Bayonne de Ferdinand VII. Il est à croire aussi que l'Angleterre a fortement aidé au mouvement insurrectionnel de l'Espagne. Cette mesure était dans l'esprit du cabinet britannique. Parlant en 1814 avec un membre du parlement d'Angleterre, il me dit

qu'il était bien mécontent que l'on n'eût pas
employé un moyen, selon lui, victorieux pour attaquer la puissance de Napoléon : c'était de faire
proclamer Soult roi de Portugal, lorsqu'il voulait l'être. « Jugez de l'*effet moral* produit en
Europe par la défection d'un des premiers capitaines de l'armée de Napoléon !... » me disait
cet Anglais... et il avait raison.

Les autorités du pays furent victimes de la fureur populaire sur beaucoup de points du
royaume. On choisissait ceux que Charles IV et
le prince de la Paix avaient placés, ou bien que
l'empereur avait paru connaître. Le capitaine
général de la marine à Cadix, Don Francisco
de Borja, le comte de Torre Fresno, gouverneur
de Badajoz, don Santiago de Guzman, gouverneur de Tortose, le lieutenant général Filanghieri,
don Miguel de Cevallos, don Pedro Truxillo,
maréchaux-de-camp, le marquis de Laguila à
Séville, le baron de Albala à Valence, furent *assassinés et coupés en morceaux* dans les soulè-
vemens de Valence et de Séville.

Murat s'était mal trouvé du climat de Madrid ; il était tombé malade atteint de ces
malheureuses coliques qui amènent quelquefois la mort. Savary demeura à Madrid pour le

remplacer. Je ne sais s'il y fit du bien; ce que je puis affirmer, c'est qu'il y était regardé comme bien ridicule; il est vrai qu'il le cherchait un peu, car il se faisait servir à genoux... Je sais bien que cela peut paraître incroyable, mais demandez aux habitans de Madrid, ils vous diront que le général Savary se faisait donner à boire par un échanson qui le servait à genoux.

Ce fut alors que se forma à Séville la fameuse junte provinciale... Sans doute les Espagnols n'étaient pas disposés à recevoir Joseph. Cependant lorsque la junte de Bayonne, présidée par Azanza, le reconnut pour souverain, il est à remarquer que les signatures qui approuvèrent la constitution nouvelle sont en grand nombre; on y peut remarquer les noms du duc de l'Infantado, du duc del Parque, du duc de Frias, le marquis d'Ariza, le prince de Castel-Franco, le comte de Fuentes, l'archevêque de Burgos, le marquis de Santa-Cruz, le comte de Fernand-Nuñez... fray Augustin, général de Saint-Jean-de-Dieu... fray Miguel de Acevedo, vicaire-général de Saint-François, etc., etc.

Mais une signature qui manque à cette longue liste, et qui vaut les autres, c'est celle qu'on va lire... Mais il faut la faire précéder de la lettre;

parce qu'elle en vaut la peine. Elle est adressée à l'empereur.

« Sire,

» La cession de la couronne d'Espagne qu'a
» faite à Votre Majesté Impériale et Royale le
» roi Charles IV mon auguste souverain, et
» qu'ont ratifiée Leurs Altesses le prince des As-
» turies et les infans don Carlos et don Antonio,
» m'impose, selon Dieu, *la douce obligation* de
» mettre aux pieds de Votre Majesté Impériale et
» Royale l'hommage de mon amour, de ma fidé-
» lité et de mon respect; que Votre Majesté Im-
» périale et Royale daigne me reconnaître pour
» son plus fidèle sujet et me faire connaître ses
» intentions souveraines pour mettre à l'épreuve
» ma soumission cordiale et empressée. Que
» Dieu accorde de longues années à Votre Ma-
» jesté Impériale et Royale pour le bien de
» l'Église et de l'État.

• Sire,

» Aux pieds de Votre Majesté

Impériale et Royale, le plus fidèle sujet,

» Louis de Bourbon,

Tolède, 22 mai 1808.

» Cardinal de Scala, archevêque de Tolède.

J'espère que voilà une lettre d'acceptation pour quelqu'un portant le nom de BOURBON. Surtout lorsque, en admettant qu'il *y fut forcé*, il pouvait dire :

« SIRE,

« J'ai l'honneur d'offrir à Votre Majesté Im-
» périale et Royale l'hommage de mon res-
» pect, et la prie de croire à tout mon dévoue-
» ment. »

Mais qu'on aille mettre *trois* par *trois* les assu-
rances les plus profondes d'un attachement et même d'une tendresse extrême... ma foi, c'est par trop fort!...

Pour en finir avec ces premiers temps de la guerre d'Espagne, sujet qui à lui seul remplirait des volumes, je dirai pour ceux qui aiment à faire des raprochemens, que ce fut LE 5 MAI que Charles IV signa le fameux traité par lequel il abandonna l'héritage de ses pères!...

L'empereur était toujours à Bayonne, où il faisait de la besogne de gouvernement en faveur de son frère Joseph... Murat fut déclaré roi de Naples. Napoléon crut affermir son autorité eu-
ropéenne en mettant ainsi sur chaque trône de l'Europe un prince de sa famille. L'expérience

fut cruelle et lui démontra que chez les souverains comme dans la vie privée les relations de
parenté et les liens de famille sont de faibles bar-
rières pour retenir dans les bornes du devoir,
lorsque l'intérêt personnel parle...

Murat partit pour Naples avec sa femme, qui
était bien plus qu'heureuse d'aller enfin s'asseoir
sur un trône; car jusque là ce n'était pour elle
qu'un dur et incommode fauteuil que le fauteuil
ducal... Mais un trône!... La connaissant comme je
la connais, je suis certaine que la joie qu'elle en
éprouva la rendit insensée pendant plusieurs
heures. C'est, du reste, une joie si naturelle, que
je ne pense vraiment pas à lui en faire un reproche.

Le 9 juillet, après que la victoire de Medina de
Rio Seco eut ouvert à Joseph [1] le chemin de sa
capitale, il partit de Bayonne pour Madrid, où
il entra le 20 juillet. Un silence profond accueillit le nouveau souverain. Le peuple espagnol n'é-
tait pas en état alors d'apprécier tout ce qu'il y
avait de bon en lui, et surtout de volonté de le
rendre heureux. A peine y fut-il huit jours, que
les désastres de Baylen, désastres dont le con-

---

[1] Ce fut le maréchal Bessières qui la gagna. Elle fut livrée
le 4 juillet; elle fut très sanglante. Les Espagnols étaient au
nombre de quarante mille.

trè-coup se fit sentir sur tous les points de la Péninsule, l'obligèrent à chercher une retraite à Vittoria. Les ministres, au nombre de cinq, Mazzaredo, Cabarus, Urquijo, Azanza et O'Farrill, le suivirent sans hésiter. Cevallos et Piñuela demeurèrent à Madrid. A l'entrée de Joseph une chose lui fut bien contraire, ce fut le refus du conseil de Castille de le reconnaître, et ce refus a été positif. Je parle avec certitude du fait. Il n'est pas connu en France, parce qu'on pense bien que cela n'était pas inséré dans le *Moniteur.* On y mettait si peu ce qui pouvait nous instruire, que lorsque le roi Joseph quitta Madrid pour se retirer à Vittoria de peur d'être enlevé par le général Castaños, qui venait de battre le général Dupont à Baylen, on mit dans le *Moniteur :*

« *L'armée française en Espagne va prendre des* » *quartiers de rafraîchissement, afin de respirer un* » *air plus doux, et boire de meilleures eaux.*»

Cette affaire de Baylen, qui est, au reste, relatée dans presque tous les journaux du temps, et qui mériterait d'être inscrite sur des tables de bronze, mais avec cette inscription :

« Fourches caudines sous lesquelles passa »l'armée française à Baylen, le 19, et surtout le » 22 JUILLET 1808. »

On a accusé fortement le général Vedel d'avoir abandonné le général Dupont. Je n'aime pas cette accusation faite ainsi pour alléger un coupable : que le général Dupont le soit involontairement, à la bonne heure ; mais qu'on ne dise pas qu'il ne l'est pas¹... Et cette odieuse, cette honteuse affaire finit encore dans la fange d'une violation de la capitulation¹ ; il semblait que les Espagnols se regardaient comme autorisés à ne pas tenir une parole donnée à des hommes si peu jaloux de la gloire française.

¹ La capitulation porte : « Les troupes de Dupont SONT PRISONNIÈRES DE GUERRE, la division Védel exceptée... les généraux conserveront chacun UNE VOITURE ET UN FOURGON QUI NE SERONT SOUMIS A AUCUN EXAMEN !... » Et ce qui n'est pas dans la capitulation, c'est que les marins de la garde impériale, braves parmi les plus braves, ont été en frémissant contraints de demeurer à la garde des fourgons, qui devaient être bien précieux, puisqu'ils l'étaient plus que le sang des jeunes conscrits qui tombaient à la fois sous le fer espagnol et le soleil de la canicule !... plus que l'honneur de nos armes... J'ai le droit de parler de cette affaire désastreuse... Si Baylen n'avait jeté un crêpe sur nos aigles, s'il n'avait révélé leur force à nos adversaires ; si ce triomphe inespéré n'avait jailli comme une lueur d'enfer aux yeux de l'Europe jalouse ; si Baylen n'avait pas, par suite de sa capitulation, fermé toutes les routes aux secours qu'attendait Junot à Lisbonne, le Portugal eût été conservé, et il n'aurait pas été prisonnier des Anglais..... mais aussi il n'aurait pas conclu la convention de Cintra.

Tandis que la tempête des révoltes et de la guerre bouleversait la péninsule, et faisait des champs fertiles de l'Andalousie une seconde *Vega*, où le sang coulait à flots entre les Français et les Espagnols, d'autres révolutions terribles agitaient l'Europe à son extrémité. Le sérail voyait ses sofas de brocart, ses portières à crépines d'or, souillées du sang impérial. Lassés du joug de Mustapha, les janissaires conspirent, ils redemandent Sélim : on leur jette son cadavre. Dans cette enceinte coupable du sérail, l'air qu'on respire est à la fois imprégné de l'odeur des roses et de la vapeur du sang. Tout, jusqu'à cette belle mer du Bosphore, tout vous rappelle la mort!... on la trouve jusque sur ses rives, jusque dans ses eaux infestées de cadavres!...

Peu de temps avant elle avait frappé, dans le palais de l'ambassade de France, l'une des femmes les plus charmantes que j'aie rencontrées. C'était notre ambassadrice, madame Sébas-

---

Un homme qui n'aime pas l'empereur, et ne donne qu'à lui *la possibilité de faire des fautes*, dit en parlant du général Dupont : « Certes le général Dupont a tous droits comme toutes prétentions (s'il veut) de se regarder comme l'une des causes efficientes des grands bouleversemens de 1813 et de 1814. »

(MONTGAILLARD, *Chronologie de l'Histoire de France*, p 467.)

tiani, fille de la marquise de Coigny, célèbre
par son esprit autant que par sa jolie figure, et
surtout par son originalité; elle tenait de sa
mère tout ce que celle-ci pouvait avoir d'agréable, et aucun de ses inconvéniens. Ainsi, Fanny
de Coigny était blonde, blanche, gracieuse dans
son sourire, dans tous ses mouvemens, dansant
comme une sylphide, légère, suave, et puis
bonne autant que spirituelle... Je l'aimais bien,
et je crois qu'elle m'aimait aussi. Je ne sais si
madame la marquise de Praslin a de sa mère un
portrait ressemblant: dans tous les cas, elle sait, je
l'espère, qu'elle est fille d'une des femmes les plus
attrayantes de son temps. Si elle n'avait pas ainsi
courbé sa tête de jeune mère sous la main de la
mort étant encore au matin de sa vie, elle nous
aurait parlé avec son gracieux esprit de toutes les
merveilles du sérail, ainsi que de ses horreurs,
bien mieux encore que lady Montague. Oui, c'était
une charmante jeune femme que Fanny de Coigny... c'est une de ces personnes qui mettent
l'esprit à l'aise dès qu'il en faut parler. L'éloge en
vient d'abord sur les lèvres; il est naturel comme
elles.

Elle ne serait plus une femme jeune aujour-
d'hui, car elle était plus âgée que moi! Eh
bien! je suis certaine qu'elle serait toujours

charmante. Il y a des femmes qui ne vieillissent jamais.

Madame Récamier, par exemple, n'a perdu aucun des charmes d'attraction qui par tous pays l'ont fait proclamer la plus belle!... Et son doux regard, son sourire, sa parole d'ange... cette parole qui endort les douleurs... tout en elle la fera toujours aimer des femmes et adorer des hommes.

FIN DU TOME ONZIÈME.

TABLE

DU ONZIÈME VOLUME.

———∘———

FIN DE LA TABLE DU ONZIÈME VOLUME.

www.ingramcontent.com/pod-product-compliance
Lightning Source LLC
Chambersburg PA
CBHW050312030726
47505CB00003B/675